# 智能职教一体化
# 平台的构建与运用

李添龙　著

吉林文史出版社

**图书在版编目（CIP）数据**

智能职教一体化平台的构建与运用 / 李添龙著.
长春：吉林文史出版社, 2024. 7. -- ISBN 978-7-5752-
0470-5

Ⅰ. G71-39

中国国家版本馆CIP数据核字第20247FK199号

# 智能职教一体化平台的构建与运用
ZHINENG ZHIJIAO YITIHUA PINGTAI DE GOUJIAN YU YUNYONG

出 版 人：张　强
著　　者：李添龙
责任编辑：张焱乔
版式设计：张红霞
封面设计：王　哲
出版发行：吉林文史出版社
电　　话：0431-81629352
地　　址：长春市福祉大路5788号
邮　　编：130117
网　　址：www.jlws.com.cn
印　　刷：北京昌联印刷有限公司
开　　本：710mm×1000mm　1/16
印　　张：16.25
字　　数：250千字
版次印次：2024年7月第1版　2024年7月第1次印刷
书　　号：ISBN 978-7-5752-0470-5
定　　价：78.00元

# 前　言

　　智能职教一体化管理与评价平台不仅是一个技术的集合体，还是一个集资源整合、教学创新、管理优化于一体的综合性平台。它的核心在于通过大数据、云计算、人工智能等先进技术，实现对职业教育全过程的智能化管理和个性化教学的支持。在个性化教学方面，平台通过深度分析学生的学习数据，了解学生的学习习惯、兴趣偏好和能力水平，进而为每位学生提供定制化的学习路径和资源推荐。这不仅能够激发学生的学习兴趣和动力，还能够帮助学生更高效、更精准地掌握知识和技能，从而提升学习效果和满意度。同时，平台还能够为教师提供教学辅助和决策支持。通过收集和分析学生的学习数据，教师可以更准确地把握学生的学习情况和问题，从而调整教学策略和方法，提高教学效果和质量。此外，平台还能够为教师提供丰富的教学资源和工具，帮助他们更轻松、更高效地开展教学工作。

　　智能职教一体化管理与评价平台的构建与运用，将为职业教育领域带来革命性的变革。它不仅能够满足学生个性化、多样化的学习需求，还能够提高教学效果和质量，促进职业教育的持续发展和创新。因此，我们有理由相信，在未来的职业教育领域，智能职教一体化管理与评价平台将发挥越来越重要的作用。

　　本书在撰写过程中，参阅和引用了一些文献资料，在此谨向它们的作者表示感谢；还要感谢一直以来支持、鼓励和鞭策我成长的师长与学界同人。由于笔者水平有限，书中难免存在不妥甚至谬误之处，敬请广大学界同人和读者批评指正。

# 目　录

# 绪 论

## 第一节 智能职教一体化平台概述

### 一、平台名称与定位

#### （一）平台名称

智能职教一体化平台又被命名为"智慧职教云平台"，这一名称的选择旨在体现其智能化、云计算化的特性以及专注于职业教育的定位。智慧职教云平台的名称不但易于记忆和传播，而且能够直观地反映平台的核心价值和功能。

智慧职教云平台的命名背后蕴含着对职业教育未来发展的深刻理解和期待。智慧，代表着现代科技的力量，是引领职业教育创新发展的关键。职教，则直接指向了平台服务的对象——职业教育领域。云，则代表了云计算技术，是支撑平台高效、稳定运行的基础。通过这一名称，我们希望能够传达出平台致力运用先进技术推动职业教育现代化的决心和愿景。

#### （二）平台定位

智慧职教云平台的定位是一个集资源整合、教学创新、管理优化于一体的综合性平台。在资源整合方面，平台通过云计算技术实现教育资源的集中存储和共享，打破地域和时间的限制，让优质教育资源得到更广泛的传播和应用。在教学创新方面，平台利用大数据和人工智能技术实现对学生学习行为的深度分析，为教师提供个性化的教学建议和策略，推动教学模式的创新和变革。在管理优化方面，平台通过数据分析和可视化技术实现对教学过程的实时监控与评估，提高管理效率和质量，促进职业教育的持续发展。

智慧职教云平台的定位体现了对职业教育现状的深刻洞察和对未来发展的前瞻思考。当前，职业教育面临着资源分散、教学模式单一、管理效率低下等问题。智慧职教云平台通过整合优质资源、创新教学模式、优化管理流程等手段，致力于解决这些问题，推动职业教育的转型升级。同时，平台还注重与产业界的深度融合，为学生提供更加贴近实际需求的教育内容和就业机会，实现职业教育与产业发展的良性互动。

## 二、平台功能与目标

### （一）平台功能概述

智慧职教云平台作为一个综合性的职业教育管理与服务平台，其功能设计旨在满足职业教育全链条的需求，从资源整合、教学管理、学生服务到产业发展，每个环节都经过精心规划和布局。

首先，平台具有强大的资源整合功能。通过云计算技术，平台能够将各类职业教育资源进行有效整合，包括课程、师资、实训设备等，形成一个庞大的资源池，为用户提供一站式服务。这不仅解决了资源分散、难以共享的问题，还大大提高了资源的使用效率。

其次，平台具备先进的教学管理功能。通过大数据和人工智能技术，平台可以实时监控学生的学习进度和效果，为教师提供精准的教学反馈和建议。同时，平台还支持在线教学、互动讨论、作业批改等多种教学方式，使教学更加灵活、高效。

再次，平台注重学生的个性化服务。通过对学生学习数据的深度分析，平台能够为学生提供个性化的学习路径和资源推荐，帮助学生更好地发掘自身潜力，实现个性化发展。此外，平台还为学生提供就业指导、职业规划等服务，帮助学生顺利进入职场。

最后，平台致力与产业界深度融合。通过与企业和行业组织建立紧密的合作关系，平台能够及时了解产业需求和趋势，为职业教育提供更加贴近实际需求的教育内容和实训机会。同时，平台还为学生提供实习、就业等机会，促进教育与产业的良性互动。

### （二）平台功能详细解析

在资源整合方面，平台通过建立统一的资源管理系统，实现了对各类资源的有效整合和共享。这包括课程资源的分类管理、师资力量的优化配置、实训设备的统一调度等。同时，平台还支持资源的动态更新和扩展，确保资源的时效性和丰富性。

在教学管理方面，平台利用大数据和人工智能技术实现了对学生学习行为的实时监控与分析。通过收集学生的学习数据，平台可以了解学生的学习进度、掌握程度以及存在的问题，为教师提供精准的教学反馈和建议。此外，平台还支持在线教学、互动讨论、作业批改等多种教学方式，使教学更加灵活、高效。

在学生服务方面，平台注重学生的个性化需求和发展。通过对学生学习数据的深度分析，平台可以为学生提供个性化的学习路径和资源推荐。同时，平台还为学生提供就业指导、职业规划等服务，帮助学生更好地认识自己、规划未来。

在产业融合方面，平台积极与企业和行业组织建立合作关系，共同推动职业教育的发展和创新。通过与企业合作，平台可以及时了解产业需求和趋势，为职业教育提供更加贴近实际需求的教育内容和实训机会。同时，平台还为学生提供实习、就业等机会，促进教育与产业的良性互动。

### （三）平台目标设定

智慧职教云平台的目标设定包括短期目标和长期目标。短期目标主要是完善平台功能、优化用户体验、扩大用户规模等。通过不断迭代和优化平台功能，提高用户的使用满意度和忠诚度；同时，加大市场推广力度，吸引更多用户加入平台。长期目标则是将平台打造成为全球领先的职业教育云平台，推动职业教育的现代化和国际化发展。为此，平台将不断引进和融合先进技术，拓展国际合作与交流渠道，提高平台的核心竞争力和影响力。

### （四）平台功能与目标的关系

智慧职教云平台的功能设计紧密围绕其目标展开，通过实现各项功能推动目标的实现。例如，平台的资源整合功能有助于解决资源分散、难以共享的问题，为实现优质资源的广泛传播和应用打下基础；教学管理功能则通过提高教学效率和质量促进教育公平与个性化发展；学生服务功能则通过满足学生的个性化需求和发展增强用户的黏性与忠诚度；产业融合功能则通过促进教育与产业的良性互动推动职业教育的转型升级和创新发展。因此，可以说平台的功能是实现其目标的重要手段和途径。

## 三、平台服务对象与范围

### （一）服务对象概述

智慧职教云平台的服务对象主要包括学生、教师、教育机构以及产业界。这些对象在职业教育生态系统中扮演着不同的角色，共同推动着职业教育的发展。平台通过提供多样化的服务，满足他们的不同需求，促进职业教育的现代化和个性化。

首先，学生是平台服务的核心对象。他们通过平台获取学习资源、参与在线学习、完成作业和测试等，实现自我提升和职业发展。平台通过个性化推荐、智能评估等功能，为学生提供定制化的学习路径和资源，帮助他们更好地发掘自身潜力，实现个性化发展。

其次，教师是平台服务的第一个重要对象。他们通过平台发布课程、管理学生、进行教学互动等，提高教学效率和质量。平台为教师提供教学工具、数据分析等支持，帮助他们更好地了解学生的学习情况，制定个性化的教学策略，实现教学创新。

再次，教育机构是平台服务的第二个重要对象。他们通过平台整合优质资源、优化管理流程、提升品牌影响力等，提高教育质量和竞争力。平台为教育机构提供资源共享、数据分析等支持，帮助他们更好地管理教学资源、提高教学质量、拓展市场渠道。

最后，产业界是平台服务的第三个重要对象。他们通过平台了解产业需求和趋势、参与人才培养、提供实习和就业机会等，促进教育与产业的深度融合。平台为产业界提供人才供需信息、产教融合项目等支持，帮助他们更好地发现人才、培养人才、使用人才。

### （二）学生服务范围

对于学生而言，智慧职教云平台的服务范围广泛而深入。首先，平台提供丰富的课程资源，涵盖各专业领域的基础知识和实践技能，满足学生多样化的学习需求。其次，平台支持在线学习、自主学习和合作学习等多种学习方式，让学生可以根据自己的时间和兴趣进行学习安排。最后，平台提供学习辅导、作业批改、答疑解惑等服务，帮助学生解决学习中的困难和问题。最重要的是，平台通过个性化推荐和智能评估等功能，为学生提供定制化的学习路径和资源推荐，帮助他们更好地发掘自身潜力，实现个性化发展。

### （三）教师服务范围

对于教师而言，智慧职教云平台的服务范围全面而细致。首先，平台为教师提供课程发布和管理功能，让他们可以方便地发布自己的课程、管理学生的学习进度和作业等。其次，平台提供数据分析工具和教学反馈机制，帮助教师了解学生的学习情况和问题所在，制定个性化的教学策略和方法。最后，平台支持在线教学、互动讨论等教学方式，让教师可以更加灵活、高效地进行教学。最重要的是，平台为教师提供丰富的教学资源和工具支持，如课件制作工具、在线测试系统等，帮助他们提高教学效率和质量。

### （四）教育机构与产业界服务范围

对于教育机构和产业界而言，智慧职教云平台的服务范围广泛而重要。首先，平台为教育机构提供资源整合和管理服务，帮助他们整合各类教育资源、优化管理流程、提高教育质量和竞争力。其次，平台为教育机构提供数据分析和可视化工具支持，帮助他们更好地了解市场需求和趋势、制定科学的发展战略和规划。最后，平台为教育机构提供品牌推广和市场拓展支持，帮助他们扩大市场份额和影响力。对于产业界而言，平台提供人才供需信息、产教融合项目等支持服务，帮助他们更好地发现人才、培养人才、使用人才，促进教育与产业的深度融合和共同发展。

## 四、平台特点与优势

### （一）智能化技术融合

智慧职教云平台的首要特点在于其智能化技术的深度融合。平台通过引入大数据、人工智能、云计算等先进技术，实现了对教育资源、教学过程以及学习效果的智能化管理和优化。具体而言，平台利用大数据技术分析学生的学习行为和成绩数据，为教师提供精准的教学反馈和学生评估报告；通过人工智能技术实现个性化学习推荐和智能答疑，为学生提供更加高效、便捷的学习体验；同时，云计算技术为平台提供了强大的数据存储和计算能力，确保了平台的稳定性和可扩展性。

这种智能化技术的融合使智慧职教云平台在职业教育领域具有显著的优势。首先，智能化技术能够更好地满足学生的个性化学习需求，提供定制化的学习路径和资源推荐，帮助学生发掘自身潜力，实现个性化发展。其次，智能化技术能够提高教学效率和质量，为教师提供精准的教学反馈和学生评估报告，帮助他们制订更加科学、合理的教学计划和方法。最后，智能化技术能够促进教育与产业的深度融合，为产业界提供更加精准的人才供需信息和产教融合项目支持，推动职业教育与产业发展的良性互动。

### （二）资源整合与优化

智慧职教云平台在资源整合与优化方面表现出色。平台通过建立统一的资源管理系统，实现了对各类职业教育资源的有效整合和优化配置。这些资源包括课程、师资、实训设备、企业合作等，涵盖了职业教育的各个环节和领域。通过平台，用户可以轻松地获取所需资源，实现资源的共享和有效利用。

资源整合与优化的优势在于，它能够打破地域和时间的限制，让优质教育资源得到更广泛的传播和应用。同时，通过平台对资源的统一管理和调度，可以实现资源的优化配置和高效利用，提高资源的使用效率和效益。这对于促进职业教育的均衡发展、提高职业教育质量具有重要意义。

### （三）个性化学习支持

智慧职教云平台注重学生的个性化学习需求，通过智能化技术为学生提供个性化的学习支持。平台通过分析学生的学习数据和兴趣偏好，为他们推荐符合其学习风格和需求的学习资源与学习路径。同时，平台还提供个性化的学习辅导和答疑解惑服务，帮助学生解决学习中的困难和问题。

个性化学习支持的优势在于，它能够更好地满足学生的个性化学习需求，激发他们的学习兴趣和动力。通过为学生提供定制化的学习资源和路径推荐，平台能够帮助学生进行更加高效、有针对性的学习，提高学习效果和质量。此外，个性化学习支持还能够培养学生的自主学习能力和终身学习能力，为他们未来的职业发展奠定坚实基础。

### （四）产教融合与校企合作

智慧职教云平台积极推动产教融合和校企合作，为职业教育与产业发展搭建桥梁。平台通过与企业、行业组织等建立紧密的合作关系，共同开发课程、建设实训基地、开展实习就业等活动，实现教育与产业的深度融合。

产教融合与校企合作的优势在于，它能够为学生提供更加贴近实际需求的教育内容和实训机会，帮助他们更好地适应社会和市场需求。同时，校企合作还能够为产业界提供精准的人才供需信息和产教融合项目支持，推动产业发展与创新。通过智慧职教平台的搭建和运营，可以实现教育资源与产业资源的有效对接和互动，促进职业教育与产业发展的良性循环。

# 第二节　智能职教一体化平台建设的背景与意义

## 一、当前教育领域的挑战与机遇

### （一）教育资源不均衡的挑战

当前教育领域面临的首要挑战是教育资源的不均衡分布。首先，城乡教育资源差距显著，城市学校通常拥有更为完备的教育设施和优秀的师资力量，而农村地区则普遍存在教育设施落后、师资紧缺的问题。其次，教育资源的不平等也体现在富裕地区与经济欠发达地区之间，富裕地区的教育资源明显超过经济欠发达地区，导致教育机会的不平等。

　　智能职教一体化平台的建设为解决教育资源不均衡问题提供了新途径。通过平台，可以将优质的教育资源数字化、网络化，实现教育资源的共享和普及。例如，通过在线课程、远程教学等方式，可以将城市优秀教师的授课内容传播到农村地区，让更多的学生受益。此外，平台还可以为农村地区提供针对性的教育资源支持，如建设远程实训基地、提供在线学习辅导等，从而改善农村地区的教育条件。

## （二）教育内容与就业市场需求脱节的挑战

　　当前教育领域面临的另一个挑战是教育内容与就业市场需求之间的脱节。随着经济的快速发展和产业结构的调整，就业市场对人才的需求也在不断变化。然而，传统的教育模式往往难以跟上这种变化，导致学生在校期间所学知识和技能与实际就业需求之间存在较大差距。

　　智能职教一体化平台可以通过与产业界紧密合作，及时了解市场需求和变化，为职业教育提供更加贴近实际需求的教育内容和实训机会。平台可以与企业、行业组织等建立合作关系，共同开发课程、建设实训基地、开展实习就业等活动，实现教育与产业的深度融合。这样不仅可以提高学生的就业竞争力，还可以为企业输送更多符合实际需求的人才。

## （三）教育技术创新带来的机遇

　　当前，科技的飞速发展为教育领域带来了前所未有的机遇。数字化、网络化、智能化等新技术为教育方式的创新提供了更多可能性。例如，在线课程、虚拟现实、人工智能等技术可以让学生随时随地获取教育资源，拓宽知识领域；同时，这些技术还可以为教师提供更加丰富多样的教学手段和工具，提高教学效果和质量。

　　智能职教一体化平台正是基于这些新技术而建设的。平台通过引入大数据、人工智能等先进技术，实现了对教育资源、教学过程及学习效果的智能化管理和优化。这不仅可以提高教育资源的利用效率和管理水平，还可以为学生提供更加个性化、高效的学习体验。同时，平台还可以为教育机构提供数据分析和可视化工具支持，帮助他们更好地了解市场需求和趋势、制定科学的发展战略和规划。

### （四）教育国际化的机遇

在经济全球化的背景下，教育国际化已成为必然趋势。不同国家和地区之间的教育交流日益频繁，为职业教育的发展带来了更多机遇。智能职教一体化平台可以充分利用这一机遇，推动职业教育的国际化发展。

平台可以通过与国际教育机构、企业等建立合作关系，引进国际先进的职业教育理念、课程和技术。同时，平台还可以为国际学生提供优质的在线教育和实训机会，促进国际教育交流和合作。这样不仅可以提高职业教育的国际竞争力，还可以为培养具有跨文化意识和国际视野的人才做出贡献。

## 二、智能技术在教育中的应用趋势

### （一）个性化学习体验的深化

随着大数据和人工智能技术的不断成熟，智能技术在教育中的应用将进一步深化个性化学习体验。首先，通过对学生学习行为、兴趣爱好、能力水平等数据的深度分析，智能系统能够更准确地把握学生的学习需求，从而为他们提供更加个性化的学习资源和路径推荐。其次，智能技术能够根据学生的学习进度和反馈，实时调整教学内容和难度，确保学生能够以最适合自己的方式和节奏进行学习。

这种个性化学习体验的深化，不仅有助于提高学生的学习效率和兴趣，还能够培养他们的自主学习能力和终身学习习惯。据统计，使用智能学习系统的学生在学习成绩和学习动力方面均有显著提升。例如，某智能学习平台通过对学生的学习数据进行深度分析，为每位学生量身定制了学习计划和资源推荐，使学生的平均成绩提高了15%。

### （二）智能评估与反馈的普及

智能评估与反馈是智能技术在教育中的重要应用趋势。传统的评估方式往往依赖于教师的经验和主观判断，存在主观性强、效率低下等问题。而智能评估系统则能够利用机器学习和自然语言处理等技术，对学生的作业、考试等进行自动评分和评估，为教师提供客观、准确的评估结果。

此外，智能系统还能够根据评估结果为学生提供个性化的反馈和建议，帮助他们更好地了解自己的学习情况和改进方向。这种智能评估与反馈的普及，将极大地提高教育评估的效率和准确性，促进教育质量的提升。

### （三）虚拟现实与增强现实技术的应用

虚拟现实和增强现实技术为教育领域带来了全新的可能性。通过虚拟现实或增强现实技术，学生可以沉浸在虚拟的学习环境中，获得更加直观、生动的学习体验。例如，在医学、建筑、机械等专业领域，学生可以通过虚拟现实或增强现实技术模拟真实的操作场景，进行实践练习和模拟操作。

此外，虚拟现实或增强现实技术还可以用于创建虚拟课堂和实验室，为学生提供更加丰富多样的学习资源和互动方式。这种技术的应用将极大地激发学生的学习兴趣和动力，提高他们的学习效果和实践能力。

### （四）人机协同教学模式的探索

未来的教育将更加注重人机协同的教学模式。在这种模式下，人工智能将不再是简单的工具或辅助手段，而是成为教师的重要合作伙伴。通过智能教学系统，教师可以更加全面地了解学生的学习情况和需求，制订更加科学、合理的教学计划和方法。同时，智能系统还可以为教师提供教学资源和工具支持，帮助他们提高教学效率和质量。

人机协同教学模式的探索将促进教育方式的创新和发展，使教育更加符合人性化和科学化的要求。同时，这种模式也将为学生提供更加优质、高效的学习体验，帮助他们更好地实现自我价值和发展潜力。

## 三、智能职教一体化平台建设的必要性

### （一）满足职业教育现代化发展需求

随着信息技术的迅猛发展和产业结构的快速调整，职业教育面临着前所未有的挑战和机遇。传统的职业教育模式已经难以满足现代化发展的需求，

迫切需要借助智能技术推动职业教育的转型升级。智能职教一体化平台的建设，正是为了满足这一需求而提出的。

首先，智能职教一体化平台能够整合各类职业教育资源，实现资源的优化配置和高效利用。平台通过引入大数据、云计算等先进技术，可以对教育资源进行统一管理和调度，确保资源的有效利用。同时，平台还能够实现教育资源的共享和普及，让更多学生受益。

其次，智能职教一体化平台能够推动职业教育与产业的深度融合。通过与企业、行业组织等建立紧密的合作关系，平台可以及时了解市场需求和变化，为职业教育提供更加贴近实际需求的教育内容和实训机会。这样不仅可以提高学生的就业竞争力，还可以为企业输送更多符合实际需求的人才。

最后，智能职教一体化平台能够提升职业教育的教学质量和效率。通过引入智能化教学手段和工具，平台可以为教师提供更加丰富多样的教学资源和方法支持，帮助他们更好地完成教学任务。同时，平台还可以利用大数据、人工智能等技术对学生的学习行为和成绩进行深度分析，为教师提供精准的教学反馈和建议。

### （二）应对人才短缺和技能更新的挑战

随着经济的快速发展和产业结构的调整，人才短缺和技能更新的问题日益突出。传统的职业教育模式往往跟不上这种变化，导致学生在校期间所学知识和技能与实际就业需求之间存在较大差距。智能职教一体化平台的建设，有助于应对这一挑战。

首先，平台可以及时了解市场需求和变化，为职业教育提供更加贴近实际需求的教育内容和实训机会。这样不仅可以提高学生的就业竞争力，还可以为企业输送更多符合实际需求的人才。

其次，平台可以利用大数据、人工智能等技术对学生的学习行为和成绩进行深度分析，帮助他们发现自身的潜力和不足。同时，平台还可以为学生提供个性化的学习资源和路径推荐，帮助他们更加高效地学习新知识、掌握新技能。

最后，平台可以为企业提供在线培训、技能更新等服务，帮助他们提升员工的技能水平和竞争力。这种服务不仅可以解决企业人才短缺的问题，还可以提高员工的满意度和忠诚度。

## （三）推动教育公平与普及

教育公平与普及一直是教育领域的重要议题。然而，由于地域、经济等因素的限制，教育资源的分配往往存在不均衡的问题。智能职教一体化平台的建设，有助于推动教育公平与普及。

首先，平台可以实现教育资源的共享和普及。通过引入大数据、云计算等技术，平台可以将优质的教育资源数字化、网络化，让更多的学生受益。同时，平台还可以为农村、偏远地区等提供针对性的教育资源支持，帮助他们改善教育条件。

其次，平台可以打破地域和时间的限制，让学习变得更加便捷和灵活。学生可以通过平台随时随地获取学习资源和课程信息，进行自主学习和在线交流。这种学习方式不仅可以节省时间和精力，还可以提高学习效果和质量。

最后，平台可以为弱势群体提供教育支持和服务。例如，平台可以为残障人士提供无障碍学习支持；为经济困难家庭提供免费或优惠的学习资源；为失业人员提供再就业培训等服务。这些服务不仅可以提高他们的生活质量、增加其就业机会，还可以促进社会的和谐与稳定。

## （四）促进教育创新与发展

智能职教一体化平台的建设，有助于促进教育创新与发展。通过引入新技术、新模式和新方法，平台可以推动职业教育在理念、内容、方式等方面的创新。

首先，平台可以推动职业教育理念的创新。通过引入人工智能、大数据等先进技术，平台可以帮助学生更加全面、深入地了解现代科技和产业的发展趋势与前景，培养他们的创新意识和创新能力。

其次，平台可以推动职业教育内容的创新。通过与企业、行业组织等建立合作关系，平台可以引入最新的产业知识和技能要求，为职业教育提供更加贴近实际需求的教育内容。同时，平台还可以鼓励教师和学生进行课程内容的自主创新与开发，丰富职业教育的教学内容和形式。

最后，平台可以推动职业教育方式的创新。通过引入智能化教学手段和工具，平台可以为教师提供更加灵活、多样的教学方法支持。同时，平台还可以鼓励学生进行自主学习和合作学习等新型学习方式的探索与实践，提高他们的学习效果和综合能力。

## 四、智能职教一体化平台建设对教育领域的潜在影响

### （一）提高教育质量和学习效率

智能职教一体化平台的建设对教育领域的第一个潜在影响是提高教育质量和学习效率。首先，平台通过引入先进的信息技术和智能算法，能够为学生提供更加个性化、精准的学习体验。通过智能评估、反馈系统，平台能够实时跟踪学生的学习进度和成绩，为教师提供准确的教学反馈，从而帮助教师更好地调整教学策略，满足学生的个性化需求。

其次，平台能够提供丰富多样的学习资源和工具，如在线课程、虚拟实验室、互动教材等，这些资源能够激发学生的学习兴趣，提高他们的学习动力。最后，平台能够实现学习资源的共享和普及，让更多学生享受到优质的教育资源。

在智能职教一体化平台的支持下，学生的学习效率将得到显著提升。他们可以随时随地通过平台进行学习，不再受时间和地点的限制。同时，平台还能够根据学生的学习进度和成绩，为他们推荐适合的学习资源和路径，帮助他们更加高效地掌握知识。

### （二）促进教育公平与普及

智能职教一体化平台的建设对教育领域的第二个潜在影响是促进教育公平与普及。平台通过整合和优化教育资源，打破了地域、经济等因素的限制，使优质的教育资源能够覆盖到更广泛的人群。

对于偏远地区和经济条件较差的学生来说，他们可以通过平台获取到与城市学生相同甚至更好的教育资源。这将有助于缩小城乡、区域之间的教育差距，实现教育公平。

同时，平台还能够为不同背景、不同需求的学生提供个性化的学习支持。

无论是残疾学生、贫困学生还是在职人员，他们都可以通过平台获得适合自己的学习资源和课程。这将有助于推动教育的普及化进程，让更多人享受到优质的教育资源。

## （三）推动教育创新与发展

智能职教一体化平台的建设对教育领域的第三个潜在影响是推动教育创新与发展。平台通过引入新技术、新应用和新模式，为教育领域带来了全新的发展机遇。

首先，平台能够推动教育内容的创新。通过与产业界的紧密合作，平台可以及时了解市场需求和变化，为职业教育提供更加贴近实际需求的课程内容和实训机会。这将有助于提高学生的就业竞争力，满足社会对人才的需求。

其次，平台能够推动教育方式的创新。通过引入智能化教学手段和工具，平台可以为教师提供更加灵活、多样的教学方法支持。这将有助于激发教师的教学创新意识，提高教学效果和质量。

最后，平台能够推动教育管理的创新。通过引入大数据、人工智能等先进技术，平台，可以实现对教育资源的智能化管理和调度，提高管理效率和质量。这将有助于推动教育管理的现代化进程，提高教育系统的整体运行效率。

## （四）增强职业教育的社会影响力和竞争力

智能职教一体化平台的建设对教育领域的第四个潜在影响是增强职业教育的社会影响力和竞争力。平台通过整合和优化教育资源、推动教育创新与发展、提高教育质量和效率等方式，为职业教育的发展提供了有力支持。

首先，平台能够提升职业教育的品牌形象和知名度。通过引入新技术、新应用和新模式，平台能够为职业教育注入新的活力和元素，使其更加符合现代社会的需求和期望。这将有助于提升职业教育的品牌形象和知名度，吸引更多的学生选择职业教育。

其次，平台能够提升职业教育的就业竞争力。通过与产业界的紧密合作和资源共享，平台能够为学生提供更加贴近实际需求的课程内容和实训机会，提高他们的就业竞争力和职业素养。这将有助于提升职业教育的社会认可度和影响力。

最后，平台能够推动职业教育的国际交流与合作。通过与国际教育机构、企业等建立合作关系，平台可以引进国际先进的职业教育理念、课程和技术，提高职业教育的国际化水平。这将有助于推动职业教育的国际交流与合作，提升职业教育的国际竞争力。

# 第三节　智能职教一体化平台国内外研究现状

## 一、国外智能职教平台的发展状况

### （一）技术引领与平台创新

在国外，智能职教平台的发展一直走在前列，尤其是在技术创新与平台创新方面。众多发达国家的教育机构和科技企业共同推动了智能职教平台的快速发展。这些平台不仅整合了海量的教育资源，还通过引入大数据、人工智能等先进技术，实现了教育资源的智能化管理和个性化推荐。例如，美国的某些智能职教平台通过深度学习算法分析学生的学习数据，为他们提供定制化的学习路径和反馈，大大提高了学习效率。

### （二）国际合作与资源共享

国外智能职教平台的发展体现在国际合作与资源共享方面。许多平台积极与国际教育机构、企业等建立合作关系，共同开发课程资源、分享教学经验和数据。这种国际合作不仅丰富了平台的教育资源，还促进了不同文化之间的交流与融合。例如，欧洲的一些智能职教平台通过与国际知名企业的合作，引入了最新的行业知识和技能要求，为学生提供了更加贴近实际需求的教育内容。

### （三）政策支持与资金投入

国外政府对智能职教平台的发展给予了高度重视，并提供了相应的政策支持与资金投入。这些政策包括鼓励企业参与职业教育、推动教育信息化等。同时，政府还通过设立专项资金、提供税收优惠等方式，支持智能职教平台的研发和推广。这种政策支持不仅为智能职教平台的发展提供了有力保障，也吸引了更多的企业和机构参与其中。

### （四）实践应用与效果评估

国外智能职教平台在实践应用方面取得了显著成果。许多平台已经成功应用于职业教育、企业培训等领域，为学生和企业提供了高质量的教育与培训服务。同时，这些平台还通过不断的效果评估和用户反馈，不断优化和完善自身的功能与服务。例如，一些平台通过收集学生的学习数据和行为数据，分析他们的学习特点和需求，从而为他们提供更加精准的学习支持和建议。

具体来说，国外智能职教平台的发展可以归纳为以下几个特点。

1. 技术创新是平台发展的核心驱动力。通过引入大数据、人工智能等先进技术，平台能够为学生提供更加个性化、精准的学习体验。

2. 国际合作和资源共享是平台发展的重要支撑。通过与国际教育机构、企业等建立合作关系，平台能够获取更多的教育资源和行业信息。

3. 政府支持为平台的发展提供了有力保障。通过制定相关政策、提供资金支持等方式，政府鼓励企业参与职业教育、推动教育信息化。

4. 实践应用是平台发展的最终目标。通过不断应用和评估，平台能够不断优化和完善自身的功能与服务，满足用户的需求和期望。

## 二、国内智能职教平台的研究进展

### （一）平台构建与技术创新

近年来，国内智能职教平台的研究取得了显著进展，首先体现在平台构建与技术创新方面，国内多家高校、科研机构及企业纷纷投入研发，构建了一批具有自主知识产权的智能职教平台。这些平台不仅整合了海量的教育资源，还通过引入大数据、云计算、人工智能等先进技术，实现了教育资源的智能化管理和个性化服务。例如，一些平台利用人工智能技术，通过对学生学习行为的分析，为他们提供精准的学习建议和个性化的学习路径。同时，平台还具备智能推荐、智能评估等功能，提高了教育教学的效率和质量。

在技术创新方面，国内研究者不断探索新技术在智能职教平台中的应用，如虚拟现实、增强现实等技术。这些技术为学生提供了更加真实、生动的学习体验，有助于激发他们的学习兴趣和动力。例如，在医学、机械等专业领域，通过虚拟现实技术模拟真实的操作环境，让学生可以在虚拟环境中进行实践操作，提高了他们的实践能力和职业素养。

## （二）教育资源整合与共享

国内智能职教平台在教育资源整合与共享方面取得了重要进展。一方面，平台积极汇聚各类教育资源，包括课程、教材、案例、实训设备等，为学生提供了丰富多样的学习选择。另一方面，平台通过开放接口和合作机制，实现了教育资源的共享和互通。这不仅有助于优化教育资源配置，提高资源利用效率，还有助于推动不同区域、不同学校之间的教育均衡发展。

## （三）政策支持与产业推动

在国内智能职教平台的研究进展中，政策支持与产业推动起到了关键作用。近年来，国家出台了一系列政策文件，鼓励和支持智能职教平台的发展。例如，《教育信息化 2.0 行动计划》中明确提出要推动教育信息化向纵深发展，构建网络化、数字化、智能化、个性化、终身化的教育体系。同时，各级政府还设立了专项资金，用于支持智能职教平台的研发和推广。这些政策为智能职教平台的发展提供了有力保障。

此外，随着国内经济的快速发展和产业结构的转型升级，企业对高技能人才的需求日益旺盛。这为智能职教平台的发展提供了广阔的市场空间。越来越多的企业开始与智能职教平台合作，共同开发课程资源、建设实训基地等。这种产业推动不仅为智能职教平台的发展提供了资金支持，还有助于实现教育与产业的深度融合。

### （四）实践应用与效果评估

国内智能职教平台在实践应用与效果评估方面取得了显著成效。越来越多的学校和企业开始使用智能职教平台进行教育教学与员工培训。这些平台通过提供个性化、精准的学习服务，有效提高了学生的学习效果和职业素养。同时，平台还通过收集用户反馈和数据分析，不断优化和完善自身的功能与服务。这种实践应用不仅验证了智能职教平台的有效性和可行性，还为平台的进一步发展提供了有益的经验和启示。

总之，国内智能职教平台的研究进展体现在平台构建与技术创新、教育资源整合与共享、政策支持与产业推动以及实践应用与效果评估等多个方面。这些进展不仅为职业教育的发展提供了有力支持，还有助于推动教育信息化向纵深发展。

## 三、国内外智能职教平台建设的对比分析

### （一）技术发展与平台功能

在技术发展与平台功能方面，国内外智能职教平台都展现出显著的特点和优势。国外平台起步较早，依托其强大的科研实力和技术积累，已经形成了较为成熟的技术体系。这些平台不仅提供了丰富的在线课程、虚拟实验室、智能评估等功能，还通过引入先进的人工智能、大数据分析等技术，实现了教育资源的智能化推荐和个性化学习路径规划。

相比之下，国内平台在近年来也取得了快速的发展。在借鉴国外先进经验的基础上，国内平台结合本国教育实际，开发出了一批具有自主知识产权的智能职教平台。这些平台虽然在功能上与国外平台相似，但更加注重实用性和本土化，能够更好地满足国内教育市场的需求。同时，国内平台还积极探索新技术在教育领域的应用，如虚拟现实、增强现实技术等，为学生提供了更加真实、生动的学习体验。

### （二）教育资源整合与共享

在教育资源整合与共享方面，国内外平台存在一定的差异。国外平台在资源整合方面更加注重国际化和多元化，通过与全球范围内的教育机构、企

业等建立合作关系，汇聚了丰富多样的教育资源。这些资源不仅包括课程、教材等传统教育资源，还包括行业资讯、职业发展等多元化信息，为学生提供了更加全面、立体的学习支持。

而国内平台在资源整合方面则更加注重本土化和实用性。通过整合国内优秀的教育资源，如国家级精品在线课程、行业专家库等，为国内学生提供了高质量的教育服务。同时，国内平台还积极探索与企业的合作，共同开发课程资源、建设实训基地等，实现了教育与产业的深度融合。

### （三）政策支持与产业发展

在政策支持与产业发展方面，国内外平台呈现出不同的特点。国外平台的发展得到了政府的大力支持和产业界的积极参与。政府通过制定相关政策、提供资金支持等方式，鼓励企业参与职业教育、推动教育信息化。同时，产业界也积极参与平台的建设和推广，为平台提供了丰富的教育资源和技术支持。

国内平台在政策支持和产业发展方面也取得了一定的成果。政府出台了一系列政策文件，鼓励和支持智能职教平台的发展。同时，随着国内经济的快速发展和产业结构的转型升级，企业对高技能人才的需求日益旺盛，为智能职教平台的发展提供了广阔的市场空间。然而，与国内庞大的教育市场相比，目前智能职教平台的发展还存在一定的不足和挑战。

### （四）实践应用与效果评估

在实践应用与效果评估方面，国内外平台都取得了一定的成效。国外平台通过广泛的应用和实践，验证了其技术的有效性和教育模式的可行性。同时，平台还通过收集用户反馈和数据分析等方式，不断优化和完善自身的功能与服务。

国内平台在实践应用方面取得了显著成效。越来越多的学校和企业开始使用智能职教平台进行教育教学和员工培训。这些平台通过提供个性化、精准的学习服务，有效提高了学生的学习效果和职业素养。然而，与国内庞大的教育需求相比，目前智能职教平台在实践应用方面还存在一定的局限性和不足。例如，部分平台的功能还不够完善、用户体验还有待提升等。

综上所述，国内外智能职教平台在技术发展与平台功能、教育资源整合与共享、政策支持与产业发展和实践应用与效果评估等方面都取得了一定的成果及进展。然而，由于各国教育体制、文化背景等方面的差异，平台在发展过程中也呈现出不同的特点和优势。因此，在未来的发展中，各国应结合自身实际情况，积极探索适合本国国情的智能职教平台发展模式。

# 四、当前研究存在的不足与未来方向

## （一）技术应用的局限性及未来发展方向

当前，智能职教平台在技术应用方面虽然取得了显著进展，但仍存在一些局限性。首先，尽管人工智能、大数据等技术为平台提供了强大的支持，但在实际应用中，这些技术往往面临数据稀疏、算法适应性不强等问题，导致平台在某些场景下的智能化水平有限。其次，新技术的引入和应用往往需要大量的研发与资金投入，这对于一些资源有限的平台来说是一个挑战。

针对以上问题，未来智能职教平台的技术发展方向应更加注重技术的实用性和适应性。一方面，应加强对新技术的研究和探索，解决技术在实际应用中的难题，提高平台的智能化水平；另一方面，应推动技术的开源和共享，降低平台的技术门槛和成本，让更多平台能够享受到技术带来的红利。

## （二）教育资源整合与共享的不足及改进策略

在教育资源整合与共享方面，当前智能职教平台还存在一些不足。首先，平台之间的资源整合和共享程度不够高，导致教育资源的利用率和共享率较低。其次，平台在资源整合和共享过程中，往往缺乏有效的合作机制和利益分配机制，导致合作难以持久和深入。

为了改进这些问题，未来智能职教平台应加强平台之间的合作与共享。一方面，应建立有效的合作机制和利益分配机制，鼓励平台之间的合作与共享；另一方面，应推动平台之间的标准化和互通性建设，提高平台之间的资源整合与共享效率。此外，还可以通过政府引导、产业协同等方式，促进教育资源的整合与共享，提高教育资源的利用效率。

### （三）政策支持与产业发展的不足及完善建议

在政策支持与产业发展方面，当前智能职教平台还存在一些不足。首先，政策支持的力度和广度还有待加大，一些平台在发展过程中缺乏必要的政策和资金支持。其次，产业发展环境不够完善，一些新技术和新模式在推广过程中面临诸多困难与挑战。

为了完善这些问题，未来智能职教平台应加强政策支持与产业发展环境的建设。一方面，政府应加大对智能职教平台的支持力度，制定更加优惠的政策和措施，鼓励更多企业和机构参与智能职教平台的建设；另一方面，应加强产业协同和合作，推动新技术和新模式在智能职教平台中的应用与推广。同时，还可以通过建立行业组织、制定行业标准等方式，促进产业的健康有序发展。

### （四）实践应用与效果评估的不足及改进方向

在实践应用与效果评估方面，当前智能职教平台还存在一些不足。首先，一些平台在实践应用中缺乏科学有效的评估机制和方法，导致平台的效果难以准确评估。其次，平台在推广过程中往往缺乏必要的用户反馈和持续改进机制，导致平台的用户体验和服务质量难以提升。

为了改进这些问题，未来智能职教平台应加强实践应用与效果评估的建设。一方面，应建立科学有效的评估机制和方法，对平台的教育效果、用户体验等方面进行全面评估；另一方面，应建立用户反馈和持续改进机制，及时收集和处理用户反馈意见，对平台的功能和服务进行持续改进与优化。此外，还可以通过开展学术研究、举办交流会议等方式，加强平台的学术交流和合作，推动平台在教育领域的深入应用和发展。

# 第四节 智能职教一体化平台构建的基本原则

## 一、用户导向原则

### （一）以用户需求为出发点

智能职教一体化平台的构建应始终以用户需求为出发点。在平台设计之初，就应对目标用户群体进行深入的市场调研，充分了解他们的学习需求、使用习惯和期望。通过收集和分析用户反馈，不断优化平台功能和用户体验，确保平台能够满足用户的实际需求。例如，平台可以提供个性化的学习路径推荐，让用户根据自己的学习进度和能力选择合适的课程与学习资源，从而提高学习效果。

### （二）设计简洁易用的界面

用户导向原则体现在平台的界面设计上。一个简洁、直观、易用的界面能够降低用户的学习成本，提高用户的使用意愿和满意度。因此，在构建智能职教一体化平台时，应注重界面设计的友好性和易用性。具体来说，首先，可以采用扁平化的设计风格，减少不必要的装饰元素，突出核心内容；其次，可以合理布局各功能模块，确保用户能够轻松找到所需信息和功能。

### （三）提供个性化的学习体验

为了满足不同用户的需求和偏好，智能职教一体化平台应提供个性化的学习体验。通过利用大数据和人工智能技术，对用户的学习行为、兴趣爱好等进行分析，为用户推荐合适的课程和学习资源。此外，平台还可以提供多样化的学习方式，如在线直播、录播课程、互动式学习等，让用户可以根据自己的喜好选择合适的学习方式。这样不仅能够提高用户的学习兴趣和积极性，还能帮助用户更好地掌握知识和技能。

### （四）持续优化用户服务

用户导向原则要求平台持续优化用户服务。在用户使用平台的过程中，可能会遇到各种问题或困惑，这时平台应提供及时、有效的客户服务支持。例如，可以设立在线客服系统，解答用户的问题；同时，定期收集和分析用户反馈意见，针对问题进行改进和优化。此外，平台还可以通过举办线上线下活动、建立用户社群等方式，增强用户的归属感和参与感，从而提升用户对平台的忠诚度和满意度。

综上所述，用户导向原则是智能职教一体化平台构建的重要原则之一。通过以用户需求为出发点、设计简洁易用的界面、提供个性化的学习体验，以及持续优化用户服务等方面的努力，可以打造一个符合用户需求、用户体验优秀的智能职教一体化平台。这不仅能够满足用户的学习需求和提高学习效果，还能帮助平台吸引更多的用户并保持用户的活跃度。同时，这些措施也有助于提升平台的品牌形象和市场竞争力，为平台的长期发展奠定坚实基础。在未来的发展中，智能职教一体化平台应继续坚持用户导向原则，不断优化和完善自身功能与服务，以满足用户不断变化的需求和期望。

## 二、技术先进性原则

### （一）采用前沿技术确保平台先进性

智能职教一体化平台在构建过程中，必须坚持技术先进性原则，即积极采用当前最前沿的技术，确保平台的先进性。随着信息技术的迅猛发展，云计算、大数据、人工智能等前沿技术不断涌现，为智能职教平台的建设提供了强大的技术支持。通过引入这些技术，可以实现更高效的数据处理、更精准的用户画像、更智能的推荐系统等，从而提升平台的整体性能和用户体验。

例如，通过云计算技术，可以实现教育资源的弹性扩展和高效利用，确保平台在面对大量用户并发访问时，仍能保持稳定的性能；通过大数据技术，可以对用户的学习行为进行深入分析，为个性化学习路径的推荐提供数据支持；通过人工智能技术，可以实现自动化答疑、智能评估等功能，进一步提升平台的智能化水平。

## （二）保持技术的持续更新与迭代

技术先进性原则要求智能职教一体化平台必须保持技术的持续更新与迭代。信息技术的发展日新月异，新的技术和解决方案不断涌现，平台必须紧跟技术发展的步伐，及时将最新的技术成果应用到平台的建设中。这不仅可以保持平台的先进性，还可以确保平台在激烈的市场竞争中始终处于领先地位。

为了实现技术的持续更新与迭代，平台应建立完善的技术研发和更新机制，定期组织技术团队进行技术交流和培训，提升团队的技术水平。同时，平台还应与业界保持密切联系，关注最新的技术动态和发展趋势，以便及时将新技术引入平台。

## （三）确保技术的稳定性和安全性

在追求技术先进性的同时，智能职教一体化平台还必须确保技术的稳定性和安全性。先进的技术往往伴随着更高的复杂性和风险性，因此，平台在引入新技术时必须进行充分的测试和验证，确保其在实际应用中能够稳定运行并保障用户数据的安全。

为此，平台应建立完善的技术测试和安全保障机制，对新技术进行全面性能测试和安全评估。同时，平台还应定期对系统进行漏洞扫描和安全加固，防范潜在的安全风险。通过这些措施，可以确保平台在保持技术先进性的同时，也能为用户提供稳定、安全的学习服务。

## （四）促进技术与教育教学的深度融合

技术先进性原则的最终目的是促进技术与教育教学的深度融合。智能职教一体化平台应充分利用先进的技术手段，创新教学模式和学习方式，提高教育教学的质量和效率。例如，可以利用虚拟现实技术创建逼真的学习环境，让学生在模拟的实践中进行学习；通过大数据分析技术对学生的学习进度和效果进行实时监控与评估，为教师提供精准的教学反馈等。

为了实现技术与教育教学的深度融合，平台应加强与教育机构和教师的合作及交流，共同探索技术与教育教学的结合点和创新点。同时，平台还应积极推广成功的技术应用案例和经验分享，鼓励更多教育机构和教师尝试并采用新的技术手段，提升教学效果和学习体验。通过技术与教育教学的深度融合，可以推动智能职教事业的持续发展和创新进步。

## 三、资源共享与开放性原则

### （一）构建开放的资源共享体系

智能职教一体化平台在构建过程中，必须贯彻资源共享与开放性原则，首要任务是构建一个开放的资源共享体系。这一体系旨在打破传统教育资源的地域、机构限制，实现资源的自由流通与共享。通过建设统一的资源标准、共享协议和交互接口，使不同来源、不同格式的教育资源都能够无缝对接，为学习者提供丰富多样的学习资源。

具体来说，首先，平台可以建立一个资源库，对各类教育资源进行统一的管理和调度。其次，平台可以制定并推广统一的资源格式和共享协议，确保资源的兼容性和互操作性。最后，平台可以建立资源评价机制，对共享资源进行质量评估，确保学习者能够获取到高质量的教育资源。

为了推动资源共享的深入发展，平台还可以积极与各类教育机构、企业、社会团体等合作，共同建设教育资源库，丰富资源的来源和种类。同时，平台还应鼓励和支持各类资源的创新开发与应用，为教育资源的共享提供持续的动力和支持。

### （二）促进教育资源的开放获取

资源共享与开放性原则体现在促进教育资源的开放获取上。这意味着平台应打破传统教育资源的封闭性和垄断性，降低资源的获取门槛和成本，让更多的人能够平等地获取到优质的教育资源。

为此，平台可以采取多种措施促进教育资源的开放获取。例如，首先，平台可以建立开放课程平台，提供免费的在线课程和学习资源；其次，平台可以建立教育资源共享平台，允许用户上传和分享自己的学习资源；最后，平台可以推广开放教育资源（OER）运动，鼓励教育机构和教师将自己的教学成果与课件等分享到平台上。

通过这些措施，可以降低教育资源的获取成本，提高资源的利用率和共享率。同时，也可以促进教育资源的多样化发展，满足不同学习者的需求。

### （三）保障资源共享的可持续性

资源共享与开放性原则要求平台必须保障资源共享的可持续性。这意味着平台在推动资源共享的过程中，应注重资源的长期维护和管理，确保资源的稳定性和可用性。

为了实现资源共享的可持续性，平台可以采取以下措施：一是建立稳定的资金支持机制，为资源的开发、维护和更新提供必要的经费保障；二是组建专业的技术团队，负责平台的技术支持和维护工作；三是建立完善的用户反馈机制，及时了解并解决用户在使用过程中遇到的问题和困难；四是加强与其他平台、机构等的合作与交流，共同推动资源共享事业的发展。

通过这些措施，可以确保平台在推动资源共享的过程中能够保持长期的稳定性和可用性，为学习者提供持续、稳定、优质的教育资源服务。

### （四）推动教育公平与普及

资源共享与开放性原则的最终目标是推动教育公平与普及。通过构建一个开放的资源共享体系，平台可以为来自不同背景、不同地域的学习者提供平等获取优质教育资源的机会和途径。这有助于缩小城乡、区域之间的教育差距，促进教育公平的实现。

同时，平台还可以通过提供多样化的学习方式和手段，满足不同学习者的学习需求和兴趣爱好。例如，首先，平台可以为残障人士提供无障碍学习支持；其次，平台可以为偏远地区的学习者提供在线学习服务；最后，平台可以为不同年龄段、不同职业的学习者提供个性化的学习路径推荐等。这些措施有助于推动教育的普及和覆盖面的扩大，让更多的人能够享受到优质的教育资源和服务。

## 四、可持续性与可扩展性原则

### （一）制定长期发展规划

智能职教一体化平台在构建过程中，必须遵循可持续性与可扩展性原则，首要的是制定长期发展规划。这一规划不仅仅要考虑平台当前的业务需求和技术实现，更要着眼于未来教育行业的发展趋势和技术变革。通过制定长期发展规划，平台能够确保在技术和业务上保持持续的竞争力，满足不断增长的用户需求。

在制定长期发展规划时，平台需要充分考虑以下几个方面：一是教育行业的发展趋势，包括新的教育政策、教学模式、技术应用等；二是用户需求的变化，包括学习方式的多样性、个性化需求的增加等；三是技术发展的方向，包括云计算、大数据、人工智能等前沿技术的演进趋势。通过综合分析这些因素，平台可以制定出符合自身发展实际的长期规划，确保平台的可持续性与可扩展性。

同时，长期发展规划还需要明确平台的发展目标、战略定位、业务布局等方面，为平台的未来发展提供明确的指导和方向。这有助于平台在发展过程中保持清晰的思路和坚定的决心，不断推动平台的创新和发展。

### （二）构建可扩展的技术架构

为了实现平台的可扩展性，需要构建可扩展的技术架构。这一架构应具备以下特点：一是模块化设计，将平台的功能划分为多个独立的模块，方便进行模块的升级和维护；二是分层设计，将平台分为多个层次，每个层次负责不同的功能，降低系统之间的耦合度；三是使用标准化接口和协议，方便不同模块之间的通信和交互。

通过构建可扩展的技术架构，平台可以方便地进行功能的扩展和升级。当新的业务需求出现时，只需要在现有架构的基础上进行扩展，无须对整个平台进行重构。这不仅可以降低开发成本和维护成本，还可以提高平台的稳定性和可靠性。

### （三）建立灵活的运营模式

除了技术架构的可扩展性外，平台的运营模式也需要具备灵活性。这意味着平台需要根据市场需求和用户需求的变化，灵活地调整自身的运营策略和服务方式。

为了建立灵活的运营模式，平台需要关注以下几个方面：一是建立用户反馈机制，及时了解并处理用户的反馈意见和建议；二是加强与其他平台、机构等的合作与交流，共同推动行业的发展和创新；三是关注新技术、新应用的发展动态，及时将其引入平台；四是不断优化自身的服务流程和管理机制，提高服务效率和质量。

通过建立灵活的运营模式，平台可以更加快速地响应市场需求和用户需求的变化，不断推动平台的创新和发展。这有助于平台在激烈的市场竞争中处于领先地位，实现可持续发展。

## （四）关注社会责任与可持续发展

可持续性与可扩展性原则体现在关注社会责任与可持续发展上。作为智能职教一体化平台，需要承担起推动教育公平、提高教育质量的社会责任。通过共享优质教育资源、降低教育成本、提供个性化学习支持等方式，平台可以为更多的人提供平等获取优质教育资源的机会和途径。

同时，平台还需要关注自身的可持续发展。这包括在运营过程中注重节能减排、降低对环境的影响；在人才培养方面，注重培养具有创新精神和可持续发展意识的人才；在社会责任方面，积极参与社会公益事业、推动社会的和谐发展等。

通过关注社会责任与可持续发展，平台可以在实现自身发展的同时，为社会的进步和发展做出积极的贡献。这有助于提升平台的品牌形象和社会声誉，为平台的长期发展奠定坚实的基础。

# 第一章　智能职教的理论基础

## 第一节　智能职教的概念界定

### 一、智能职教的核心定义

智能职教，作为一个新兴的教育领域概念，融合了现代信息技术与职业教育，旨在通过智能化手段提升职业教育的教学质量、效率与个性化水平。以下从四个方面对智能职教的核心定义进行深入分析。

#### （一）技术驱动的智能化教学

智能职教的核心在于技术驱动的智能化教学。它利用云计算、大数据、人工智能等先进技术，对教学过程进行全面优化。首先，通过云计算技术，可以实现教育资源的集中存储和高效管理，确保资源的实时更新和共享。其次，通过大数据技术，可以对学生的学习行为、学习成果进行深度分析，为教师提供精准的教学反馈，实现个性化教学。最后，通过人工智能技术，可以模拟人类教师的教学行为，提供智能答疑、智能推荐等服务，进一步提升教学效果。

在技术驱动的智能化教学过程中，教师需要掌握相关技术的应用，将其与教学内容相结合，设计出符合学生需求的教学方案。同时，学生也需要适应这种新型的教学方式，积极利用智能化学习工具进行学习。

## （二）职业教育与信息技术的深度融合

智能职教强调职业教育与信息技术的深度融合。职业教育注重实践性和职业性，旨在培养学生的职业技能和职业素养；信息技术注意为职业教育提供新的教学手段和学习方式，使职业教育更加高效、便捷和个性化。通过将信息技术应用于职业教育中，可以实现教学资源的数字化、网络化和智能化，提高教学效果和学生的学习体验。

职业教育与信息技术的融合需要教育者具备跨学科的知识和能力，能够将信息技术应用于职业教育的各个环节。同时，也需要社会各界的支持和合作，共同推动职业教育与信息技术的深度融合。

## （三）以学生为中心的教学模式

智能职教强调以学生为中心的教学模式。传统的教学方式往往以教师为中心，忽视了学生的主体性和个性化需求。而智能职教则通过智能化手段，实现了对学生学习行为的深度分析和个性化教学。在智能职教中，学生的学习需求、学习风格和学习能力等都被充分考虑，教师根据学生的实际情况制定个性化的教学方案，提供精准的教学服务。

以学生为中心的教学模式需要教育者转变传统的教学观念，树立以学生为中心的教学理念。同时，也需要学生积极参与教学过程，发挥自己的主体性和创造性，与教师共同构建高效、和谐的教学环境。

## （四）促进教育公平与普及

智能职教具有促进教育公平与普及的重要价值。通过智能化手段，智能职教可以打破地域、时间、资源等限制，让更多的人享受到优质的教育资源和服务。在智能职教中，学生可以随时随地通过网络平台进行学习，无须受到传统课堂的限制。同时，智能职教还可以为残障人士、偏远地区学生等特殊群体提供个性化的学习支持，帮助他们更好地融入社会、实现自我价值。

智能职教在促进教育公平与普及方面需要社会各界的共同努力和支持。例如，政府需要加大对智能职教的投入和扶持力度，推动其健康发展；企业需要积极参与智能职教的建设和推广工作，为社会提供更多优质的教育资源和服务；其他社会团体需要关注智能职教的发展和应用情况，共同推动其普及和进步。

## 二、智能职教与传统职业教育的区别

智能职教作为教育现代化的重要标志，相较于传统职业教育，在多个方面存在显著的差异。以下从四个方面对智能职教与传统职业教育的区别进行深入分析。

### （一）教学模式的差异

传统职业教育通常采用以教师为中心的教学模式，教师负责知识的讲授和技能的传授，学生则被动接受。而智能职教则强调以学生为中心的教学模式，通过利用人工智能、大数据等先进技术，实现对学生学习行为的深度分析和个性化教学。智能职教采用智能推荐、智能答疑等手段，根据学生的学习特点、兴趣和需求，提供个性化的学习路径和资源，使学生能够更加主动地参与学习过程，提高学习效果。

例如，智能职教平台可以根据学生的学习进度和成绩，智能推荐适合其水平的课程和学习资源，避免学生因学习难度不匹配而产生挫败感。同时，智能职教平台还可以根据学生的学习偏好和兴趣，提供多样化的学习方式和交互手段，如游戏化学习、虚拟仿真实训等，以激发学生的学习兴趣和动力。

### （二）教学资源的丰富性和可获取性

传统职业教育的教学资源相对有限，主要依赖于教材和教师的经验。而智能职教则通过数字化、网络化的方式，将全球范围内的优质教育资源进行整合和共享，使学生可以随时随地获取到丰富多样的学习资源。智能职教平台汇聚了大量的在线课程、教学视频、实训项目等资源，学生可以根据自己的需求和兴趣进行选择与学习。

此外，智能职教还通过大数据分析等技术手段，对学生的学习行为和学习成果进行深度挖掘与分析，为教师提供精准的教学反馈和决策支持。这有助于教师更好地了解学生的学习情况和需求，制订更加符合学生实际的教学计划和教学策略。

### （三）教学互动与反馈的及时性

传统职业教育中的教学互动与反馈往往存在滞后性和局限性。而智能职教则通过智能化手段，实现了教学互动和反馈的及时性与全面性。智能职教平台可以实时记录学生的学习数据和行为轨迹，为教师提供实时的教学反馈和数据分析报告。教师可以通过这些数据了解学生的学习情况和问题所在，及时调整教学策略和方法。

同时，智能职教平台还提供了多种互动方式，如在线答疑、小组讨论、作业互评等，使学生能够与教师和其他学生进行更加紧密且深入的互动。这种互动方式有助于激发学生的学习兴趣和动力，提高学生的参与度和学习效果。

### （四）教育公平与普及的促进

传统职业教育往往受到地域、资源等限制，使优质教育资源难以普及所有人群。而智能职教则通过智能化手段打破了这些限制，促进了教育公平与普及。智能职教平台不受地域和时间限制，任何人都可以通过网络平台进行学习。同时，智能职教平台还提供了个性化的学习支持和服务，满足不同群体的学习需求。

智能职教在促进教育公平与普及方面发挥了重要作用。它使偏远地区、经济欠发达地区的学生也能够享受到优质的教育资源和服务。同时，智能职教还为残障人士等特殊群体提供了个性化的学习支持和服务，帮助他们更好地融入社会、实现自我价值。

## 三、智能职教的应用范围

智能职教作为现代教育领域的重要发展方向，其应用范围日益广泛。以下从四个方面对智能职教的应用范围进行深入分析。

### （一）职业教育领域

在职业教育领域，智能职教的应用尤为突出。通过引入人工智能技术，职业教育可以实现个性化学习、智能评估和虚拟实训等功能，极大地提升了教学效果和学生的学习体验。

1. 个性化学习。智能职教平台可以根据学生的学习情况和特点，智能推荐适合其学习的课程和资源。这种个性化学习方式使学生能够更加精准地掌握所需技能，提高学习效率。

2. 智能评估。通过人工智能技术的支持，智能职教平台可以实现对学生学习成果的自动评估和反馈。这种评估方式不仅提高了评估的准确性和效率，还能够帮助教师更好地了解学生的学习情况，制订针对性的教学计划。

3. 虚拟实训。虚拟实训是智能职教在职业教育领域的一项重要应用。利用虚拟现实技术，智能职教平台可以模拟真实的工作环境，让学生在虚拟环境中进行实践操作。这种实训方式不仅降低了实训成本，还提高了学生的实践能力和职业素养。

## （二）企业培训领域

在企业培训领域，智能职教也发挥着重要作用。通过智能职教平台，企业可以为员工提供个性化的培训服务，提高员工的职业技能和综合素质。

1. 定制化培训。智能职教平台可以根据企业的需求和员工的实际情况，提供定制化的培训方案。这种培训方式更加符合企业的实际需求，能够更好地满足员工的职业发展需求。

2. 实时反馈。智能职教平台可以实时记录员工的学习数据和行为轨迹，为企业提供实时的学习反馈和数据分析报告。这些反馈数据有助于企业了解员工的学习情况和问题所在，及时调整培训计划和策略。

3. 多元化学习方式。智能职教平台提供了多种学习方式，如在线课程、教学视频、实训项目等。员工可以根据自己的时间和兴趣选择适合自己的学习方式，提高学习效果和兴趣度。

## （三）继续教育领域

在继续教育领域，智能职教为广大学习者提供了便捷、高效的学习途径。无论是想要提升职业技能的在职人员，还是想要充实自己的业余爱好者，都可以通过智能职教平台进行学习。

1. 灵活学习时间。智能职教平台不受时间和地点的限制，学习者可以根据自己的时间进行学习。这种灵活的学习方式使学习者能够更好地平衡工作、学习和生活之间的关系。

2. 多样化学习资源。智能职教平台汇聚了丰富的学习资源，包括课程、视频、文档等。学习者可以根据自己的需求和兴趣选择适合自己的学习资源进行学习。

3. 自主学习模式。智能职教平台强调学习者的主体地位，鼓励学习者自主学习和探索。通过提供个性化推荐和智能答疑等功能，智能职教平台能够帮助学习者更好地掌握知识和技能。

### （四）国际合作与交流领域

在国际合作与交流领域，智能职教发挥着重要作用。通过智能职教平台，不同国家和地区的教育机构与学习者可以进行交流和合作，共同推动教育事业的发展。

1. 跨国学习。智能职教平台打破了地域限制，使不同国家的学习者可以共同学习和交流。这种跨国学习方式有助于拓宽学习者的视野和知识面，提高他们的跨文化交流能力。

2. 资源共享。智能职教平台汇聚了全球范围内的优质教育资源，包括课程、教师、实践经验等。不同国家的教育机构和学习者可以通过智能职教平台共享这些资源，实现互利共赢。

3. 合作研究。智能职教平台为不同国家的教育研究机构和学者提供了合作研究的平台。通过共同研究和实践探索，可以推动智能职教领域的创新和发展。

## 四、智能职教在教育领域的重要性

智能职教作为教育领域的新兴力量，正日益显示出其在教育领域的重要性和深远影响。以下从四个方面分析智能职教在教育领域的重要性。

### （一）提升教育质量

智能职教通过引入先进的信息技术和人工智能手段，极大地提升了教育质量。首先，智能职教平台能够根据学生的个性化需求和学习特点，提供定制化的学习资源和教学方案，使教学更加精准、高效。其次，智能职教平台利用大数据和人工智能技术，能够实时跟踪学生的学习进度和表现，为教师提供及时、准确的教学反馈，帮助教师更好地调整教学策略和方法。最后，智能职教平台能够通过智能评估系统，自动评估学生的学习成果，减少人为评估的误差和主观性，提高评估的准确性和公正性。

提升教育质量对于教育领域至关重要。在快速变化的社会背景下，培养学生的综合素质和创新能力成为教育的重要目标。智能职教通过提供个性化、精准化的教学服务，能够更好地满足学生的需求，激发他们的学习兴趣和动力，培养他们的自主学习能力和创新能力。这将有助于学生在未来的职业生涯中更好地适应社会发展的需求，为国家的发展做出更大的贡献。

## （二）促进教育公平

智能职教在促进教育公平方面发挥着重要作用。传统教育往往受到地域、资源等限制，导致教育资源的分配不均衡，优质教育资源难以普及所有人群。而智能职教通过数字化、网络化的方式，打破了地域和资源的限制，使优质教育资源得以广泛传播和共享。任何人只要有网络连接，就可以随时随地访问智能职教平台，获取到丰富多样的学习资源和教学服务。

智能职教在促进教育公平方面的作用不仅体现在资源的共享上，还体现在个性化学习支持上。智能职教平台可以根据学生的学习情况和特点，提供个性化的学习路径和资源推荐，满足不同学生的学习需求。这将有助于缩小学生之间的差距，使每个学生都能够获得适合自己发展的教育机会。

## （三）推动教育创新

智能职教为教育领域带来了创新的思维和方式。传统教育往往以讲授式教学为主，缺乏互动性和实践性。而智能职教通过引入虚拟现实、增强现实等先进技术，为学生提供了更加生动、直观的学习体验。学生可以在虚拟环境中进行实践操作和模拟演练，提高实践能力和职业素养。

此外，智能职教还推动了教育模式的创新。智能职教平台利用大数据和人工智能技术，对学生的学习数据进行分析和挖掘，发现学习规律和潜在问题，为教育决策提供支持。这将有助于教育管理者更加科学地制定教育政策和规划，推动教育事业的持续发展。

### （四）培养创新人才

智能职教在培养创新人才方面发挥着重要作用。在智能职教平台上，学生可以通过自主学习、合作学习等方式，培养自己的创新思维和解决问题的能力。智能职教平台还提供了丰富的实践项目和案例研究，让学生能够在实践中学习和成长，提高自己的实践能力和职业素养。

此外，智能职教还注重培养学生的跨学科素养和综合能力。智能职教平台汇聚了多个学科领域的优质教育资源和实践项目，学生可以通过跨学科学习和实践，提高自己的综合素质和竞争力。这将有助于学生在未来的职业生涯中更好地适应多元化的工作环境和挑战，成为具有创新精神和实践能力的人才。

# 第二节　智能职教的理论框架

## 一、智能职教理论框架的构建基础

智能职教理论框架的构建基础涵盖了多个方面，这些方面共同支撑起了智能职教的理论体系，并为其实践应用提供了坚实的理论基础。以下从四个方面对智能职教理论框架的构建基础进行详细分析。

### （一）教育理念的更新

智能职教理论框架的构建首先建立在教育理念的更新之上。传统的教育理念往往注重知识的灌输和应试能力的培养，而智能职教则更加注重学生的个性化发展、创新能力和实践技能的培养。首先，智能职教强调以学生为中心，尊重学生的个性差异和学习需求，通过提供个性化的学习路径和资源，激发学生的学习兴趣和动力。其次，智能职教注重培养学生的创新思维和解决问题的能力，以适应快速发展的社会需求。

1.强调个性化发展。智能职教认为每个学生都是独特的个体，应该根据其个性特点和学习需求制定个性化的学习方案。这包括提供多样化的学习资源、采用灵活多样的学习方式，以及实施个性化的学习评估等。

2.培养创新能力。智能职教注重培养学生的创新思维和创新能力，通过引入创新性的教学方法和实践活动，激发学生的创新潜能，使其具备独立思考和解决问题的能力。

3.强调实践技能。智能职教强调学生的实践技能培养，通过提供模拟实训、项目实践等机会，让学生在实践中学习和成长，提高其职业素养和实践能力。

## （二）信息技术的支撑

智能职教理论框架的构建离不开信息技术的支撑。信息技术的快速发展为智能职教提供了丰富的工具和手段，使教学过程更加智能化、高效化。

1.大数据技术。大数据技术可以实时跟踪学生的学习数据和行为轨迹，为教师提供精准的教学反馈和决策支持。同时，大数据技术还可以分析学生的学习习惯和偏好，为个性化学习提供数据支持。

2.人工智能技术。人工智能技术可以实现智能推荐、智能答疑等功能，为学生提供个性化的学习路径和资源推荐。同时，人工智能技术还可以模拟人类教师的教学行为，为学生提供更加生动、直观的学习体验。

3.云计算技术。云计算技术为智能职教提供了强大的计算能力和存储能力，使教学资源得以广泛共享和高效利用。同时，云计算技术还可以实现跨平台、跨设备的无缝连接，为学生提供更加便捷的学习体验。

## （三）学科知识的融合

智能职教理论框架的构建需要学科知识的融合。智能职教不是关注某一学科的知识传授，而是注重跨学科知识的整合和应用。

1.跨学科整合。智能职教将不同学科的知识进行整合和融合，打破学科壁垒，形成跨学科的知识体系。这有助于培养学生的跨学科素养和综合能力，提高其应对复杂问题的能力。

2.实践应用导向。智能职教注重知识的实践应用，将学科知识与实践活动相结合，让学生在实践中学习和成长。这有助于培养学生的实践能力和职业素养，提高其适应社会发展的能力。

### （四）实践经验的积累

智能职教理论框架的构建需要实践经验的积累。实践经验是智能职教发展的重要支撑，通过实践经验的积累和总结，可以不断完善和优化智能职教的理论框架与实践模式。

1.实践探索。通过实践探索，发现智能职教中的问题和不足，为理论框架的完善提供实践依据。同时，实践探索也可以为智能职教的创新发展提供新的思路和方向。

2.经验总结。对实践经验进行总结和归纳，提炼出智能职教的成功经验和做法，为其他地区和学校的智能职教发展提供借鉴与参考。同时，经验总结也可以为智能职教的理论研究提供实证支持。

## 二、智能职教理论框架的核心要素

智能职教理论框架的构建不仅基于一系列的理念更新和技术支撑，还包含一些核心要素，这些要素构成了智能职教理论的基石和指导原则。以下从四个方面对智能职教理论框架的核心要素进行详细分析。

### （一）个性化学习

个性化学习是智能职教理论框架的第一个核心要素。它强调以学生为中心，尊重每个学生的独特性和学习需求，通过智能系统提供定制化的学习路径和资源。个性化学习在智能职教中的体现如下。

1.学生画像构建。通过收集和分析学生的学习数据、兴趣偏好、学习风格等信息，构建学生的个性化画像，为学习资源的推荐和路径规划提供依据。

2.学习资源定制。基于学生画像，智能职教系统能够推荐符合学生个性化需求的学习资源，包括课程、教材、视频、案例等，以满足不同学生的学习需求。

3. 学习路径规划。智能职教系统能够根据学生的学习进度和能力水平，动态调整学习路径，确保学生能够在适合自己的节奏中学习，提高学习效率。

个性化学习不仅有助于激发学生的学习兴趣和动力，还能够提高学生的学习效果和满意度，是智能职教理论框架中不可或缺的一部分。

## （二）智能评估与反馈

智能评估与反馈是智能职教理论框架的第二个核心要素。它利用人工智能技术对学生的学习过程和成果进行智能评估，并提供即时反馈和建议。智能评估与反馈在智能职教中的体现如下。

1. 学习数据分析。通过收集学生的学习数据，如练习成绩、作业完成情况、在线互动等，智能职教系统能够分析学生的学习状态和进步情况。

2. 智能评估模型。基于学习数据分析，智能职教系统能够构建智能评估模型，对学生的学习成果进行客观、准确的评估。

3. 即时反馈与建议。智能职教系统能够即时向学生提供学习反馈和建议，帮助学生了解自己的学习情况和问题所在，及时调整学习策略和方法。

智能评估与反馈能够帮助学生更好地了解自己的学习情况，发现学习中的问题和不足，从而有针对性地改进和提高。同时，它也能够为教师提供有价值的教学反馈，帮助教师优化教学策略和方法。

## （三）跨学科融合

跨学科融合是智能职教理论框架的第三个核心要素。它强调不同学科之间的交叉和融合，打破传统学科壁垒，培养学生的跨学科素养和综合能力。跨学科融合在智能职教中的体现如下。

1. 跨学科课程设计。智能职教系统能够整合不同学科的知识和技能，设计跨学科课程，让学生在学习中掌握多个学科的知识和技能。

2. 跨学科实践项目。智能职教系统可以设计跨学科的实践项目，让学生在实践中应用多个学科的知识和技能，提高综合应用能力和解决问题的能力。

3. 跨学科合作与交流。智能职教系统可以促进不同学科之间的合作与交流，鼓励学生参与跨学科的研究和实践活动，培养跨学科思维和团队合作能力。

跨学科融合有助于培养学生的综合素质和创新能力，使其更好地适应未来社会的需求。同时，它也能够推动学科之间的交叉和融合，促进学科的发展和进步。

### （四）终身学习理念

终身学习理念是智能职教理论框架的第四个核心要素。它强调学习是一个持续不断的过程，人们应该不断地学习新知识、新技能，以适应不断变化的社会需求。终身学习理念在智能职教中的体现如下。

1.学习资源更新与拓展。智能职教系统能够持续更新和拓展学习资源，为学生提供最新、最全面的知识和技能。

2.学习路径的持续规划。智能职教系统能够根据学生的学习进度和能力水平，持续规划学习路径，确保学生能够在整个学习生涯中不断进步。

3.终身学习的支持与服务。智能职教系统能够为学生提供终身学习的支持和服务，如学习咨询、职业规划、技能提升等，帮助学生实现持续的学习和成长。

终身学习理念是智能职教理论框架的基石之一。它强调了学习的持续性和终身性，使智能职教不仅仅关注学生的短期学习成果，更关注其长期的职业发展和终身成长。

## 三、理论框架与教学实践的紧密结合

在智能职教领域，理论框架与教学实践的紧密结合是确保教育效果和教育质量的关键。以下从四个方面详细分析理论框架与教学实践的紧密结合。

### （一）理论指导下的教学实践设计

在智能职教中，理论框架为教学实践提供了明确的指导方向。首先，根据个性化学习理论，教师在设计教学实践时需要考虑学生的个性化需求和学习特点，选择适合学生的教学内容、方法和资源。例如，教师可以利用智能职教平台提供的学生画像功能，了解学生的学习风格、兴趣偏好等信息，从而为其推荐合适的学习资源和课程。其次，智能评估与反馈理论要求教师在教学过程中注重收集和分析学生的学习数据，利用智能评估系统实时跟踪学生的学习进度和表现，以便为学生提供及时、准确的反馈。同时，教师还需要根据评估结果调整教学策略和方法，确保教学目标的实现。

### （二）跨学科融合的教学实践探索

跨学科融合作为智能职教理论框架的重要组成部分，为教学实践提供了新的思路和方法。在教学实践中，教师可以尝试将不同学科的知识和技能进行交叉与融合，设计跨学科课程和实践项目。例如，在信息技术课程中融入数学、物理等学科知识，让学生在实践中掌握跨学科的知识和技能。这种教学方式不仅能够激发学生的学习兴趣和动力，还能够培养学生的跨学科素养和综合能力。同时，教师还需要关注跨学科合作与交流的机会，鼓励学生参与跨学科的研究和实践活动，提高其综合素质和创新能力。

### （三）技术驱动下的教学模式创新

智能职教理论框架的构建离不开信息技术的支撑。在教学实践中，教师可以利用信息技术手段创新教学模式和方法。例如，利用虚拟现实、增强现实等技术为学生提供更加生动、直观的学习体验；利用大数据分析技术实时跟踪学生的学习数据和表现，为教学决策提供支持；利用人工智能技术实现智能推荐、智能答疑等功能，为学生提供个性化的学习路径和资源推荐。这些技术手段的应用不仅能够提高教学效率和效果，还能够激发学生的学习兴趣和动力，促进其全面发展。同时，教师还需要关注新技术的发展趋势和应用前景，不断学习和探索新的教学方法。

### （四）终身学习理念下的教学服务延伸

智能职教理论框架强调终身学习理念，要求教师在教学实践中关注学生的长期发展和终身成长。为了实现这一目标，教师需要扩大教学服务范围，为学生提供全方位的支持和服务。首先，教师需要关注学生的学习进度和表现，及时提供反馈和建议，帮助学生解决学习中遇到的问题。其次，教师需要关注学生的职业规划和发展方向，为其提供个性化的职业指导和建议。再次，教师需要为学生提供持续的学习资源和支持，如在线课程、学习资料、学习社区等，帮助学生实现终身学习和成长。最后，教师需要关注学生的学习需求和反馈，不断优化教学服务内容和方式，提高教学服务质量和满意度。

总之，智能职教理论框架与教学实践的紧密结合是确保教育效果和教育质量的关键。通过理论指导下的教学实践设计、跨学科融合的教学实践探索、技术驱动下的教学模式创新，以及终身学习理念下的教学服务延伸等方面的努力，可以实现智能职教理论与实践的相互促进和共同发展。

# 四、理论框架的更新与完善

智能职教的理论框架随着教育实践的发展、技术的进步和社会需求的变化而不断演进。为确保其始终具备前沿性、指导性和可操作性，我们需要不断对其进行更新与完善。以下从四个方面详细分析理论框架的更新与完善。

## （一）教育理念的持续更新

教育理念是智能职教理论框架的基石，它随着教育实践和研究的深入而不断更新。首先，我们需要关注全球教育发展的趋势和热点，如终身教育、个性化教育、创新教育等，将其纳入智能职教的理论框架。其次，我们要结合智能技术的最新发展，如人工智能、大数据、云计算等，探索其在教育领域的应用，更新教育理念，推动教育模式的创新。例如，人工智能技术的发展使我们能够更加精确地分析学生的学习行为，实现更个性化的学习路径规划，这就需要我们在理论框架中增加对个性化学习理念的深入研究和探讨。

## （二）技术应用的迭代升级

技术进步是推动智能职教发展的重要力量，而技术应用的迭代升级则是确保理论框架与时俱进的关键。我们需要关注新技术在教育领域的应用情况，如虚拟现实、增强现实、区块链等，评估其对智能职教的影响，并适时将其纳入理论框架。同时，我们还需要关注技术应用的实践效果，通过教学实践的反馈不断优化技术应用的策略和方法。例如，虚拟现实技术在智能职教中的应用，能够为学生提供沉浸式的学习体验，提高学习效果。我们需要不断探索和优化虚拟现实技术在智能职教中的应用方式，使其更好地服务于教学实践。

## （三）跨学科研究的深入拓展

跨学科研究是智能职教理论框架更新与完善的重要方向。我们需要打破学科壁垒，加强不同学科之间的交流和合作，共同探索智能职教的新领域和新问题。首先，我们可以从教育学、心理学、计算机科学等多个学科角度对智能职教进行深入研究，发现其中的规律和问题。其次，我们可以将不同学科的研究方法和理论工具引入智能职教的研究，形成跨学科的研究合力。例如，我们可以借助计算机科学的技术手段，优化教育数据的处理和分析方法，提高智能评估的准确性和效率；同时，我们也可以借助心理学的研究成果，更好地理解学生的学习过程和心理需求，为个性化学习提供更有针对性的支持。

## （四）实践经验的总结与反思

实践经验是智能职教理论框架更新与完善的重要来源。我们需要通过教学实践的总结与反思，发现其中的问题和不足，为理论框架的完善提供实践依据。首先，我们可以对教学实践中的成功案例进行深入剖析，提炼其中的成功经验和做法，为其他地区和学校的智能职教发展提供借鉴与参考。其次，我们需要对教学实践中的失败案例进行反思和总结，找出其中的原因并吸取教训，避免类似问题的再次发生。最后，我们需要关注教学实践中的新问题和新挑战，及时调整和完善理论框架以应对这些挑战。例如，在智能职教实践中可能会出现数据安全、隐私保护等问题，我们需要在理论框架中增加对这些问题的研究和探讨，制定相应的应对策略和措施。

总之，智能职教理论框架的更新与完善是一个持续不断的过程。我们需要关注教育理念的持续更新、技术应用的迭代升级、跨学科研究的深入拓展以及实践经验的总结与反思等方面的工作，确保智能职教理论框架始终具备前沿性、指导性和可操作性。

# 第三节　智能职教的关键技术

## 一、大数据技术在智能职教中的应用

随着信息技术的迅猛发展，大数据技术已成为推动教育现代化的重要力量。在智能职教领域，大数据技术的应用不仅为教育提供了海量的数据资源，还通过数据分析、挖掘等技术手段，为教育教学带来了革命性的变革。以下从四个方面详细分析大数据技术在智能职教中的应用。

### （一）个性化学习路径规划

大数据技术在智能职教中的第一个重要应用是个性化学习路径规划。通过对学生的学习行为、能力水平、兴趣爱好等数据进行收集和分析，大数据技术能够构建出每个学生的个性化学习画像。基于这些画像，智能职教系统能够为学生推荐适合其个人特点的学习资源和课程，定制个性化的学习路径。例如，首先根据学生的历史学习记录和成绩数据，系统可以分析出学生在某个知识点上的掌握程度，其次推荐相应的巩固练习和拓展学习资源，帮助学生更好地掌握知识点，提高学习效率。

具体来说，大数据技术在个性化学习路径规划中的应用包括以下几个步骤：首先，通过收集学生的基本信息、学习记录、成绩数据等，建立学生的个性化学习画像；其次，基于画像数据，利用机器学习等算法分析学生的学习特点和需求；再次，根据分析结果，为学生推荐符合其个性化需求的学习资源和课程；最后，根据学生的反馈和学习情况，不断调整和优化学习路径，确保学习效果的最大化。

### （二）智能评估与反馈

大数据技术在智能职教中的第二个重要应用是智能评估与反馈。传统的教育评估方式往往依赖于教师的主观判断和经验积累，存在主观性强、效率低等问题。而大数据技术能够实时收集学生的学习数据，利用数据分析技术对学生的学习成果进行客观、准确的评估，并提供即时反馈和建议。

在智能评估方面，大数据技术可以对学生的作业、练习、测试等数据进行收集和分析，利用数据挖掘、机器学习等技术手段提取有价值的信息，如学生的知识掌握程度、能力水平、学习风格等。基于这些信息，系统可以对学生的学习成果进行量化评估，为教师提供科学、客观的教学评价依据。

在智能反馈方面，大数据技术可以根据学生的学习数据和学习路径，为学生提供个性化的学习建议和反馈。例如，系统可以根据学生的错题情况，推荐相应的错题解析和巩固练习；根据学生的学习进度和表现，提供及时鼓励和引导；根据学生的学习风格和能力水平，为其推荐合适的学习资源和课程。

### （三）教学质量监控与改进

大数据技术在智能职教中的第三个重要应用是教学质量监控与改进。通过对教师的教学行为、学生的学习情况、课程资源的使用情况等数据进行收集和分析，大数据技术能够帮助教师了解教学效果和教学质量，从而进行针对性的改进和优化。

具体来说，大数据技术可以实时跟踪教师的教学过程和教学行为，分析教师的教学方法和策略是否得当、教学进度是否合理等。同时，系统还可以收集学生的学习数据和学习反馈，分析学生的学习效果和学习体验是否良好。基于这些数据和分析结果，教师可以及时调整教学策略和方法，优化教学过程和教学内容，提高教学效果和教学质量。

### （四）数据驱动的决策支持

大数据技术在智能职教中的第四个重要应用是为教育决策者提供数据驱动的决策支持。通过对海量教育数据的收集和分析，大数据技术能够揭示教育发展的规律和趋势，为教育决策者提供科学、客观的决策依据。

例如，通过对学生入学情况、毕业去向、职业发展等数据的分析，大数据技术可以揭示不同专业、不同学校之间的就业差异和职业发展轨迹，为高校的专业设置和招生策略提供参考。同时，通过对学生的学习行为、兴趣爱好等数据的分析，大数据技术还可以预测学生的未来学习需求和趋势，为教育资源的配置和优化提供支持。这些基于大数据的决策支持可以帮助教育决策者更加科学、精准地制定教育政策和战略规划，推动教育的可持续发展。

# 二、人工智能技术在教学决策中的作用

随着人工智能技术的飞速发展，其在教育领域的应用日益广泛，特别是在教学决策中发挥着越来越重要的作用。以下从四个方面详细分析人工智能技术在教学决策中的作用。

## （一）个性化教学决策支持

人工智能技术能够根据学生的个体差异和学习需求，为教师提供个性化的教学决策支持。通过分析学生的学习数据、行为模式和兴趣爱好等信息，人工智能技术能够构建出每个学生的个性化学习画像，并基于这些画像为教师推荐适合学生的教学内容、学习资源和教学策略。

1.学生数据分析。通过收集和分析学生的学习数据，如作业完成情况、考试成绩、在线学习行为等，人工智能技术能够深入了解学生的学习状况和能力水平。

2.个性化推荐。基于学生数据分析结果，人工智能技术可以为学生推荐个性化的学习资源，如定制化的学习路径、难度适中的练习题等，以满足学生的个性化学习需求。

3.决策辅助。教师可以根据人工智能技术的推荐结果，制订针对性的教学计划和教学策略，以提高教学效果和学生的学习满意度。

## （二）智能评估与反馈

人工智能技术在教学决策中的一个重要作用是智能评估与反馈。传统的评估方式往往依赖于教师的主观判断和经验积累，而人工智能技术能够利用自然语言处理、图像识别等技术手段，对学生的学习成果进行客观、准确的评估，并为教师提供即时反馈和建议。

1. 自动化评估。人工智能技术可以自动批改学生的作业和试卷，减轻教师的工作负担，同时，提高评估的准确性和效率。

2. 即时反馈。通过分析学生的学习数据，人工智能技术可以即时发现学生的学习问题和困难，为教师提供即时反馈和建议，帮助教师及时调整教学策略和教学方法。

3. 个性化指导。基于学生的学习数据和评估结果，人工智能技术可以为学生提供个性化的学习指导和建议，帮助学生更好地掌握知识和技能。

### （三）优化教学资源配置

人工智能技术在教学决策中可以帮助优化教学资源的配置。通过对教学资源的分析和管理，人工智能技术能够发现教学资源的不足和浪费情况，为教师提供优化资源配置的建议和方案。

1. 资源分析。人工智能技术可以分析教学资源的使用情况和效果，发现哪些资源是受欢迎的、哪些资源是利用率较低的。

2. 资源配置建议。基于资源分析结果，人工智能技术可以为教师提供优化资源配置的建议和方案，如增加某些资源的投入、减少某些资源的浪费等。

3. 资源共享。人工智能技术可以促进教学资源的共享和交流，使更多教师和学生能够受益于优质的教学资源。

### （四）预测与规划教学发展

人工智能技术在教学决策中具有预测与规划教学发展的作用。通过对历史数据和趋势的分析，人工智能技术能够预测未来的教学需求和挑战，并为教育决策者提供科学的预测和规划建议。

1. 趋势分析。人工智能技术可以分析历史数据和趋势，发现教学中的规律和变化，为教师和教育决策者提供有益的参考。

2. 预测模型。基于趋势分析结果，人工智能技术可以构建预测模型，预测未来的教学需求和挑战，为教师和教育决策者提供科学的预测与规划建议。

3. 战略规划。教育决策者可以根据人工智能技术的预测和规划建议，制定科学的教学战略和规划，以应对未来的教学挑战和需求。

# 三、云计算技术在教育资源整合中的优势

云计算技术在教育资源整合中扮演着至关重要的角色，其优势不仅体现在提高教育资源的利用效率和共享能力上，还体现在促进教育公平和提升教育质量等方面。以下从四个方面详细分析云计算技术在教育资源整合中的优势。

## （一）高效便捷的资源存储与管理

云计算技术为教育资源提供了高效便捷的存储与管理方式。传统的教育资源存储方式往往依赖于物理存储介质，如硬盘、光盘等，不但存储容量有限，而且难以实现资源的共享和备份。而云计算技术通过虚拟化技术，将海量的教育资源存储在云端服务器上，用户可以通过网络随时随地访问和使用这些资源，无须担心存储容量的限制和物理位置的约束。

此外，云计算技术还提供了强大的资源管理能力。教育机构可以通过云计算平台对教育资源进行统一的管理和调度，实现资源的优化配置和合理利用。同时，云计算平台还提供了丰富的资源管理工具和服务，如资源搜索、分类、标签等，方便用户快速找到所需资源，提高资源的使用效率。

## （二）无限制的资源共享与交流

云计算技术打破了时间和空间的限制，使教育资源的共享与交流变得更加便捷和高效。通过云计算平台，不同学校、地区甚至国家的教育机构都可以共享各自的教育资源，实现资源的互补和共享。这不仅可以减少资源的浪费和重复购买，还可以提高资源的利用效率和教学效果。

同时，云计算平台还提供了多种交流和协作工具，如在线讨论、协作编辑、视频会议等，方便用户进行实时的交流和协作。这些工具不仅促进了教育资源的共享和交流，还提高了教育教学的互动性和参与度。

## （三）提升教育公平与普及率

云计算技术在教育资源整合中的重要优势之一是提升教育公平和普及率。传统的教育资源分配往往存在地区和学校之间的不均衡现象，导致一些

地区和学校的教育资源相对匮乏。而云计算技术通过实现教育资源的集中存储和管理，打破了地域限制，使优质的教育资源可以覆盖到更广泛的地区和学校。

此外，云计算平台还提供了个性化的学习服务，可以根据学生的学习需求和特点，为其推荐适合的学习资源和课程。这不仅可以提高学生的学习效果和兴趣，还可以缩小不同地区、学校之间的教育差距，促进教育公平。

### （四）促进教育创新与持续发展

云计算技术为教育创新提供了强大的支持。通过云计算平台，教育机构可以更加便捷地获取最新的教育理念、教学方法和教学资源，推动教育教学的创新和发展。同时，云计算平台还提供了丰富的数据分析工具和服务，可以对学生的学习行为、成绩数据等进行深入的分析和挖掘，为教师提供更加精准的教学指导和建议。

此外，云计算技术还可以促进教育生态系统的持续发展。通过云计算平台，教育机构可以与其他机构、企业等进行深度的合作和交流，共同开发新的教育资源和应用，推动教育生态系统的不断完善和发展。

## 四、物联网技术在实训教学中的创新

物联网技术作为信息技术的重要分支，在实训教学中的创新应用为教育领域带来了全新的教学体验和学习模式。通过物联网技术，实训教学能够实现智能化、远程化和个性化的教学变革，极大地提升了实训教学的效率和质量。以下从四个方面详细分析物联网技术在实训教学中的创新。

### （一）智能化实训环境构建

物联网技术通过传感器、执行器等设备，将实训环境中的各种设备、工具和物品连接起来，形成一个智能化的实训环境。在这个环境中，教师可以实时获取实训设备的运行数据、状态信息以及学生的操作行为等，从而实现对实训过程的全面监控和管理。同时，物联网技术还可以根据实训需求和教学目标，自动调整实训设备的参数和配置，为学生提供更加真实、贴近实际的实训体验。

智能化实训环境的构建，不仅提高了实训教学的安全性和可靠性，还使实训过程更加高效、便捷。学生可以在任何时间、任何地点进行实训操作，无须担心实训设备的短缺或损坏问题。此外，物联网技术还可以根据学生的学习进度和能力水平，自动调整实训任务的难度和复杂度，为学生提供个性化的学习体验。

## （二）远程实训教学实现

物联网技术的应用使远程实训教学成为可能。通过物联网技术，学生可以在家中或其他远程地点通过互联网连接到实训环境，进行实时的远程实训操作。这种远程实训教学模式不仅打破了地域限制，使更多的学生能够接受到优质的实训教学资源，还提高了实训教学的灵活性和可扩展性。

在远程实训教学中，物联网技术可以实时传输实训设备的运行状态、数据信息和学生的操作行为等，使教师和学生能够实时互动、交流。同时，物联网技术还可以根据学生的学习需求和特点，为其提供个性化的学习指导和建议。这种个性化的学习体验不仅提高了学生的学习效果和学习兴趣，还促进了学生的全面发展。

## （三）实训过程的数据化管理与分析

物联网技术的应用使实训过程的数据化管理与分析成为可能。通过物联网技术，教师可以实时获取实训过程中的各种数据和信息，如学生的操作行为、设备的运行状态、实训任务的完成情况等。这些数据和信息可以通过云计算等技术进行存储、处理与分析，为实训教学提供有力的数据支持。

通过对实训过程的数据化管理与分析，教师可以更加深入地了解学生的学习情况和实训效果，发现教学中存在的问题和不足，并及时进行改进和优化。同时，数据化管理与分析还可以为教师提供科学、客观的教学评价依据，帮助教师更好地评估学生的学习成果和教学效果。

## （四）实训教学资源的智能化管理与配置

物联网技术的应用使实训教学资源的智能化管理与配置成为可能。通过物联网技术，教师可以实时获取实训教学资源的使用情况、库存状态等信息，从而实现对实训教学资源的智能化管理与配置。这种智能化管理与配置可以根据实训需求和教学目标，自动调整实训教学资源的分配和调度，确保实训教学的顺利进行。

此外，物联网技术还可以根据学生的学习进度和能力水平，自动为其推荐适合的实训教学资源和学习路径。这种个性化的学习体验不仅提高了学生的学习效果和兴趣，还促进了学生的全面发展。同时，智能化管理与配置还可以减少资源的浪费和重复购买现象，降低实训教学的成本。

# 第四节 智能职教的教学模式

## 一、个性化教学模式的设计与实施

在智能职教背景下，个性化教学模式的设计与实施成为推动教育质量提升的关键。个性化教学旨在根据每个学生的学习特点、兴趣和能力，提供定制化的学习路径和教学资源，从而激发学生的学习潜能，提高学习效果。以下从四个方面分析个性化教学模式的设计与实施。

### （一）学生画像构建与分析

个性化教学模式的首要任务是构建学生画像并进行深入分析。学生画像是对学生个体特征和学习情况的全面描述，包括学生的基本信息、学习风格、兴趣偏好、能力水平等。通过收集学生的历史学习数据、测试成绩、作业完成情况等信息，结合教师评价、同伴互评等多元评价手段，可以构建出每个学生的个性化学习画像。

在构建学生画像的基础上，教师需要对学生画像进行深入分析，了解学生的学习特点、优势和不足、潜在的学习需求。通过分析结果，教师可以为每个学生制定个性化的学习目标、教学内容和教学方法，确保教学过程的针对性和有效性。

## （二）学习资源与内容定制

在个性化教学模式中，学习资源与内容的定制是关键环节。根据学生的学习特点和需求，教师需要从海量的教学资源中筛选出适合每个学生的个性化学习资源，包括教材、课件、习题、视频等。同时，教师还需要根据学生的学习进度和能力水平，为学生定制个性化的学习内容，确保学习内容的针对性和适应性。

为了实现学习资源与内容的定制，教师可以利用智能职教平台提供的教学资源管理工具，对教学资源进行分类、标注和推荐。通过智能推荐算法，平台可以根据学生的学习画像和历史学习数据，为学生推荐符合其学习需求的学习资源和内容。

## （三）学习路径规划与调整

在个性化教学模式中，学习路径的规划与调整至关重要。根据学生的学习特点和需求，教师需要为学生规划个性化的学习路径，包括学习顺序、学习时间和学习强度等。同时，在学习过程中，教师还需要根据学生的实际情况和反馈，及时调整学习路径，确保学习过程的顺畅和高效。

为了实现学习路径的规划与调整，教师可以利用智能职教平台提供的学习路径规划工具。这些工具可以根据学生的学习画像和历史学习数据，为学生生成个性化的学习路径。在学习过程中，平台还可以根据学生的学习进度和反馈，自动调整学习路径，确保学习过程的针对性和有效性。

## （四）评价与反馈机制的完善

个性化教学模式需要完善的评价与反馈机制加以支持。在个性化教学模式中，评价不仅关注学生的学习成果，还关注学生的学习过程、学习方法和学习态度等。通过多元化的评价方式，教师可以全面了解学生的学习情况，发现学生的学习问题和不足，并提供针对性的指导和建议。

同时，教师还需要为学生提供及时反馈，帮助学生了解自己的学习进度和成果，明确自己的学习方向和目标。通过及时反馈，学生可以及时调整学习策略和方法，提高学习效果。为了实现评价与反馈机制的完善，教师可以利用智能职教平台提供的评价工具和数据分析工具，对学生的学习数据进行深入分析，为学生提供个性化的评价和反馈。

## 二、项目式学习的组织与管理

在智能职教背景下，项目式学习作为一种以学生为中心，强调实践和创新的教学模式，受到了广泛的关注。项目式学习的组织与管理对于保障教学质量、提升学生学习效果至关重要。以下从四个方面对项目式学习的组织与管理进行详细分析。

### （一）项目选题与策划

项目选题与策划既是项目式学习的起点，也是决定项目成败的关键因素。在项目选题阶段，教师应根据课程目标、学生特点和教学资源，选择具有实际意义、挑战性和可操作性的项目主题。选题应具有一定的深度和广度，能够涵盖多个学科领域的知识和技能，同时，需要符合学生的认知水平和兴趣点。

在策划阶段，教师应制订详细的项目计划，明确项目的目标、任务、时间表和评价标准等。项目计划应充分考虑学生的实际情况和能力水平，确保项目的可行性和有效性。同时，教师还应为学生提供必要的指导和支持，帮助学生理解项目要求、制订个人学习计划，并为学生提供必要的学习资源。

### （二）团队协作与分工

项目式学习强调团队协作和分工合作，通过团队成员之间的共同努力，实现项目的目标和任务。在组织项目式学习时，教师应根据学生的兴趣、特长和能力，合理组建项目团队，并明确每个团队成员的角色和职责。团队成员之间应建立良好的沟通机制，共同制订工作计划、分配任务、解决问题和分享经验。

同时，教师还应关注团队成员之间的合作情况，及时调解矛盾、解决冲突，确保团队的凝聚力和向心力。在项目实施过程中，教师应鼓励学生之间的互助合作，共同解决问题，培养学生的团队协作能力和沟通能力。

## （三）过程监控与指导

项目式学习的过程监控与指导是确保项目顺利进行的关键环节。在项目实施过程中，教师应密切关注学生的进展情况，定期检查学生的工作成果，及时发现问题并给予指导。教师可以通过课堂讨论、在线交流、实地考察等方式，与学生保持密切联系，了解学生在项目实施过程中遇到的问题和困难。

在指导过程中，教师应注重培养学生的自主学习能力和创新能力，引导学生积极探索、主动思考、勇于实践。教师应鼓励学生尝试新的方法和思路，尊重学生的个性和创造性，为学生提供宽松、自由的学习环境。

## （四）评价与反思

项目式学习的评价与反思是总结项目经验、提升教学质量的重要环节。在项目结束后，教师应组织学生进行项目成果展示和交流，对学生的项目成果进行评价和反馈。评价应关注学生的学习过程、学习方法和学习态度等方面，注重学生的创新能力和实践能力。

同时，教师还应引导学生进行反思和总结，帮助学生分析项目成功的原因和不足之处，提出改进意见和建议。通过反思和总结，学生可以加深对项目式学习的理解和认识，提高自我认知和自我管理能力。教师也应根据评价结果和反思情况，对项目式学习的教学方法和策略进行调整与优化，以提升教学质量和效果。

# 三、远程教育的技术支持与服务

在当今信息化时代，远程教育凭借其灵活性和便捷性，成了教育领域的重要组成部分。为了确保远程教育的顺利进行，提供强有力的技术支持和优质的服务至关重要。以下从四个方面对远程教育的技术支持与服务进行详细分析。

## （一）技术平台的建设与维护

技术平台是远程教育的基础，其建设和维护对于保障教学质量与用户体验具有至关重要的作用。需要构建一个稳定、高效、安全的技术平台，以支持远程教育的在线教学、学习管理、资源共享等功能。这包括选择适合的教育软件、开发或采购先进的在线教育工具、建立高效的服务器和网络系统等。

在平台维护方面，首先，需要定期对系统进行升级和维护，以确保系统的稳定性和安全性。其次，应建立完善的故障处理机制，及时响应和解决用户在使用过程中遇到的问题。最后，需要对平台进行持续优化，提升用户体验和教学效果。

## （二）教学资源的整合与共享

教学资源是远程教育的核心，其质量和数量直接影响到教学质量与学习效果。因此，整合与共享优质的教学资源是远程教育的重要任务。首先，需要建立一个教学资源库，将各种类型的教学资源进行分类、标注和存储，方便用户查找和使用。

其次，应加强与各类教育机构、企业和个人的合作，积极引进和整合优质的教学资源。同时，还可以利用大数据、人工智能等技术手段，对教学资源进行智能推荐和个性化匹配，满足不同用户的需求。

最后，应鼓励用户共享自己的教学资源，形成一个开放、共享的教学资源生态。通过整合和共享教学资源，可以提高教学质量和学习效果，降低教学成本，促进远程教育的可持续发展。

## （三）在线学习与教学支持

在线学习是远程教育的主要形式，其学习体验和教学支持对于保障教学质量至关重要。首先，需要为用户提供便捷、高效的在线学习工具和服务，如在线课程、学习管理系统、在线作业等。这些工具和服务应具有良好的用户体验与互动性，能够激发学生的学习兴趣和积极性。

其次，应提供在线教学支持服务，如在线答疑、学习辅导、学习规划等。这些服务应能够及时响应学生的需求，解决学生在学习过程中遇到的问题。同时，还应建立学习社区和论坛，鼓励学生之间进行交流和分享经验，形成良好的学习氛围。

最后，可以利用虚拟现实、增强现实等先进技术手段，为学生提供更加真实、沉浸式的在线学习体验。通过在线学习与教学支持服务，可以提高学生的学习效果和满意度，促进远程教育的普及和发展。

### （四）用户服务与支持

用户服务与支持是远程教育的重要组成部分，其质量和效率直接影响到用户的满意度与忠诚度。首先，需要建立完善的用户服务体系，包括用户咨询、用户反馈、用户投诉等。这些服务应能够及时响应用户的需求，解决用户在使用过程中遇到的问题。

其次，应加强对用户需求的了解和分析，根据用户的反馈和意见，不断优化和改进服务内容与方式。同时，还应建立完善的用户培训机制，帮助用户熟悉和掌握远程教育平台的使用方法与技巧。

最后，可以利用社交媒体、在线客服等渠道，与用户进行实时互动和交流，增强用户的归属感和忠诚度。通过提供优质的用户服务与支持，可以提高用户的满意度和忠诚度，促进远程教育的长期发展。

## 四、翻转课堂的实践与效果评估

翻转课堂作为一种创新的教学模式，已经在全球范围内得到了广泛的实践和应用。本部分将从四个方面对翻转课堂的实践与效果评估进行详细分析，包括翻转课堂的实施策略、学生参与度与成绩表现、学习体验与反馈，以及面临的挑战与改进方向。

### （一）翻转课堂的实施策略

翻转课堂的实施策略是其成功的关键。首先，教师需要精心准备教学视频和在线学习资料，确保内容具有吸引力、易于理解，并符合学生的学习需求。同时，教师应制定明确的学习目标和任务，引导学生自主学习和探究。

其次，教师需要积极构建互动性强、参与度高的课堂环境。在课堂教学中，教师可以通过小组讨论、案例分析、角色扮演等方式，激发学生的思考和讨论，促进学生的深度学习和知识内化。

最后，翻转课堂需要家长的参与和支持。教师可以通过家长会、在线交流等方式，与家长沟通学生的学习情况和需求，共同促进学生的成长和发展。

## （二）学生参与度与成绩表现

翻转课堂的实践表明，学生的参与度和成绩表现均得到了显著提升。首先，翻转课堂模式鼓励学生自主学习和探究，提高了学生的学习兴趣和动力。学生在家观看教学视频和完成在线学习任务时，可以根据自己的学习进度和能力水平进行个性化学习，更好地掌握和理解知识。

其次，翻转课堂模式增加了学生的课堂参与度。在课堂学习中，学生有更多机会与教师和其他同学进行交流及讨论，分享自己的学习成果和困惑。这种互动和交流有助于激发学生的思维火花，促进学生的深度学习和知识内化。

最后，翻转课堂的实践表明，学生的成绩表现得到了显著提升。通过比较使用翻转课堂模式和传统教学方式的学生成绩，可以发现翻转课堂模式下的学生成绩普遍更高，特别是在理解、分析和应用等高级思维方面表现更为突出。

## （三）学习体验与反馈

翻转课堂模式的学习体验与反馈是评估其效果的重要指标。首先，翻转课堂模式提供了更加灵活、自主的学习方式，使学生能够根据自己的时间和节奏进行学习。这种学习方式有助于减轻学生的学习压力，提高学习效率和效果。

其次，翻转课堂模式提供了更多的互动和交流机会，使学生能够更好地融入课堂环境，与教师和同学建立更加紧密的联系。这种互动和交流有助于增强学生的归属感与自信心，提高学习满意度和幸福感。

最后，翻转课堂的实践还表明，学生和教师对于翻转课堂模式均持有积极态度。学生认为翻转课堂模式提高了他们的学习兴趣和动力，使学习变得更加有趣和有意义。教师则认为翻转课堂模式有助于激发学生的学习兴趣和创造力，提高教学效果和质量。

### （四）面临的挑战与改进方向

尽管翻转课堂模式在实践中取得了显著成效，但也面临着一些挑战与改进方向。首先，翻转课堂模式需要教师具备较高的信息技术素养和教学设计能力。教师不仅需要掌握录制、编辑和发布教学视频的技能，还需要设计富有挑战性和启发性的学习任务与活动。

其次，翻转课堂模式需要学生具备较高的自主学习能力和自我管理能力。学生需要合理安排自己的学习时间和进度，积极完成在线学习任务和课堂参与活动。同时，学生还需要具备批判性思维和创新能力，以便更好地理解和应用所学知识。

为了应对这些挑战并改进翻转课堂模式的效果，可以采取以下措施：一是加强教师培训和支持，提高教师的信息技术素养和教学设计能力；二是加强学生的自主学习和自我管理能力培养，引导学生养成良好的学习习惯和品质；三是加强师生之间的交流和互动，建立更加紧密的联系和合作关系；四是不断优化和完善翻转课堂模式的教学设计与实施策略，以适应不同学科和学生群体的需求。

# 第五节　智能职教的发展趋势

## 一、智能职教技术的未来发展动向

随着人工智能技术的不断进步和应用，智能职教作为教育领域的新兴模式，正迎来快速发展的黄金时期。以下从四个方面详细分析智能职教技术的未来发展动向。

### （一）技术创新的深化与融合

未来，智能职教技术将继续深化与融合，推动教育行业的数字化转型。

一方面，人工智能技术将不断迭代更新，实现更加智能、高效的教育应用。例如，通过自然语言处理、机器学习等技术，实现更加精准的学生画像构建、个性化学习路径推荐等。另一方面，智能职教技术将与云计算、大数据、物联网等其他先进技术进行深度融合，打造更加智能化、一体化的教育生态系统。这将有助于实现教育资源的优化配置、学习过程的实时监控与反馈、学习效果的精准评估等功能，从而提升教育质量和效率。

### （二）个性化教育的深入发展

智能职教技术将推动个性化教育的深入发展，满足学生多样化、个性化的学习需求。通过对学生学习数据的挖掘和分析，智能职教系统能够精准把握学生的学习特点、兴趣爱好、能力水平等信息，为学生提供量身定制的学习计划、学习资源和学习路径。同时，智能职教技术还将实现对学生学习过程的实时监控和反馈，及时发现学生的问题并进行针对性的指导和帮助。这将有助于激发学生的学习兴趣和动力，提高学生的学习效果和满意度。

### （三）虚拟现实与增强现实技术的应用

虚拟现实和增强现实技术将为智能职教带来新的发展机遇。通过虚拟现实和增强现实技术，智能职教系统能够构建逼真的虚拟学习环境，让学生在虚拟场景中进行沉浸式学习。这将有助于增强学生的学习体验和学习效果，提高学生的实践能力和创新能力。例如，在职业教育领域，虚拟现实和增强现实技术可以模拟真实的职业场景与工作流程，帮助学生更好地理解和掌握职业技能和知识。

### （四）教育智能决策与管理的提升

智能职教技术将推动教育智能决策与管理的提升，实现教育资源的优化配置和高效利用。通过智能职教系统对大量教育数据的收集、分析和挖掘，可以为教育决策者提供科学、准确的数据支持，帮助他们制定更加合理、有效的教育政策和管理措施。同时，智能职教系统还可以实现教育资源的智能调度和分配，确保每个学生都能够获得充足、优质的教育资源。这将有助于缩小教育差距，实现教育公平和均衡发展。

综上所述，智能职教技术的未来发展动向将呈现出技术创新深化与融合、个性化教育深入发展、虚拟现实与增强现实技术应用、教育智能决策与管理提升等特点。这些发展趋势将推动教育行业向更加智能化、个性化的方向发展，为培养创新人才和推动社会进步做出重要贡献。

## 二、智能职教政策与标准的制定

随着人工智能技术的不断发展和在教育领域的广泛应用，智能职教作为未来教育的重要方向，其政策与标准的制定显得尤为重要。以下从四个方面对智能职教政策与标准的制定进行详细分析。

### （一）政策制定的背景与意义

智能职教政策制定的背景主要源于当前社会对高素质技术人才的需求以及对教育公平、高效的追求。随着技术的不断进步，传统教育模式已无法满足现代社会的需求，智能职教以其个性化、高效化的特点，成为解决这一问题的有效途径。因此，制定智能职教政策对于推动教育创新、提升教育质量、培养创新人才具有重要意义。

在政策制定的过程中，需要明确智能职教的目标、原则和任务，以确保政策的科学性和有效性。同时，政策制定还需要充分考虑市场需求、教育资源、技术条件等因素，确保政策的可行性和实用性。

### （二）政策内容的构建与完善

智能职教政策的内容应涵盖多个方面，包括教育资源的整合与共享、教师队伍的建设与培训、课程体系的改革与创新、学习环境的营造与优化等。

首先，政策应鼓励教育资源的整合与共享，推动优质教育资源的普及和共享，减少资源浪费，提高教育效率。其次，政策应关注教师队伍的建设与培训，提高教师的专业素质和教育教学能力，为智能职教提供有力的人才保障。再次，政策应推动课程体系的改革与创新，根据市场需求和学生特点，设置更加科学、合理的课程体系，提高教育质量。最后，政策应关注学习环境的营造与优化，为学生提供更加舒适、便捷的学习环境，提高学习体验。

### （三）政策实施与监督机制的建立

为了确保智能职教政策的有效实施，需要建立完善的实施与监督机制。首先，需要明确政策的实施主体和职责，确保政策能够得到有效执行。其次，需要建立政策实施的考核机制，对政策实施效果进行定期评估，发现问题并及时改进。最后，需要建立政策实施的监督机制，对政策执行情况进行监督和管理，确保政策能够得到有效落实。

### （四）政策与标准的国际交流与合作

在经济全球化的背景下，智能职教政策与标准的制定需要充分考虑国际因素。首先，需要关注国际智能职教政策与标准的发展趋势和动态，借鉴国际先进经验，提高我国智能职教政策与标准的水平。其次，需要加强与国际组织和其他国家的交流与合作，共同推动智能职教的发展。通过国际交流与合作，可以共享教育资源、交流教学经验、合作开展科研项目等，促进智能职教的国际化和多元化发展。

总之，智能职教政策与标准的制定是一个复杂而重要的过程。需要充分考虑市场需求、教育资源、技术条件等因素，明确政策的目标、原则和任务，构建完善的政策内容体系，建立有效的实施与监督机制，并加强国际交流与合作。只有这样，才能确保智能职教政策与标准的科学性和有效性，推动智能职教的健康发展。

## 三、 智能职教国际交流与合作

在经济全球化的背景下，智能职教领域的国际交流与合作显得尤为重要。这不仅有助于各国共享教育资源、交流教学经验，还能推动智能职教技术的创新与发展。以下从四个方面对智能职教国际交流与合作进行详细分析。

### （一）国际交流与合作的重要性

智能职教国际交流与合作的重要性主要体现在以下几个方面。首先，它有助于各国共享优质教育资源。不同国家在智能职教领域都有其独特的优势和经验，通过交流与合作，各国可以相互借鉴、取长补短，共同提高教育质量。其次，国际交流与合作有助于促进教学方法的创新。通过与其他国家的教师、学者进行交流和讨论，可以激发新的教学思路和方法，提高教学效果。最后，国际交流与合作能为智能职教的发展提供国际视野和全球化人才支持。通过参与国际交流与合作，可以了解国际智能职教的发展趋势和动态，培养具有国际视野和跨文化交流能力的人才。

## （二）国际交流与合作的模式与途径

智能职教国际交流与合作的模式与途径多种多样。首先，可以通过举办国际研讨会、论坛等活动，邀请各国专家、学者共同探讨智能职教的发展问题，分享教学经验和技术创新成果。其次，可以建立国际合作项目，共同研发智能职教技术、开发课程资源和教材等。最后，可以通过学生交流、教师互访等方式，加强国际教育合作与交流。同时，互联网和数字化技术也为智能职教国际交流与合作提供了更加便捷的途径，如在线教育平台、远程教学等。

## （三）国际交流与合作中的挑战与对策

在智能职教国际交流与合作的过程中，也面临着一些挑战。首先，不同国家之间的教育体制、文化背景、教育资源等方面存在差异，这给国际交流与合作带来了一定的难度。为了克服这些挑战，各国需要加强沟通与协商，寻找共同点和合作空间。同时，还可以通过制定统一的国际标准和协议，规范国际交流与合作的行为和方式。其次，智能职教技术的快速发展给国际交流与合作带来了挑战。为了跟上技术发展的步伐，各国需要加强技术研发和创新，提高技术水平。此外，还需要加强知识产权保护，避免技术泄露和侵权行为的发生。

## （四）国际交流与合作的前景展望

随着全球化进程的不断加快和人工智能技术的快速发展，智能职教国际交流与合作的前景十分广阔。首先，各国将进一步加强合作，共同推动智能职教的发展。通过共享教育资源、交流教学经验和技术创新成果，各国可以共同提高教育质量和技术水平。其次，国际交流与合作将促进教学方法和技术的创新。通过与其他国家的教师、学者进行交流和讨论，可以激发新的教学思路和方法，提高教学效果。同时，国际合作项目也将推动智能职教技术的研发和应用。最后，国际交流与合作将培养更多具有国际视野和跨文化交流能力的人才。这些人才将在国际舞台上发挥重要作用，推动智能职教的全球化发展。

综上所述，智能职教国际交流与合作对于推动智能职教的发展具有重要意义。各国应加强沟通与协商，寻找共同点和合作空间，共同推动智能职教的发展。同时，还需要加强技术研发和创新，提高技术水平，加强知识产权保护意识。未来，随着全球化进程的不断加快和人工智能技术的快速发展，智能职教国际交流与合作的前景将更加广阔。

# 四、智能职教在终身教育体系中的地位

随着社会的不断发展和科技的快速进步，终身教育已成为现代教育体系的重要组成部分。智能职教作为终身教育的重要形式之一，其在终身教育体系中的地位日益凸显。以下从四个方面对智能职教在终身教育体系中的地位进行详细分析。

## （一）智能职教满足终身学习的个性化需求

终身学习的核心理念是满足个体在不同阶段、不同需求下的学习需求。智能职教通过应用人工智能、大数据等先进技术，能够实现对学习者的个性化分析和学习资源的智能推荐，为学习者提供定制化的学习路径和内容。这种个性化的学习方式不仅提高了学习者的学习兴趣和积极性，还能够更好地满足学习者的个性化需求，实现真正的终身学习。

1. 智能分析。通过分析学习者的学习历史、偏好等数据，智能职教系统能够准确把握学习者的学习特点和需求。

2. 资源推荐。基于学习者的个性化需求，智能职教系统能够推荐适合的学习资源和课程，提高学习效率。

3. 定制路径。为学习者提供定制化的学习路径，确保学习过程的针对性和有效性。

## （二）智能职教推动终身教育的普及与深化

智能职教通过提供灵活多样的学习方式和丰富的学习资源，使终身教育的普及与深化成为可能。无论学习者身处何地、从事何种职业，都能够通过智能职教平台获取所需知识和技能，实现自我提升和发展。

1. 灵活学习。智能职教平台支持在线学习、移动学习等多种学习方式，使学习更加灵活便捷。

2. 广泛覆盖。智能职教平台汇聚了丰富的学习资源，涵盖了各个领域的知识和技能，满足不同学习者的需求。

3. 深化学习。智能职教系统能够根据学习者的学习进度和反馈，及时调整学习内容和难度，推动学习的深化和拓展。

## （三）智能职教促进终身教育体系的创新与发展

智能职教的应用不仅改变了传统的学习方式，还推动了终身教育体系的创新与发展。通过引入新技术、新应用，智能职教为终身教育注入了新的活力和动力，使其能够更好地适应时代发展的需求。

1. 技术创新。智能职教的应用推动了教育技术的创新和发展，为终身教育提供了更加先进的技术支持。

2. 模式创新。智能职教通过引入新的学习模式和教学理念，推动了终身教育模式的创新和发展。

3. 资源整合。智能职教平台通过整合各类教育资源，实现了资源的优化配置和共享利用，提高了终身教育的整体效益。

## （四）智能职教在终身教育体系中的引领作用

作为终身教育体系的重要组成部分，智能职教在推动终身教育发展方面发挥着引领作用。通过示范带动、经验分享等方式，智能职教为其他教育形式提供了可借鉴的经验和模式，推动了终身教育体系的整体发展。

1. 示范带动。智能职教通过自身的实践探索，为其他教育形式提供了可借鉴的经验和模式。

2. 经验分享。智能职教平台汇聚了丰富的教学经验和资源，为其他教育形式提供了宝贵的学习和交流机会。

3. 协同发展。智能职教与其他教育形式相互补充、相互促进，共同推动终身教育体系的协同发展。

# 第二章 智能职教一体化平台的架构设计

## 第一节 智能职教一体化平台架构设计原则

### 一、可扩展性与可维护性原则

在构建智能职教一体化管理平台时，确保平台的可扩展性与可维护性是至关重要的。这两个原则不仅关系到平台的长期稳定运行，也决定了平台在未来面对技术更新和业务需求变化时的适应能力。以下从四个方面对平台可扩展性与可维护性原则进行详细分析。

### （一）模块化设计

模块化设计是实现智能职教一体化平台可扩展性的基础。通过将平台功能划分为多个相对独立的模块，可以降低模块间的耦合度，提高系统的灵活性和可扩展性。当需要添加新功能或修改现有功能时，只需要针对特定模块进行开发或调整，而无须对整个系统进行重构。这种设计方式不仅提高了开发效率，也降低了系统维护的复杂性。

在模块化设计中，还需要注意模块间的接口设计。接口应该清晰、稳定，并遵循一定的规范。这样可以确保不同模块之间的数据交换和功能调用能够顺利进行，减少接口问题导致的系统错误和性能瓶颈。同时，接口的设计也应该具有一定的前瞻性，以适应未来技术发展和业务需求的变化。

## （二）分层架构

分层架构是实现智能职教一体化管理平台可维护性的关键。通过将平台划分为不同的层次，如用户界面层、业务逻辑层、数据访问层等，可以降低不同层次之间的依赖关系，提高系统的可维护性。当某一层次出现问题时，可以单独对该层次进行调试和修复，而无须影响其他层次的功能。

在分层架构中，各层次之间应该通过明确的接口进行通信。这些接口应该遵循一定的规范，以确保数据在不同层次之间的正确传递和处理。同时，还需要注意不同层次之间的数据转换和格式统一问题，以避免数据格式不一致导致的系统错误和性能问题。

## （三）使用标准技术与组件

在智能职教一体化管理平台的架构设计中，应尽可能使用标准的技术和组件。这些技术和组件通常具有良好的通用性与稳定性，可以降低系统开发和维护的难度。同时，使用标准技术和组件还可以提高系统的可移植性和兼容性，使平台能够更好地适应不同的操作系统和硬件环境。

在选择技术和组件时，需要考虑其是否符合行业标准和规范。这些标准和规范通常包含了对技术与组件的性能、安全性、可靠性等方面的要求。通过遵循这些标准和规范，可以确保智能职教一体化管理平台的质量和稳定性。

## （四）考虑未来扩展与升级

在智能职教一体化管理平台的架构设计中，还需要考虑未来的扩展和升级需求。随着技术的不断发展和业务需求的不断变化，平台可能需要添加新功能、优化现有功能或进行技术升级。因此，在架构设计时，需要预留一定的扩展空间和技术接口，以便在未来能够方便地进行扩展和升级。

为了实现未来的扩展和升级，可以采用一些技术手段和方法。例如，可以使用微服务架构构建平台的核心功能，以便在需要时能够轻松地对单个服务进行扩展或替换。同时，还可以使用容器化技术部署和管理平台的服务与组件，以提高系统的可扩展性和可维护性。此外，还需要注意平台的数据存储和备份问题，以确保在扩展和升级过程中数据的完整性与安全性。

## 二、用户友好与易用性原则

在智能职教一体化管理平台的架构设计中，用户友好与易用性原则是至关重要的。这不仅关系到平台的使用体验和满意度，还直接影响到用户的学习效率和成果。以下从四个方面对用户友好与易用性原则进行详细分析。

### （一）直观明了的界面设计

直观明了的界面设计是用户友好与易用性原则的首要体现。在平台界面设计中，应遵循简洁、清晰、直观的原则，使用户能够迅速理解平台的功能和操作方式。界面布局应合理，避免信息过载和混乱，使用户能够轻松地找到所需功能和信息。同时，采用符合用户习惯和直觉的操作流程，降低用户的学习成本和使用难度。

为了实现直观明了的界面设计，可以采用以下方法：首先，进行用户调研和需求分析，了解用户的使用习惯和期望；其次，设计简洁明了的图标、按钮和标签，确保用户能够快速识别和理解；最后，进行用户测试和反馈收集，不断优化界面设计，提高用户体验。

### （二）人性化的交互设计

人性化的交互设计是用户友好与易用性原则的核心。在平台设计中，应充分考虑用户的需求和感受，提供符合人类自然行为和心理的交互方式。例如，采用符合人类感知和认知的动画效果、声音提示和反馈机制，使用户能够更直观地了解平台的状态和操作结果。同时，提供个性化的设置选项和定制化的服务，满足不同用户的需求和偏好。

为了实现人性化的交互设计，可以关注以下几个方面：首先，研究用户的心理和行为特点，理解用户的需求和期望；其次，采用符合人类自然行为和心理的交互元素与方式，提高用户的参与感和沉浸感；最后，提供个性化的服务和支持，满足用户的个性化需求。

### （三）清晰易懂的帮助文档和教程

清晰易懂的帮助文档和教程是用户友好与易用性原则的重要保障。在平台设计中，应提供全面、详细、易懂的帮助文档和教程，帮助用户快速了解平台的功能和操作方式。这些文档和教程应包含平台的基本介绍、使用流程、功能说明、常见问题解答等内容，并采用简洁明了的语言和图表进行表述。

为了确保帮助文档和教程的清晰易懂，可以采取以下措施：首先，明确文档和教程的目标受众与使用场景；其次，采用简洁明了的语言和图表进行表达，避免使用过于复杂或专业的术语；最后，进行用户测试和反馈收集，不断优化文档和教程的内容与形式。

### （四）持续的用户支持和反馈机制

持续的用户支持和反馈机制是用户友好与易用性原则的关键环节。在平台使用过程中，用户可能会遇到各种问题或困难，需要提供及时、有效的支持和帮助。同时，用户的反馈和建议也是改进平台设计与功能的重要依据。

为了实现持续的用户支持和反馈机制，可以采取以下措施：首先，建立完善的用户支持体系，包括在线客服、电话支持、邮件回复等方式；其次，鼓励用户提出问题和建议，并及时回复和处理；最后，根据用户的反馈和建议，进行平台优化和功能改进，提高平台的用户满意度和忠诚度。

综上所述，用户友好与易用性原则是智能职教一体化管理平台架构设计中不可或缺的一部分。通过直观明了的界面设计、人性化的交互设计、清晰易懂的帮助文档和教程，以及持续的用户支持和反馈机制等方面的努力，可以打造一个用户友好、易用性强的智能职教一体化管理平台。

## 三、安全性与稳定性原则

在智能职教一体化管理平台的架构设计中，安全性与稳定性原则是不可或缺的。这两个原则直接关联到平台的数据安全、用户隐私以及服务的可靠性，是确保平台长期稳定运行并赢得用户信任的关键。以下从四个方面对安全性与稳定性原则进行详细分析。

### （一）强大的安全防护机制

在智能职教一体化管理平台的架构设计中，安全防护机制是首要考虑的因素。这包括网络安全、数据安全、应用安全等多个方面。为了构建强大的安全防护机制，平台需要采用多种安全技术，如防火墙、入侵检测系统、数据加密、安全审计等，以确保平台的网络和应用层安全。同时，对于用户数据，应采取严格的访问控制和加密措施，防止数据泄露和非法访问。

此外，平台还需要建立完善的安全管理制度和应急预案，以应对各种安全事件。这包括安全事件监测、报警、响应和恢复等机制，确保在发生安全事件时能够迅速定位问题、采取措施并恢复服务。

## （二）稳定的系统架构和基础设施

稳定性是智能职教一体化管理平台持续提供服务的基石。为了确保平台的稳定性，需要采用稳定可靠的系统架构和基础设施。这包括选用成熟的硬件设备和操作系统、采用高可用的数据库和中间件技术、设计合理的负载均衡和容错机制等。通过这些措施，可以降低单点故障的风险，提高系统的可靠性和可用性。

此外，为了保障平台的稳定运行，还需要建立完善的监控和报警机制。通过对平台各项指标的实时监控和报警，可以及时发现并处理潜在问题，避免故障的发生。同时，还需要定期对平台进行维护和升级，以修复潜在的安全漏洞和性能问题。

## （三）严格的安全审计和监控

安全审计和监控是确保智能职教一体化管理平台安全稳定运行的重要手段。通过对平台的安全日志、操作记录等进行定期审计和监控，可以及时发现并处理安全事件和潜在风险。同时，还可以对平台的安全状况进行定期评估和改进，确保平台的安全防护机制始终保持在最佳状态。

在安全审计和监控过程中，需要关注平台的敏感操作和异常行为。例如，对于用户的登录、数据访问等操作需要进行严格的审计和监控，以防止未授权访问和恶意攻击。同时，还需要对平台的性能指标进行实时监控和分析，以便及时发现并处理潜在的性能瓶颈和故障点。

## （四）用户隐私保护和权限管理

在智能职教一体化管理平台中，用户隐私保护和权限管理是安全性的重要方面。平台需要采取严格的用户隐私保护措施，确保用户数据的安全性和私密性。这包括对用户数据进行加密存储和传输、对用户访问进行身份验证和授权等。同时，还需要建立完善的权限管理机制，对用户的访问和操作进行严格的控制与审计。

在权限管理方面，需要遵循最小权限原则。即为用户分配满足其工作需求的最小权限集合，避免过度授权和权限滥用。同时，还需要建立完善的权限变更和撤销机制，确保在用户离职或权限变更时能够及时收回其权限。此外，还需要对用户的行为进行实时监控和分析，以便及时发现并处理潜在的越权访问和恶意操作。

## 四、兼容性与集成性原则

在智能职教一体化管理平台的架构设计中，兼容性与集成性原则是确保平台能够和其他系统或设备顺畅交互、共享资源、提高整体效率的关键。以下从四个方面对兼容性与集成性原则进行详细分析。

### （一）多平台兼容性

智能职教一体化管理平台应具备多平台兼容性，即能够在不同操作系统、浏览器和设备上稳定运行，为用户提供一致的使用体验。为实现这一目标，平台在设计和开发过程中，需考虑不同平台的特性和限制，采用跨平台技术和标准，确保代码和数据的兼容性。同时，平台应提供清晰的兼容性说明和测试报告，以便用户了解平台在不同平台上的性能和稳定性。

在实践中，平台可以采用响应式设计、移动优先策略等方式，确保在不同设备和屏幕尺寸下都能提供良好的用户体验。此外，平台还应支持多种浏览器和浏览器版本，确保用户可以在自己喜欢的浏览器上访问平台。

### （二）数据格式与接口标准化

数据格式与接口标准化是实现平台和其他系统或设备集成的基础。平台应采用通用的数据格式和接口标准，如 JSON、XML 等，以便与其他系统进行数据交换和共享。同时，平台还应提供标准化的 API 接口，允许其他系统通过调用 API 接口实现与平台的集成。

为确保数据格式与接口标准化，平台在设计和开发过程中，需遵循相关标准和规范，如开放 API 标准、数据交换标准等。此外，平台还应定期更新和维护数据格式与接口标准，以适应技术发展和业务需求的变化。

## （三）系统间无缝集成

系统间无缝集成是指平台能够与其他系统或设备实现无缝连接和协同工作，提高整体效率。为实现这一目标，平台需具备强大的集成能力，能够与其他系统进行数据交换、功能调用和流程协同。同时，平台还应提供灵活的集成方式，如单点登录、OAuth 授权等，以满足不同用户的集成需求。

在实践中，平台可以采用微服务架构、消息队列等技术手段，实现系统间的无缝集成。微服务架构可以将平台拆分为多个独立的服务单元，每个服务单元都可以独立部署和扩展，从而提高系统的灵活性和可扩展性。消息队列则可以实现异步通信和消息传递，确保系统间的高效协同工作。

## （四）持续更新与扩展能力

随着技术发展和业务需求的变化，平台可能需要不断更新与扩展以支持新的功能和设备。因此，平台应具备持续更新与扩展能力，能够方便地添加新功能、支持新设备并与新系统进行集成。为实现这一目标，平台在设计和开发过程中需采用模块化、组件化等技术手段，降低模块间的耦合度并提高系统的可扩展性。同时，平台还应提供完善的更新和扩展机制，如插件机制、自定义开发接口等，以便用户或开发者可以根据自身需求进行定制和扩展。

在实践中，平台可以建立一个开放的开发者社区或平台生态系统，鼓励用户或开发者参与平台的开发和扩展。通过社区的力量，平台可以不断吸收新的想法和技术，提高平台的功能和性能。同时，社区还可以为用户或开发者提供技术支持和帮助，解决在开发和扩展过程中遇到的问题。

# 第二节　智能职教一体化平台硬件架构设计

## 一、服务器硬件的选择与配置

在智能职教一体化平台的硬件架构设计中，服务器硬件的选择与配置是至关重要的一环。服务器作为整个平台的核心，其性能、稳定性和可扩展性直接影响到平台的运行效率与用户体验。以下从四个方面对服务器硬件的选择与配置进行详细分析。

### （一）服务器硬件性能需求分析

在选择和配置服务器硬件之前，首先需要对平台的性能需求进行充分的分析。这包括用户规模、并发访问量、数据处理量、存储需求等方面。根据这些需求，可以初步确定服务器的处理器、内存、存储等硬件配置。例如，对于用户规模较大、并发访问量高的平台，需要选择高性能的处理器和足够大的内存，以保证服务的流畅性和响应速度；对于需要处理大量数据和复杂计算的平台，需要选择高性能的存储设备和网络适配器，以提高数据处理和传输能力。

### （二）处理器的选择与配置

处理器是服务器的核心组件，其性能直接影响到服务器的整体性能。在选择处理器时，需要考虑处理器的型号、核心数量、主频、缓存等因素。对于智能职教一体化平台来说，由于需要处理大量的在线学习和教学数据，建议选择多核、高主频、大缓存的处理器，以保证服务器的高效运行。同时，还需要考虑处理器的功耗和散热性能，以确保服务器的稳定性和可靠性。

### （三）内存的选择与配置

内存是服务器存储和处理数据的重要组件。在选择内存时，需要考虑内存的容量、频率和带宽等因素。对于智能职教一体化平台来说，由于需要同时处理多个用户的学习请求和大量数据，因此建议选择大容量的内存，以保证服务器能够同时处理更多的任务和数据。同时，还需要考虑内存的频率和带宽，以确保数据传输的速度和效率。

### （四）存储设备的选择与配置

存储设备是服务器存放数据和应用程序的重要组件。在选择存储设备时，需要考虑存储容量、读写速度、可靠性和扩展性等因素。对于智能职教一体化平台来说，由于需要存储大量的教学资源和用户数据，因此建议选择大容量的硬盘或固态硬盘作为主要存储设备。同时，还可以考虑使用 RAID 技术提高数据的可靠性和读写速度。此外，还需要考虑存储设备的扩展性，以便在需要时能够方便地增加存储容量。

总结来说，智能职教一体化平台服务器硬件的选择与配置需要根据平台的性能需求、用户规模、数据处理量等因素进行综合考虑。在选择和配置服务器硬件时，需要注重处理器的性能、内存的容量和频率、存储设备的容量和可靠性等方面，以确保服务器的高效、稳定和可靠运行。同时，还需要考虑服务器的可扩展性和可维护性，以便在需要时能够方便地进行升级和维护。

## 二、网络拓扑结构与通信协议

在智能职教一体化平台的构建中，网络拓扑结构与通信协议的设计是确保平台高效、稳定通信的基础。合理的网络拓扑结构可以优化数据传输路径，提高网络带宽利用率；适当的通信协议可以确保数据在传输过程中的准确性、安全性和可靠性。以下从四个方面对网络拓扑结构与通信协议进行详细分析。

### （一）网络拓扑结构的选择与设计

网络拓扑结构决定了网络中各个节点之间的连接方式和数据传输路径。在智能职教一体化平台中，需要根据平台的业务需求、用户规模、地理分布等因素选择合适的网络拓扑结构。常见的网络拓扑结构包括星型、环型、总线型、网状型等。其中，星型结构具有结构简单、管理方便的特点，适用于用户规模较小、对实时性要求不高的场景；网状型结构具有容错能力强、传输效率高的特点，适用于用户规模较大、对实时性和可靠性要求较高的场景。

在设计网络拓扑结构时，还需要考虑网络的冗余性、可扩展性和可维护性。冗余性可以通过备份链路、冗余设备等方式实现，以提高网络的容错能力；可扩展性可以通过模块化设计、虚拟化技术等手段实现，以便在需要时能够方便地增加网络节点或带宽；可维护性需要关注网络的监控、管理和故障排查等方面，以确保网络能够持续稳定运行。

## （二）通信协议的选择与定制

通信协议是网络中各个节点之间进行通信的规则和标准。在智能职教一体化平台中，需要根据平台的业务需求和数据传输特点选择合适的通信协议。常见的通信协议包括 TCP/IP、HTTP、HTTPS、WebSocket 等。TCP/IP 协议族是互联网通信的基础协议，具有可靠性高、传输效率稳定的特点；HTTP 协议是一种基于请求—响应模式的协议，适用于 Web 应用的数据传输；HTTPS 协议在 HTTP 协议的基础上增加了加密功能，可以确保数据在传输过程中的安全性；WebSocket 协议是一种全双工的通信协议，可以实现服务器与客户端之间的实时通信。

在选择通信协议时，需要关注协议的安全性、实时性、传输效率等方面。对于需要传输敏感数据的场景，应选择具有加密功能的协议；对于需要实时交互的场景，应选择支持实时通信的协议；对于数据量较大、传输效率要求较高的场景，需要选择传输效率较高的协议。此外，还可以根据平台的实际需求定制通信协议，以满足特定的业务需求和数据传输要求。

## （三）网络带宽与流量的管理

在智能职教一体化平台中，网络带宽和流量的管理对于确保平台的稳定运行至关重要。网络带宽决定了数据传输的速度和效率，而流量则反映了网络的使用情况和负载情况。为了确保平台的稳定性和用户体验，需要采取有效的网络带宽和流量管理措施。

一方面，可以通过合理规划和配置网络带宽资源，以满足平台的数据传输需求。例如，可以根据不同业务的需求分配不同的带宽资源；可以通过负载均衡技术将流量分散到多个服务器上；可以通过 QoS 技术保障关键业务的带宽需求等。另一方面，可以通过监控和分析网络流量数据，及时发现和处理网络瓶颈与异常流量。例如，可以通过流量分析工具对网络流量进行实时监控和分析；可以通过设置流量阈值进行预警和限制异常流量等。

### （四）网络安全与防护措施

网络安全是智能职教一体化平台不可忽视的问题。在构建网络拓扑结构和选择通信协议时，需要充分考虑网络的安全性。首先，需要采用安全的通信协议和加密技术，确保数据传输的安全性；其次，需要设置防火墙、入侵检测系统等网络安全设备，防止外部攻击和恶意访问；最后，需要建立完善的网络安全管理制度和应急预案，应对各种网络安全事件。

此外，还需要关注网络的安全防护措施。例如，可以通过定期更新和修补系统漏洞，防止黑客利用漏洞进行攻击；可以通过设置访问控制和权限管理，限制用户对敏感数据和关键资源的访问；可以通过建立安全审计和日志记录机制，追溯和分析安全事件等。通过这些措施的综合应用可以确保智能职教一体化平台在网络层面的安全性和稳定性。

## 三、存储设备与备份方案

在智能职教一体化平台中，存储设备与备份方案的设计和实施对于确保数据的安全、可靠存储以及快速恢复至关重要。一个完善的存储设备与备份方案能够应对各种潜在的数据丢失风险，保障平台的持续稳定运行。以下从四个方面对存储设备与备份方案进行详细分析。

### （一）存储设备选型与配置

在选择存储设备时，需要综合考虑存储容量、性能、可靠性、可扩展性等因素。首先，需要根据平台的数据存储需求确定存储容量，包括当前数据和未来可能增长的数据。其次，需要考虑存储设备的性能，包括读写速度、I/O 性能等，以确保平台在处理大量数据请求时能够保持高效运行。同时，存储设备的可靠性也是非常重要的，需要选择具有高可靠性和容错能力的存储设备，如 RAID 技术、分布式存储等。最后，需要考虑存储设备的可扩展性，以便在需要时能够方便地增加存储容量。

在配置存储设备时，需要根据平台的业务需求和数据访问特点进行合理规划。例如，可以根据数据的访问频率和重要性将数据划分为不同的存储层级，采用分级存储策略提高存储效率和性能。同时，还需要考虑数据备份和容灾的需求，为存储设备配置相应的备份设备和容灾方案。

### （二）备份策略与计划

备份策略是确保数据安全的关键措施之一。在制定备份策略时，需要综合考虑备份频率、备份方式、备份介质等因素。首先，需要根据数据的更新频率和重要性确定备份频率，确保在数据丢失时能够及时恢复。其次，需要选择合适的备份方式，如全备份、增量备份、差异备份等，以提高备份效率和节省存储空间。最后，需要选择合适的备份介质，如磁带、磁盘阵列、云存储等，以确保备份数据的安全性和可靠性。

在制订备份计划时，首先，需要明确备份的目标、范围、时间等要素。备份目标可以是整个系统、数据库、关键文件等；备份范围可以包括所有数据或仅备份关键数据；备份时间可以根据业务需求和数据更新频率进行确定。其次，需要制定详细的备份操作流程和应急预案，以确保在备份过程中出现问题时能够及时解决。

### （三）数据恢复与测试

数据恢复是备份策略的重要组成部分。在数据丢失或损坏时，需要能够快速恢复数据以保障平台的正常运行。因此，需要制订详细的数据恢复计划，并定期进行数据恢复测试。数据恢复计划应包括恢复的目标、范围、时间、人员等要素，并明确恢复过程中需要注意的事项和可能遇到的问题。数据恢复测试可以通过模拟实际的数据丢失场景进行，以检验备份数据的完整性和可恢复性。通过定期的数据恢复测试，可以及时发现和解决问题，提高数据恢复的效率和成功率。

### （四）存储安全与管理

存储安全是存储设备与备份方案中的重要环节。在存储设备和备份方案的设计与实施过程中，需要充分考虑存储安全的需求。首先，需要采用安全的存储技术和加密算法保护数据的安全性与隐私性。例如，可以使用磁盘加密技术保护存储介质上的数据；可以使用数据加密算法对传输中的数据进行加密保护。其次，需要建立完善的存储管理制度和权限管理机制，确保只有授权人员才能访问和修改存储数据。再次，需要定期检查和更新存储设备的安全设置与漏洞补丁，以提高存储设备的抗攻击能力。最后，需要建立存储设备的监控和日志记录机制，以便及时发现和处理存储设备的异常情况与安全问题。

## 四、硬件设备的维护与升级

在智能职教一体化平台的运营过程中，硬件设备的维护与升级是保证平台稳定、高效运行的关键环节。随着技术的发展和业务需求的增长，硬件设备的性能可能会逐渐无法满足平台的需求，此时就需要进行及时的维护和升级。以下从四个方面对硬件设备的维护与升级进行详细分析。

### （一）硬件设备的日常维护

日常维护是确保硬件设备正常运行的基础工作。这包括定期检查设备的运行状态、清洁设备、更换损坏的部件等。首先，需要制定详细的日常检查制度，包括检查设备的温度、噪声、指示灯等是否正常，以及检查设备的连接线路是否牢固、接口是否松动等。其次，需要定期清洁设备，防止灰尘和污垢对设备造成损害。最后，对于损坏的部件需要及时更换，以确保设备的正常运行。

在日常维护过程中，还需要注意设备的散热问题。过热可能会导致设备性能下降甚至损坏。因此，需要确保设备的散热系统正常工作，定期清理散热器和风扇上的灰尘，以及检查散热风扇的运转情况。

### （二）硬件性能的监控与评估

为了及时发现硬件设备的性能瓶颈和潜在问题，需要建立硬件性能的监控与评估机制。这可以通过使用专门的监控软件实现，这些软件可以实时监测设备的运行状态、性能指标等，并将数据记录到数据库中供后续分析。

通过对监控数据的分析，可以评估设备的性能是否满足当前业务需求，以及预测未来一段时间内设备的性能趋势。如果发现设备的性能已经无法满足业务需求，或者预测到设备将在不久的将来出现性能瓶颈，就需要及时制订升级计划。

### （三）硬件设备的升级策略

硬件设备的升级策略需要根据平台的业务需求和技术发展进行确定。首先，需要明确升级的目标和范围，即需要升级哪些设备、升级哪些部件。其次，需要评估升级的成本和效益，包括购买新设备的成本、升级过程中可能产生的停机时间、升级后设备性能的提升等。最后，需要制订详细的升级计划，包括升级的时间表、升级的步骤和流程、升级后的测试等。

在升级过程中，需要确保升级过程的安全性和可靠性。这可以通过在升级前备份重要数据、在升级过程中进行实时监控和故障排查、在升级后进行全面的测试等方式实现。

### （四）硬件设备的生命周期管理

硬件设备的生命周期管理是指对设备从采购、安装、使用、维护到报废的全过程进行管理。在设备的生命周期内，需要确保设备的性能始终满足业务需求，同时，还需要考虑设备的成本效益和环保问题。

为了实现硬件设备的生命周期管理，需要建立设备档案，记录设备的采购信息、安装信息、使用记录、维护记录等。同时，还需要制定设备的报废标准和流程，以及设备的回收利用计划。在设备报废时，需要确保设备中的数据已经得到妥善处理，以防止数据泄露和滥用。

此外，随着技术的发展和业务需求的增长，可能会出现新型硬件设备或部件。在评估这些新型设备或部件时，需要考虑其性能、成本、兼容性等因素，以及其在整个平台架构中的位置和作用。如果新型设备或部件能够显著提高平台的性能和效率，并且成本效益合理，那么就可以考虑将其引入平台的硬件架构中。

# 第三节 智能职教一体化平台软件架构设计

## 一、软件架构的分层设计

在智能职教一体化平台的软件架构设计中，分层设计是一个核心策略，旨在实现系统的高内聚、低耦合，从而提高系统的可扩展性、可维护性和可重用性。下面将从四个方面对软件架构的分层设计进行详细分析。

### （一）分层设计的必要性与优势

分层设计通过将软件系统划分为多个层次，不同的层次负责不同的功能和职责，从而实现了系统功能的模块化。这种设计方式带来了诸多优势：首先，它降低了系统的复杂性，使开发人员可以专注于某一层次的具体实现，而无须关注其他层次；其次，它提高了系统的可维护性，当某一层次出现问题时，可以单独对该层次进行修复和升级，而不会影响其他层次；最后，它增强了系统的可扩展性，当业务需求发生变化时，可以通过增加新的层次或修改某一层次的实现满足需求，而无须对整个系统进行大规模的修改。

### （二）分层设计的层次划分

在智能职教一体化平台的软件架构中，通常可以划分为以下几个层次。

1. 用户界面层。用户界面层负责与用户进行交互，接收用户的输入并展示系统的输出。该层次需要具备良好的用户体验和交互性，以满足用户的需求。

2. 业务逻辑层。业务逻辑层负责处理系统的核心业务逻辑，包括数据的验证、转换、计算等。该层次需要确保业务逻辑的正确性和高效性，以支撑系统的正常运行。

3. 数据访问层。数据访问层负责与数据库进行交互，实现数据的增删改查等操作。该层次需要确保数据的安全性和一致性，并优化数据的访问性能。

4.基础服务层。基础服务层提供系统所需的基础服务，如缓存、消息队列、日志记录等。该层次需要确保服务的稳定性和可靠性，为上层应用提供有力支撑。

### （三）分层设计的实现与关键技术

在实现分层设计时，需要采用一些关键技术确保各层次之间的协作和通信。例如，可以使用接口定义语言或 RESTful API 定义层次之间的接口，实现层次之间的解耦和交互。此外，还需要采用一些中间件技术实现层次之间的数据传输和通信，如消息队列、远程过程调用等。这些技术可以确保数据在各层次之间的安全传输和高效处理。

### （四）分层设计的优化与挑战

在分层设计过程中，可能会遇到一些优化和挑战。首先，需要合理划分层次，避免层次过多导致系统复杂度增加；同时，也要确保每个层次的功能明确，避免层次之间的功能重叠。其次，需要优化层次之间的通信和数据传输，减少不必要的开销和延迟。最后，需要考虑系统的性能和扩展性需求，选择合适的硬件和软件资源支撑系统的运行。

在实际应用中，分层设计还需要考虑与其他架构模式和技术的结合，如微服务架构、容器化技术等。这些技术可以与分层设计相互补充，共同提高系统的可扩展性、可维护性和可重用性。同时，也需要关注新技术的发展和应用，及时将新技术引入系统的设计中，以满足业务需求和用户体验的要求。

## 二、模块化与组件化开发

在智能职教一体化平台的软件架构设计中，模块化与组件化开发是提升软件可维护性、可扩展性和可重用性的重要手段。以下从四个方面对模块化与组件化开发进行详细分析。

### （一）模块化与组件化开发的概念与意义

模块化开发是指将软件系统划分为若干个相对独立的模块，每个模块都具有明确的功能和接口，模块之间通过接口进行通信和协作。组件化开发则是一种更细粒度的模块化，它将系统划分为可重用的组件，这些组件具有独立的功能和清晰的边界，可以在不同的项目中进行复用。模块化与组件化开发的意义在于降低系统的复杂性，提高代码的可读性和可维护性，同时，增强系统的可扩展性和可重用性。

在智能职教一体化平台中，模块化与组件化开发可以带来诸多优势。首先，通过将系统划分为独立的模块或组件，开发人员可以并行工作，提高开发效率。其次，模块或组件之间的耦合度降低，使系统更加稳定可靠。最后，模块或组件的复用可以减少重复开发，降低开发成本。

## （二）模块化与组件化开发的实现策略

在实现模块化与组件化开发时，需要遵循一些基本的策略。首先，需要进行合理的模块或组件划分，确保每个模块或组件具有清晰的功能和边界。其次，需要定义明确的接口规范，确保模块或组件之间的通信和协作。最后，需要采用合适的开发工具和框架支持模块化与组件化开发，如使用面向对象的设计方法、设计模式、软件框架等。

在智能职教一体化平台中，可以通过以下方式实现模块化与组件化开发：一是根据业务需求和技术特点，将系统划分为多个独立的业务模块，每个模块负责一个特定的业务功能；二是将通用的功能和逻辑封装成可重用的组件，如用户认证组件、数据访问组件等；三是采用微服务架构，将每个业务模块拆分为独立的微服务，实现服务的松耦合和独立部署。

## （三）模块化与组件化开发的挑战与解决方案

在模块化与组件化开发过程中，可能会遇到一些挑战。首先，如何合理划分模块或组件是一个关键问题，需要充分考虑业务需求、技术特点、开发人员能力等因素。其次，如何确保模块或组件之间的接口规范和通信协议的一致性是一个挑战。最后，随着业务需求的不断变化和技术的不断发展，如何保持模块或组件的稳定性和可维护性是一个需要考虑的问题。

为了应对这些挑战，可以采取以下解决方案：一是加强与业务人员的沟通，深入理解业务需求和技术特点，制定合理的模块或组件划分方案；二是制定明确的接口规范和通信协议，确保模块或组件之间的交互和协作；三是采用版本控制和持续集成等开发工具与技术，确保模块或组件的稳定性和可维护性；四是关注新技术的发展和应用，及时更新和优化模块或组件的实现方式。

### （四）模块化与组件化开发的最佳实践与案例分析

在模块化与组件化开发过程中，有一些最佳实践可以借鉴。例如，采用面向接口编程的思想，确保模块或组件之间的松耦合；使用设计模式优化模块或组件的内部实现；采用单元测试、集成测试等手段确保模块或组件的质量和稳定性。此外，还可以参考一些成功的案例分析模块化与组件化开发的实践经验和方法。

以某在线教育平台为例，该平台采用模块化与组件化开发的方式构建了完整的软件架构。首先，根据业务需求和技术特点，将系统划分为多个独立的业务模块，如用户管理模块、课程管理模块、在线学习模块等。其次，将通用的功能和逻辑封装成可重用的组件，如用户认证组件、数据访问组件等。最后，采用微服务架构将每个业务模块拆分为独立的微服务，实现了服务的松耦合和独立部署。通过这些方式，该平台成功提高了软件的可维护性、可扩展性和可重用性，满足了不断变化的业务需求。

## 三、中间件与 API 接口设计

在智能职教一体化平台的软件架构设计中，中间件与 API 接口设计是连接不同系统组件、实现功能解耦和提供标准化服务的关键环节。以下从四个方面对中间件与 API 接口设计进行详细分析。

### （一）中间件与 API 接口设计的概念与重要性

中间件是位于操作系统、数据库和应用程序之间的软件层，它提供了一组服务以简化分布式系统的开发和管理。API 则是一组规则和定义，它允许不同的软件应用程序或组件交互和通信。在智能职教一体化平台中，中间件和 API 接口设计的重要性不言而喻。它们不仅能够降低系统复杂性，提高系统的可维护性和可扩展性，还能够促进不同系统组件之间的无缝集成和协同工作。

## （二）中间件设计的关键要素与实践

中间件设计的关键要素包括性能、可靠性、安全性、可扩展性和易用性。为了实现这些要素，中间件设计需要遵循一些最佳实践。首先，要确保中间件的性能满足业务需求，能够处理高并发、低延迟等场景。其次，要保障中间件的可靠性，确保在出现故障时能够迅速恢复并继续提供服务。再次，中间件需要具备强大的安全性，能够保护敏感数据免受未经授权的访问和篡改。在可扩展性方面，中间件需要支持水平扩展和垂直扩展，以满足业务增长的需求。最后，中间件需要具备易用性，提供清晰明了的文档和示例代码，降低开发人员的学习成本。

在智能职教一体化平台中，中间件设计的实践包括选择合适的中间件技术栈、设计合理的中间件架构、实现高性能的数据传输和处理等。例如，可以采用消息队列中间件处理异步消息通信，使用缓存中间件优化数据访问性能，以及利用 API 网关中间件实现 API 的统一管理和安全控制。

## （三）API 接口设计的原则与规范

API 接口设计需要遵循一些基本原则和规范，以确保接口的稳定性和易用性。首先，要保持接口的稳定性，避免频繁地更改接口定义和参数。其次，要确保接口的易用性，提供清晰明了的文档和示例代码，降低开发人员的学习成本。再次，需要考虑接口的安全性，采用合适的认证和授权机制保护 API 资源。最后，在接口设计方面，需要遵循 RESTful 风格等最佳实践，以确保接口的可读性和可扩展性。

在智能职教一体化平台中，API 接口设计的实践包括定义统一的接口规范、实现接口的版本管理、提供接口的测试和验证工具等。通过定义统一的接口规范，可以确保不同系统组件之间的接口一致性；通过实现接口的版本管理，可以支持接口的平滑升级和回滚；通过提供接口的测试和验证工具，可以确保接口的质量和稳定性。

## （四）中间件与 API 接口设计的挑战与应对策略

在中间件与 API 接口设计过程中，可能会遇到一些挑战。例如，如何确保中间件的性能和可靠性？如何设计易于理解和使用的 API 接口？如何保障 API 接口的安全性？为了应对这些挑战，需要采取一些应对策略。首先，要进行充分的需求分析和技术调研，选择合适的中间件技术和 API 接口设计方案。其次，要制定详细的设计规范和文档，确保开发人员能够遵循规范进行开发。再次，需要进行充分的测试和验证工作，确保中间件和 API 接口的质量和稳定性。最后，在面对安全和性能等方面的挑战时，可以采用加密通信、负载均衡、容灾备份等技术手段，以保障系统的安全和稳定运行。

## 四、软件架构的性能优化

在智能职教一体化平台的软件架构设计中，性能优化是一个至关重要的环节。优化软件架构的性能能够确保平台在处理大量用户请求、复杂计算和数据交互时保持高效、稳定的表现。以下从四个方面对软件架构的性能优化进行详细分析。

### （一）性能优化的目标与重要性

性能优化的目标在于提高软件系统的响应时间、吞吐量、资源利用率等关键指标，确保系统能够满足业务需求并保持良好的用户体验。在智能职教一体化平台中，性能优化尤为重要。随着平台用户数量的不断增长和业务复杂度的提升，系统需要能够应对更高的并发访问量、更复杂的业务逻辑和更庞大的数据量。通过性能优化，可以确保平台在处理各种场景时都能保持高效、稳定的性能表现。

### （二）性能优化的关键领域

性能优化可以从多个领域入手，包括但不限于以下几个方面。

1. 数据库性能优化。优化数据库查询语句、建立合适的索引、采用读写分离等技术手段，提高数据库访问的效率和性能。

2. 缓存技术应用。使用缓存技术将热点数据、计算结果等存储在内存中，减少对数据库的访问次数，提高系统的响应速度。

3. 异步处理与并发控制。将耗时较长的操作放在后台异步执行，避免阻塞主线程；同时，通过合理的并发控制策略，充分利用系统资源，提高系统的吞吐量。

4.负载均衡与容灾备份。通过负载均衡技术将请求分发到多个服务器或节点上，避免单点故障；同时，设计合理的容灾备份策略，确保数据的安全性和可靠性。

## （三）性能优化的实施策略

在实施性能优化时，需要遵循一些基本的策略和原则。

1.深入分析系统性能瓶颈。通过性能测试、监控和分析工具，找出系统的性能瓶颈和潜在问题，为后续的优化工作提供指导。

2.制定合理的优化方案。根据性能瓶颈和业务需求，制定合理的优化方案，明确优化目标、方法和步骤。

3.逐步实施优化措施。按照优化方案逐步实施优化措施，确保每一步优化都能带来预期的效果。同时，要关注优化过程中的问题和挑战，及时调整优化策略。

4.监控和评估优化效果。在优化过程中和完成后，通过性能测试和监控工具对系统的性能进行评估和监控，确保优化效果符合预期。

## （四）性能优化的最佳实践与案例分析

在实际的软件架构性能优化过程中，有很多最佳实践可以借鉴。例如，采用微服务架构将系统拆分为多个独立的服务，通过服务之间的异步通信和负载均衡技术，提高系统的并发处理能力和响应速度；使用分布式缓存技术将热点数据存储在多个节点上，提高缓存的可用性和访问速度；采用代码优化技术减少不必要的计算和内存占用，提高程序的执行效率等。

# 第四节 智能职教一体化平台数据库设计

## 一、数据库类型的选择与配置

在构建智能职教一体化平台时，数据库类型的选择与配置是项目成功的基石之一。合理的数据库选择能够确保平台数据的可靠性、高效性以及扩展性。以下从四个方面对数据库类型的选择与配置进行详细分析。

### （一）业务需求与数据库类型的匹配

在选择数据库类型时，首要考虑的是业务需求。不同的业务需求对数据库的性能、扩展性、事务处理能力等方面有不同的要求。例如，对于需要处理大量并发读写请求的平台，应选择具有高性能和强扩展性的数据库；对于需要保证数据一致性和完整性的场景，则需要选择支持 ACID 事务的数据库。因此，在数据库选型时，应深入分析业务需求，选择与之匹配的数据库类型。

### （二）数据库类型的技术特点与优势

不同的数据库类型具有各自的技术特点与优势。例如，关系型数据库（如 MySQL、Oracle）具有结构清晰、易于理解和维护的优点，同时，支持复杂的数据查询和事务处理；而非关系型数据库（如 MongoDB、Redis）则具有高性能、可扩展性强、灵活性高等特点，适用于处理海量数据和高并发场景。在选择数据库类型时，应充分了解各种数据库的技术特点和优势，根据业务需求和技术特点进行权衡与选择。

### （三）数据库的配置与优化

数据库的配置与优化是确保数据库性能的关键环节。在配置数据库时，需要根据平台的硬件资源、业务需求以及数据量等因素进行合理的配置。例如，合理配置内存、磁盘空间等硬件资源，设置合适的连接数、缓存大小等参数，以及优化数据表结构、索引等，都能显著提高数据库的性能。此外，还需要定期对数据库进行监控和维护，及时发现并解决潜在的性能问题。

### （四）数据库的安全性与可靠性

在智能职教一体化平台中，数据库的安全性与可靠性至关重要。为了保障数据的安全性与可靠性，需要采取一系列的安全措施和备份策略。例如，使用强密码策略、限制数据库访问权限、定期备份数据等，可以有效防止数据泄露和丢失。同时，还需要对数据库进行定期的安全审计和漏洞扫描，及时发现并排除潜在的安全隐患。

总之，在智能职教一体化平台的数据库设计中，数据库类型的选择与配置是一个至关重要的环节。通过深入分析业务需求、了解各种数据库的技术特点和优势、进行合理的配置与优化以及采取有效的安全措施和备份策略，可以确保平台数据的可靠性、高效性以及安全性。同时，还需要关注数据库技术的发展趋势和新兴技术的应用，不断对数据库进行升级和优化，以满足平台不断发展和变化的需求。

## 二、数据表的设计与关系模型

在智能职教一体化平台的数据库设计中，数据表的设计与关系模型构建是核心部分。良好的数据表设计和关系模型能够确保数据的完整性、准确性和高效性，从而支持平台各项功能的正常运行。以下从四个方面对数据表的设计与关系模型进行详细分析。

### （一）数据表设计的基本原则

数据表设计是数据库设计的基础，其质量直接影响到数据库的性能和可扩展性。在设计数据表时，应遵循以下基本原则。

1.规范化。通过消除数据冗余和减少数据更新异常，确保数据的完整性和准确性。这通常涉及数据分解为多个表，并使用关系（如外键）连接这些表。

2.简洁性。避免设计过于复杂的表结构，每个表都应只包含与其相关的数据，并避免重复字段。

3.可扩展性。考虑到未来可能的业务需求变化，设计时应预留足够的扩展空间，如添加新字段或新表。

4. 性能考虑。在设计过程中要考虑到查询性能，如通过合理的索引设计加速查询速度。

## （二）关系模型的设计

关系模型是数据库设计的核心，它描述了数据表之间的关系。在智能职教一体化平台中，关系模型的设计应满足以下要求。

1. 清晰表达业务逻辑。关系模型应能够清晰地表达平台业务逻辑中的实体和它们之间的关系。这有助于确保数据的准确性和一致性。

2. 避免冗余和冲突。在设计关系模型时，应避免数据冗余和冲突。例如，通过定义主键和外键确保数据的唯一性与完整性。

3. 支持复杂查询。关系模型应支持平台所需复杂查询操作。这可能需要设计多表连接、子查询等复杂的 SQL 语句。

4. 易于维护。关系模型应易于理解和维护。当业务需求发生变化时，应能够轻松地修改和调整关系模型。

## （三）数据表和关系模型的优化

在数据表设计和关系模型构建完成后，可能还需要进行优化以提高数据库性能。以下是一些优化建议。

1. 索引优化。为经常用于查询的字段添加索引，以加快查询速度。但要注意不要过度索引，以免降低写操作的性能。

2. 分区表。对于数据量巨大的表，可以考虑使用分区表提高查询性能和管理效率。

3. 数据冗余与完整性。在优化过程中，要权衡数据冗余与完整性的关系。有时为了提高性能而引入少量冗余是合理的，但过度冗余可能导致数据不一致和难以维护。

4. 查询优化。对复杂的 SQL 查询进行优化，如使用连接替代子查询、减少全表扫描等。

### （四）数据表和关系模型的测试与验证

在数据表设计和关系模型构建完成后，应进行充分的测试与验证以确保其正确性和性能。以下是一些测试与验证的建议。

1. 单元测试。编写单元测试代码验证数据表结构和关系模型的正确性。这可以确保每个数据表和关系都能按预期工作。

2. 集成测试。在平台中集成数据表和关系模型后，进行集成测试以验证它们之间的协作是否顺畅。这有助于发现可能存在的兼容性问题或错误。

3. 性能测试。对数据库进行性能测试以评估其在实际应用场景中的性能表现。这包括测试查询速度、并发处理能力等指标。

4. 安全测试。对数据库进行安全测试以评估其安全性。这包括测试身份验证、授权机制以及防止 SQL 注入等攻击的能力。

## 三、数据备份与恢复策略

在智能职教一体化平台的运营过程中，数据备份与恢复策略是确保数据安全、防止数据丢失的关键环节。一个完善的数据备份与恢复策略能够在系统出现故障或数据被篡改时迅速恢复数据，保证平台持续稳定运行。以下从四个方面对数据备份与恢复策略进行详细分析。

### （一）备份策略的制定

制定数据备份策略是确保数据安全的首要任务。在制定策略时，应充分考虑平台的业务需求、数据量、数据重要性以及备份成本等因素。

1. 备份频率。根据数据的重要性和更新频率，确定合适的备份频率。对于重要且更新频繁的数据，应实现高频备份，如每日备份或实时备份；对于重要性较低且更新不频繁的数据，可以实现低频备份，如每周备份或每月备份。

2. 备份类型。备份类型包括全量备份、增量备份和差异备份。全量备份是备份整个数据集，适用于数据量较小或需要完整数据备份的场景；增量备份仅备份自上次备份以来发生变化的数据，适用于数据量较大且更新频率较高的场景；差异备份是备份自上次全量备份以来发生变化的数据，是全量备份和增量备份的折中方案。

3. 备份介质。选择合适的备份介质，如硬盘、磁带、云存储等。硬盘备份速度快、容量大，但可能受到物理损坏的影响；磁带备份成本低、存储时间长，但读取速度较慢；云存储备份具有弹性扩展、安全可靠的特点，但需要支付一定的存储费用。

## （二）备份过程的管理与监控

备份过程的管理与监控是确保备份成功执行的关键环节。

1. 自动化备份。实现备份过程的自动化，减少人为操作错误和遗漏。通过编写脚本或使用专业的备份软件，可以定期自动执行备份任务，并将备份文件存储在指定的位置。

2. 备份验证。在备份完成后，对备份文件进行验证，确保备份数据的完整性和可用性。可以通过恢复测试、文件完整性检查等方式进行验证。

3. 监控与报警。对备份过程进行实时监控，及时发现并处理备份过程中的异常情况。可以设置阈值，当备份进度、备份文件大小等指标超过阈值时触发报警，以便及时采取措施。

## （三）恢复策略的制定与实施

制定恢复策略是确保在数据丢失或系统故障时能够迅速恢复数据的关键环节。

1. 恢复目标。明确恢复目标，包括恢复时间目标和数据恢复点目标。恢复时间目标指从故障发生到系统恢复正常运行所需的时间，数据恢复点目标指可接受的数据丢失量。根据业务需求和数据重要性，确定合适的恢复时间目标和数据恢复点目标。

2. 恢复流程。制定详细的恢复流程，包括恢复前的准备工作、恢复步骤、恢复后的验证等。确保在故障发生时能够按照流程迅速恢复数据。

3. 恢复测试。定期进行恢复测试，验证恢复策略的有效性和可靠性。通过模拟故障场景，测试恢复流程是否顺畅、恢复时间是否满足要求等。

## （四）备份与恢复策略的持续改进

随着平台业务的发展和技术的更新，备份与恢复策略也需要持续改进以适应新的需求。

1.评估与审查。定期对备份与恢复策略进行评估和审查，发现问题并进行改进。可以通过检查备份日志、恢复测试报告等方式评估策略的执行情况。

2.技术更新。关注新的备份与恢复技术，如容器化备份、快照技术等，并根据平台需求引入新技术以提高备份与恢复的效率。

3.流程优化。根据评估结果和新的业务需求，对备份与恢复流程进行优化和改进。例如，调整备份频率、优化备份介质选择等。

总之，数据备份与恢复策略是智能职教一体化平台数据安全的重要保障。通过制定合适的备份策略、管理备份过程、制定恢复策略以及持续改进策略，可以确保平台数据的安全性和可靠性。

## 四、数据安全与隐私保护

在智能职教一体化平台中，数据安全与隐私保护是至关重要的。随着数据量的不断增加和网络环境的日益复杂，保障用户数据的安全与隐私已成为平台运营的首要任务。以下从四个方面对数据安全与隐私保护进行详细分析。

### （一）数据安全的重要性及其挑战

数据安全是平台稳定运营和用户信任的基础。在智能职教一体化平台中，数据安全面临着多方面的挑战，如网络攻击、数据泄露、内部人员滥用等。这些挑战可能导致用户信息被窃取、篡改或滥用，给平台和用户带来巨大损失。因此，平台必须高度重视数据安全，采取有效措施保障用户数据的安全与隐私。

### （二）数据加密技术的应用

数据加密技术是保障数据安全的重要手段之一。通过对数据进行加密处理，可以确保数据在传输和存储过程中的机密性与完整性。在智能职教一体化平台中，可以采用多种加密技术来保护用户数据，如对称加密、非对称加密、哈希算法等。这些技术可以根据不同的业务需求和数据特点进行选择与组合，以实现最佳的数据保护效果。

### （三）访问控制与身份认证

访问控制和身份认证是保障数据安全的关键环节。通过实施严格的访问控制和身份认证机制，可以限制对数据的访问权限，防止未经授权的访问和数据泄露。在智能职教一体化平台中，可以采用多种访问控制和身份认证技术，如基于角色的访问控制、基于属性的访问控制、多因素认证等。这些技术可以根据不同的业务场景和安全需求进行选择与配置，以实现精细化的权限管理和身份认证。

### （四）数据审计与监控

数据审计与监控是保障数据安全的重要手段之一。通过对数据的访问、使用、修改等操作进行审计和监控，可以及时发现并处理数据安全问题，防止数据泄露和滥用。在智能职教一体化平台中，可以建立数据审计与监控系统，对数据的全生命周期进行监控和管理。该系统可以记录数据的访问记录、修改记录等关键信息，并通过数据分析技术发现异常行为和潜在风险。同时，该系统还可以提供报警和通知功能，以便及时响应和处理数据安全问题。

除了以上四个方面的措施外，智能职教一体化平台还可以采取其他安全措施保障数据安全与隐私保护。例如，建立完善的安全管理制度和流程，加强员工的安全意识和培训；与第三方安全机构合作，进行定期的安全评估和漏洞扫描；采用安全隔离技术，将敏感数据与其他数据隔离开来；建立应急响应机制，制定数据安全事件应急预案等。这些措施可以相互补充、协同作用，共同构建一个全面、可靠的数据安全与隐私保护体系。

总之，数据安全与隐私保护是智能职教一体化平台运营的重要任务。通过采用多种技术手段和管理措施，可以确保用户数据的安全与隐私得到有效保障。同时，随着技术的不断发展和安全威胁的不断变化，平台需要不断更新和完善数据安全与隐私保护策略，以应对新的挑战和威胁。

# 第五节　智能职教一体化平台安全性设计

## 一、网络安全防护措施

在智能职教一体化平台的运营中，网络安全防护措施是确保平台稳定、可靠运行的重要基石。随着网络攻击手段的不断升级，平台需要构建多层次、全方位的网络安全防护体系。以下从四个方面对网络安全防护措施进行详细分析。

### （一）防火墙与入侵检测系统

防火墙与入侵检测系统是网络安全防护的第一道防线。防火墙通过控制进出网络的数据包，实现对网络流量的过滤和监控，阻止非法访问和恶意攻击。入侵检测系统则通过实时监测网络流量，发现潜在的入侵行为并发出警报，帮助管理员及时应对安全威胁。

在智能职教一体化平台中，防火墙和入侵检测系统的配置应根据平台的业务特点与安全需求进行定制。例如，针对平台的在线教育服务，需要特别关注对视频流、音频流等实时数据的传输保护。同时，防火墙和入侵检测系统的更新与维护也至关重要，需要定期更新安全规则和特征库，以应对新的网络攻击手段。

### （二）安全漏洞管理

安全漏洞是网络安全的严重隐患。智能职教一体化平台应建立完善的安全漏洞管理机制，包括漏洞发现、报告、修复和验证等环节。平台应定期进行安全扫描和漏洞检测，及时发现潜在的安全隐患。对于发现的漏洞，平台应迅速响应并启动修复流程，确保漏洞得到及时修复。同时，平台还应建立漏洞信息库和知识库，方便管理员查询和学习相关知识。

### （三）网络安全事件应急响应

网络安全事件应急响应是应对网络攻击和安全事故的关键环节。智能职教一体化平台应建立完善的网络安全事件应急响应机制，包括事件发现、报告、分析、处置和恢复等阶段。在事件发现阶段，平台应通过实时监控和日志分析等手段及时发现安全事件；在事件报告阶段，平台应迅速将事件信息报告给相关部门和人员；在事件分析阶段，平台应对事件进行深入分析，确定事件性质和攻击来源；在事件处置阶段，平台应采取有效措施对攻击进行阻断和清除；在事件恢复阶段，平台应尽快恢复系统正常运行并总结经验教训。

### （四）安全培训与意识提升

安全培训与意识提升是确保网络安全防护措施有效执行的重要保障。智能职教一体化平台应加强对管理员和用户的安全培训与教育，提高他们的安全意识和技能水平。通过定期举办安全知识讲座、安全技能培训和应急演练等活动，增强管理员和用户的安全防范意识与应对能力。同时，平台还应建立安全文化，将安全意识融到平台的日常运营和管理中，形成全员参与、共同维护网络安全的良好氛围。

综上所述，智能职教一体化平台应构建多层次、全方位的网络安全防护体系，包括防火墙与入侵检测系统、安全漏洞管理、网络安全事件应急响应和安全培训与意识提升等方面。通过加强这些方面的建设和管理，可以有效提高平台的安全防护能力，确保平台的稳定、可靠运行。

## 二、系统安全审计与监控

在智能职教一体化平台的运营中，系统安全审计与监控是确保系统安全、稳定、合规运行的关键环节。通过对系统活动、用户行为、安全事件等进行持续的审计与监控，可以及时发现潜在的安全隐患和违规行为，从而采取相应的措施进行防范和处置。以下从四个方面对系统安全审计与监控进行详细分析。

### （一）审计与监控策略制定

制定合理、有效的审计与监控策略是系统安全审计与监控的前提。在制定策略时，应充分考虑平台的业务需求、系统特点、安全威胁等因素，明确审计与监控的目标、范围、频率、方式等。例如，对于关键业务系统和敏感数据，应实施高频次的实时监控和全面审计；对于非关键系统和一般数据，可以采用低频次、定期审计的方式。同时，策略制定还应遵循法律法规和标准要求，确保审计与监控的合规性。

### （二）审计与监控技术实施

实施审计与监控技术是实现系统安全审计与监控的关键。在智能职教一体化平台中，可以采用多种技术手段进行审计与监控，如日志审计、流量监控、行为分析等。日志审计通过收集和分析系统日志、用户操作日志等，发现潜在的安全隐患和违规行为；流量监控通过对网络流量的实时监测和分析，发现异常流量和攻击行为；行为分析通过挖掘用户行为数据，发现异常行为和潜在风险。这些技术手段可以根据实际需求进行选择和组合，实现全面、深入的审计与监控。

### （三）审计与监控结果分析

对审计与监控结果进行深入分析是发现潜在安全隐患和违规行为的关键。在智能职教一体化平台中，应建立专业的安全分析团队，对审计与监控结果进行深入分析和研判。通过数据关联、模式识别等方法，发现异常行为和潜在风险；通过对比历史数据和趋势分析，预测未来可能的安全威胁。同时，还应建立安全威胁情报库和知识库，为安全分析提供数据支持和知识参考。

### （四）审计与监控结果处置与反馈

对审计与监控结果的处置与反馈是确保系统安全审计和监控闭环运行的关键。在发现潜在安全隐患和违规行为后，应迅速启动应急响应机制，采取相应的措施进行处治和防范。例如，对于发现的恶意攻击行为，应立即阻断攻击源并启动安全事件处置流程；对于发现的内部违规行为，应依据相关制度和法律法规进行处理。同时，还应将审计与监控结果及时反馈给相关部门和人员，加强安全意识和风险防范意识。此外，还应定期对审计与监控结果进行汇总和分析，总结经验教训并优化审计与监控策略和技术手段。

综上所述，系统安全审计与监控是智能职教一体化平台安全运营的重要保障。通过制定合理、有效的审计与监控策略、实施多种技术手段进行审计与监控、对审计与监控结果进行深入分析和处置与反馈等步骤，可以确保平台的安全、稳定、合规运行。同时，随着技术的不断发展和安全威胁的不断变化，平台需要不断更新和优化审计与监控策略及技术手段，以应对新的挑战和威胁。

# 三、用户身份认证与访问控制

在智能职教一体化平台中，用户身份认证与访问控制是确保平台安全性和数据完整性的重要环节。一个有效的身份认证和访问控制机制能够防止未经授权的访问，保护敏感信息不被泄露，并降低系统被攻击的风险。以下从四个方面对用户身份认证与访问控制进行详细分析。

## （一）身份认证机制的设计与实施

用户身份认证是确保平台安全的第一道防线。设计合理的身份认证机制是保护平台不受非法访问的关键。首先，平台应采用强密码策略，要求用户设置复杂度高、难以猜测的密码。其次，可以引入多因素认证机制，如短信验证码、指纹识别、面部识别等，增加身份认证的安全性。最后，平台应定期更新和评估身份认证机制的有效性，及时修复潜在的安全漏洞。

在实施身份认证机制时，平台需要确保用户身份信息的准确性和完整性。可以通过与权威机构合作，验证用户的身份信息，如身份证号、手机号码等。同时，平台还应保护用户身份信息不被泄露和滥用，采用加密技术对用户身份信息进行保护。

## （二）访问控制策略的制定与执行

访问控制策略是确保用户只能访问其授权范围内资源的关键。平台应制定明确的访问控制策略，根据用户的角色、权限和业务需求，限制其对资源的访问和操作。例如，教师用户只能访问其教授课程的相关资源，而学生用户只能访问其学习课程的资源。

在执行访问控制策略时，平台应采用细粒度的权限管理，对用户的访问和操作进行实时监控与记录。一旦发现用户进行未授权的访问或操作，平台应立即采取相应的措施进行阻止和处置。同时，平台还应定期评估和更新访问控制策略，以适应业务发展和安全需求的变化。

### （三）用户权限管理

用户权限管理是确保访问控制策略得以有效执行的关键。平台应建立完善的用户权限管理机制，包括用户角色管理、权限分配、权限变更等。首先，平台应定义清晰的用户角色和权限范围，根据用户的身份和业务需求分配相应的权限。其次，平台应定期审查用户的权限分配情况，确保用户只拥有其所需权限，避免权限滥用和泄露风险。

在权限管理过程中，平台还应考虑权限的继承、委托和撤销等复杂情况。例如，当用户离职或角色发生变化时，平台应及时撤销其原有权限并重新分配新的权限。同时，平台还应支持用户权限的审计和查询功能，方便管理员对用户权限进行管理和监督。

### （四）用户行为监控与日志审计

用户行为监控与日志审计是确保用户身份认证与访问控制有效性的重要手段。平台应对用户的行为进行实时监控和记录，包括登录、访问、操作等行为。通过分析用户行为日志，可以发现潜在的安全风险和违规行为，并及时采取相应的措施进行处置。

同时，平台还应建立完善的日志审计机制，对系统日志进行定期审计和分析。通过审计日志，可以发现系统存在的安全漏洞和潜在风险，并及时进行修复和改进。此外，日志审计还可以用于追溯和定位安全事件的责任人，为安全事件的处置提供有力支持。

## 四、数据安全加密与传输

在智能职教一体化平台中，数据安全加密与传输是保护用户信息不被非法获取、篡改和泄露的关键环节。通过采用适当的数据加密技术和传输协议，可以确保数据的机密性、完整性和可用性。以下从四个方面对数据安全加密与传输进行详细分析。

### （一）数据加密技术的选择与应用

数据加密技术是保护数据安全的基础。在智能职教一体化平台中，应选择适合平台特点和业务需求的数据加密技术。常见的数据加密技术包括对称加密、非对称加密和哈希算法等。对称加密技术使用相同的密钥进行加密和解密，速度快但密钥管理复杂；非对称加密技术使用一对公钥和私钥进行加密与解密，安全性高但计算量大；哈希算法通过计算数据的哈希值验证数据的完整性。

在选择数据加密技术时，应综合考虑平台的安全性需求、性能要求和成本等因素。对于敏感信息如用户密码、账户信息等，应使用高强度的非对称加密算法进行加密；对于大量数据的传输和存储，可以采用对称加密算法以提高加密效率。同时，还应注意加密算法的安全性和可靠性，避免使用已被破解或存在安全漏洞的算法。

### （二）数据传输协议的选择与实现

数据传输协议是确保数据在传输过程中安全性的关键。在智能职教一体化平台中，应选择安全可靠的数据传输协议，如 HTTPS、SFTP 等。HTTPS 协议通过在 HTTP 协议基础上增加 SSL/TLS 加密层，实现了数据的加密传输和身份认证；SFTP 协议提供了基于 SSH 的文件传输功能，通过加密和身份验证确保了数据的安全传输。

在选择数据传输协议时，应充分考虑平台的数据传输需求和安全性要求。对于需要加密传输的数据，应优先使用 HTTPS 协议；对于需要传输大量文件的情况，可以使用 SFTP 协议。同时，还应注意协议的实现方式和配置细节，确保协议的正确性和安全性。

### （三）数据加密密钥的管理

数据加密密钥是保障数据加密技术有效性的核心。在智能职教一体化平台中，应建立严格的密钥管理机制，确保密钥的安全性和可用性。首先，应使用安全的密钥生成算法生成密钥，并采用安全的存储方式保存密钥。其次，应严格控制密钥的访问权限和使用范围，避免密钥被非法获取或滥用。此外，还应定期更换密钥以降低安全风险。

在密钥管理过程中，还应考虑密钥的备份和恢复机制。当密钥丢失或损坏时，应能够及时恢复密钥以确保数据的安全性。同时，还应注意密钥的生命周期管理，包括密钥的生成、存储、使用、更新和销毁等过程。

### （四）数据加密与传输的合规性

在数据加密与传输过程中，还应遵守相关法律法规和标准要求，确保数据加密与传输的合规性。首先，应了解并遵守所在国家或地区的数据保护法规，如《中华人民共和国网络安全法》《通用数据保护条例》等。其次，应遵守相关行业标准和技术规范，如ISO 27001信息安全管理体系标准等。最后，应关注国际上的最新安全标准和最佳实践，不断更新和完善平台的数据加密与传输策略。

在合规性方面，平台还应定期进行安全审计和风险评估，确保数据加密与传输策略符合相关法律法规和标准要求。同时，还应建立与监管部门和执法机构的沟通机制，及时响应监管要求并配合执法调查。

# 第三章 智能职教一体化平台的功能模块

## 第一节 用户管理模块

### 一、用户注册与登录

用户注册与登录是智能职教一体化管理平台的基础功能之一，它为用户提供了安全、便捷的访问途径，并确保了用户身份的合法性。以下从四个方面对用户注册与登录进行详细分析。

#### （一）用户注册流程的优化

用户注册流程的优化是提高用户体验和平台安全性的重要手段。首先，平台应设计简洁明了的注册界面，让用户能够快速理解并填写所需信息。其次，应提供多种注册方式，如手机号注册、邮箱注册等，以满足不同用户的需求。再次，在填写注册信息时，平台应对用户输入进行校验，确保信息的准确性和完整性。最后，平台应设置验证码机制，防止恶意注册和机器人注册。

为了进一步提高用户体验，平台可以采用社交账号登录的方式，如微信、QQ等。这种方式能够减少用户填写信息的步骤，提高注册效率。同时，社交账号登录还能够获取用户的社交信息，为平台后续的用户画像分析和精准营销提供支持。

### （二）用户身份验证的强化

用户身份验证是确保用户身份合法性的关键。在注册过程中，平台应对用户提交的信息进行严格的验证和审核。例如，对于手机号注册的用户，平台可以发送验证码到用户手机进行验证；对于邮箱注册的用户，平台可以发送验证邮件到用户邮箱进行验证。此外，平台还可以采用人脸识别、指纹识别等生物识别技术，进一步提高用户身份验证的准确性和安全性。

在用户登录时，平台应采用强密码策略，要求用户设置复杂度高、难以猜测的密码。同时，可以引入多因素认证机制，如短信验证码、动态口令等，增加用户登录的安全性。对于长时间未登录的用户，平台还应进行二次身份验证，确保用户身份的真实性。

### （三）用户信息保护的加强

用户信息保护是用户管理模块的重要职责之一。平台应建立完善的用户信息保护机制，确保用户信息的机密性、完整性和可用性。首先，平台应对用户信息进行加密存储，防止信息被非法获取和泄露。其次，平台应限制用户信息的访问权限和使用范围，避免信息被滥用和泄露。最后，平台应建立完善的用户信息备份和恢复机制，确保在意外情况下用户信息不会丢失或损坏。

在用户信息的使用过程中，平台应遵循相关法律法规和标准要求，确保用户信息的合法性和合规性。对于敏感信息如用户密码、银行账户等，平台应采取更加严格的安全措施进行保护。

### （四）用户体验的提升

用户体验是用户管理模块需要关注的重要方面。为了提升用户体验，平台可以从以下几个方面入手：首先，应优化用户注册和登录界面的设计，使其更加简洁明了、易于操作；其次，应减少用户填写信息的步骤和时间，提高注册和登录的效率；再次，应提供个性化的服务推荐和定制化的功能设置，满足用户的个性化需求；最后，应建立完善的用户反馈机制，及时收集和处理用户的意见与建议，不断改进和优化用户管理模块的功能与服务。

通过以上四个方面的分析和优化，智能职教一体化管理平台的用户管理模块将能够为用户提供更加安全、便捷、个性化的服务体验。

## 二、用户权限管理

在智能职教一体化管理平台中，用户权限管理是保证系统安全、稳定运行和数据安全的关键环节。一个合理的用户权限管理机制能够确保每个用户只能访问和操作其被授权的资源，从而避免数据泄露、误操作等风险。以下从四个方面对用户权限管理进行详细分析。

### （一）权限分级与角色划分

权限分级与角色划分是用户权限管理的基础。首先，平台应根据业务需求和安全要求，将用户划分为不同的角色，如管理员、教师、学生等。每个角色都具有不同的权限级别，可以访问和操作不同的资源。通过角色划分，平台可以实现权限的集中管理和灵活配置。

在权限分级方面，平台应明确每个角色可以执行的操作和访问的资源范围。例如，管理员可以拥有最高权限，能够管理所有用户、课程、资源等；教师只能管理其教授的课程和学生信息。通过合理的权限分级，平台可以确保每个用户只能在其职责范围内进行操作，避免越权访问和操作。

### （二）权限的动态分配与调整

随着业务的发展和用户的变化，用户的权限需求也会发生变化。因此，平台应支持权限的动态分配与调整。首先，平台应提供灵活的权限配置工具，允许管理员根据实际需求为用户分配或调整权限。例如，当某个教师被分配到新的课程时，管理员可以为其添加该课程的管理权限。

其次，平台应支持权限的自动调整。例如，当某个学生的课程成绩发生变化时，平台可以自动调整其相关资源的访问权限。通过动态分配与调整权限，平台可以确保用户始终拥有与其职责和需求相匹配的权限，提高系统的安全性和灵活性。

### （三）权限的监控与审计

权限的监控与审计是确保用户权限管理有效性的重要手段。平台应对用户的权限使用情况进行实时监控和记录，以便及时发现和处理异常情况。例如，当某个用户尝试访问未授权的资源时，平台应能够立即发出警报并阻止其操作。

同时，平台还应提供权限审计功能，允许管理员查看用户的权限使用记录和操作日志。通过审计日志，管理员可以了解用户的权限使用情况、发现潜在的安全风险，并采取相应的措施进行处置。此外，审计日志还可以作为安全事件的证据，为追究责任提供依据。

### （四）权限管理的用户体验优化

在优化用户权限管理的同时，平台还应关注用户体验的提升。首先，平台应提供简洁明了的权限管理界面和操作指南，帮助用户快速理解并操作权限管理功能。其次，平台应支持用户自定义权限设置，允许用户根据自己的需求调整权限配置。最后，平台应提供权限使用提示和反馈功能，帮助用户更好地了解和使用自己的权限。

通过以上四个方面的分析和优化，智能职教一体化管理平台的用户权限管理将能够为用户提供更加安全、灵活、便捷的权限管理服务。同时，平台也将能够更好地满足业务需求和安全要求，确保系统的稳定运行和数据安全。

## 三、用户信息管理

在智能职教一体化管理平台中，用户信息管理是维护系统稳定运行、保障用户数据安全的关键环节。一个完善的用户信息管理系统不仅能够提供用户基本信息的存储和查询功能，还能通过有效的信息管理和维护，提升用户体验和系统的安全性。以下从四个方面对用户信息管理进行详细分析。

### （一）用户信息的收集与整理

用户信息的收集与整理是用户信息管理的基础。在智能职教一体化管理平台中，用户信息通常包括用户名、密码、邮箱、手机号、个人简介、学习记录等。这些信息对于平台而言至关重要，不仅能用于用户身份验证和权限管理，还能为平台提供用户画像分析和个性化服务的基础数据。

在收集用户信息时，平台应遵循合法、正当、必要的原则，明确告知用户信息收集的目的、范围和使用方式，并获得用户的明确同意。同时，平台应采用安全、可靠的技术手段对用户信息进行存储和传输，防止信息被非法获取和泄露。

对于已收集的用户信息，平台应进行有序的整理和分类，建立用户信息数据库。通过数据库技术，平台可以高效地存储、查询和更新用户信息，为后续的用户管理和服务提供支持。

### （二）用户信息的更新与维护

用户信息的更新与维护是保持用户信息准确性和时效性的关键。随着用户的学习和成长，其个人信息和学习记录也会发生变化。因此，平台应支持用户信息的更新功能，允许用户随时修改和完善自己的信息。

同时，平台还应定期对用户信息进行维护和审核，确保信息的准确性和完整性。例如，对于长期未登录的用户，平台可以发送提醒邮件或短信，鼓励其更新个人信息；对于已毕业或离职的用户，平台可以将其信息标记为"已离校"或"已离职"，以便后续的管理和统计。

### （三）用户信息的隐私保护与安全性

用户信息的隐私保护与安全性是用户信息管理的重要方面。平台应采取多种措施保护用户信息的隐私性和安全性。首先，平台应采用先进的加密技术对用户信息进行加密存储和传输，防止信息被非法获取和泄露。其次，平台应建立严格的访问控制机制，限制对用户信息的访问权限和使用范围。只有经过授权的人员才能访问和使用用户信息，确保信息的安全性。

此外，平台还应建立完善的用户信息备份和恢复机制，防止系统崩溃、自然灾害等导致用户信息丢失或损坏。同时，平台还应定期进行安全漏洞检测和风险评估，及时发现和排除潜在的安全隐患。

### （四）用户信息的统计与分析

用户信息的统计与分析是用户信息管理的高级功能。通过对用户信息的深入挖掘和分析，平台可以了解用户的学习习惯、兴趣偏好和行为特征等信息，为平台提供用户画像分析和个性化服务的基础数据。

首先，平台可以利用数据分析工具对用户的学习记录、成绩、活跃度等信息进行统计分析，了解用户的学习情况和成长轨迹。同时，平台还可以对用户的学习偏好和兴趣进行分析，为用户推荐相关的课程、资源和活动等信息。

其次，平台可以通过对用户信息的分析评估教学效果和教学质量。例如，通过对学生的学习成绩和满意度进行统计分析，平台可以了解教师的教学效果和教学质量，为教师提供改进教学的建议和指导。

通过以上四个方面的分析和优化，智能职教一体化管理平台的用户信息管理将能够为用户提供更加安全、便捷、个性化的服务体验。同时，平台也将能够更好地满足业务需求和安全要求，提升系统的稳定性和安全性。

## 四、用户行为分析与优化

在智能职教一体化管理平台中，用户行为分析与优化是提高用户满意度、优化用户体验和推动平台持续发展的重要手段。通过对用户行为进行深入分析，平台能够更准确地把握用户需求，为用户提供更加个性化、更加精准的服务。以下从四个方面对用户行为分析与优化进行详细分析。

### （一）数据收集与整合

用户行为分析的第一步是收集与整合用户数据。这包括用户的学习行为、互动行为、访问习惯等多个方面的数据。平台应利用先进的数据收集技术，如日志分析、用户反馈、行为追踪等，全面收集用户在使用平台过程中产生的数据。同时，平台还需要将这些数据进行整合，形成用户行为数据仓库，为后续的分析工作提供数据基础。

在数据收集与整合过程中，平台应确保数据的准确性和完整性。这要求平台采用可靠的数据采集技术，并对数据进行严格的校验和清洗。此外，平台还应遵守相关法律法规，确保用户数据的合法性和隐私性。

### （二）用户行为分析

在数据收集与整合的基础上，平台需要进行深入的用户行为分析。这包括对用户学习路径、学习偏好、互动习惯等方面的分析。通过分析，平台可以了解用户的学习需求和兴趣点，为后续的个性化服务提供依据。

用户行为分析可以采用多种方法，如数据挖掘、机器学习、统计分析等。平台可以根据具体需求选择合适的方法进行分析。同时，平台还需要将分析结果进行可视化展示，帮助管理员和用户更好地理解分析结果。

## （三）个性化服务优化

基于用户行为分析的结果，平台可以进行个性化服务的优化。这包括为用户推荐相关的课程、资源、活动等；根据用户的学习进度和成绩为其定制个性化的学习计划；为用户提供个性化的学习反馈和建议等。

个性化服务的优化可以显著提高用户的满意度和忠诚度。通过为用户提供更加个性化、精准的服务，平台能够更好地满足用户需求，提高用户的学习效果和体验。同时，个性化服务还能够增加用户与平台的黏性，促进用户之间的互动和交流。

## （四）持续优化与迭代

用户行为分析与优化是一个持续的过程，随着用户需求和平台功能的不断变化，平台需要不断收集和分析用户数据，优化个性化服务。同时，平台还需要关注用户反馈和市场需求，及时调整和优化服务策略。

为了持续优化与迭代用户行为分析与优化工作，平台可以采取以下措施。

1. 建立完善的用户反馈机制，及时收集和处理用户的意见与建议。

2. 定期对用户行为数据进行分析和评估，了解用户需求和平台功能的变化趋势。

3. 根据分析结果，调整和优化个性化服务策略，提高服务质量和用户满意度。

4. 引入新技术和新方法，提升用户行为分析的准确性和效率。

通过以上四个方面的分析和优化，智能职教一体化管理平台能够更好地把握用户需求和市场变化，为用户提供更加个性化、精准的服务。同时，平台也将能够不断适应市场变化，推动自身的持续发展和创新。

# 第二节　课程管理模块

## 一、课程创建与编辑

在智能职教一体化管理平台中，课程创建与编辑是课程管理模块的核心功能，它直接关系到平台教学质量和用户体验。以下从四个方面对课程创建与编辑进行详细分析。

### （一）创建流程与界面设计

课程的创建流程应该简洁明了，易于操作。首先，平台需要提供清晰的创建入口，如导航栏或专门的课程管理页面。其次，设计合理的创建步骤，包括填写课程基本信息（如课程名称、描述、类别等）、设置课程详情（如课程目标、教学内容、教学计划等）、上传课程资料（如课件、视频、习题等）和确定课程发布方式等。

在界面设计上，平台应注重用户体验，采用简洁明快的风格，减少用户的学习成本。同时，界面布局应合理，信息展示应清晰，便于用户快速找到所需功能和信息。此外，平台还应支持多种文件格式的上传和预览，方便用户上传和管理课程资料。

### （二）内容编辑与审核

课程内容的编辑是课程创建的重要环节。平台应提供丰富的编辑功能，如文本编辑、图片插入、视频嵌入等，以满足用户多样化的编辑需求。同时，平台还应支持多人协作编辑，提高课程内容的生产效率和质量。

在内容审核方面，平台应建立严格的审核机制，确保课程内容符合相关法规和教育标准。审核人员应对课程内容进行逐一检查，确保无违规内容出现。同时，平台还应建立用户反馈机制，鼓励用户对课程内容进行监督和评价。

### （三）课程结构与组织

课程结构与组织是课程创建的关键环节。平台应支持多种课程结构设置，如章节、小节、知识点等，以满足不同学科和课程的需求。同时，平台还应提供灵活的章节排序和重命名功能，方便用户对课程结构进行调整和优化。

在课程内容组织上，平台应注重逻辑性和连贯性。章节之间应有明确的逻辑关系，小节之间应相互衔接、相互支持。此外，平台还应提供多种内容呈现方式，如图文结合、视频讲解等，以提高课程的可读性和可理解性。

### （四）课程发布与推广

课程发布是课程创建的最后一步。平台应提供多种发布方式，如免费发布、收费发布等，以满足不同用户的需求。同时，平台还应支持课程预览功能，让用户在发布前预览课程效果并进行调整。

在课程推广方面，平台应利用自身优势资源，如社交媒体、广告投放等渠道，对优质课程进行宣传推广。同时，平台还应建立用户评价和推荐机制，鼓励用户对优质课程进行分享和推荐。此外，平台还可以定期举办课程评选活动，激发教师创作优质课程的积极性。

综上所述，课程创建与编辑是智能职教一体化管理平台中课程管理模块的核心功能之一。通过优化创建流程与界面设计、加强内容编辑与审核、完善课程结构与组织，以及加强课程发布与推广等方面的工作，平台可以为用户提供更加优质、高效的课程创建与编辑体验。同时，这也有助于提升平台的教学质量和用户体验，促进平台的持续发展和创新。

## 二、课程分类与搜索

在智能职教一体化管理平台中，课程分类与搜索功能对于提升用户体验、优化课程管理和促进用户有效学习具有重要意义。以下从四个方面对课程分类与搜索进行详细分析。

### （一）分类体系的建立与优化

一个清晰、合理的课程分类体系能够帮助用户快速定位到所需课程，提高搜索效率。因此，建立和优化分类体系是课程分类与搜索功能的基础。

首先，分类体系应基于学科领域、课程性质、适用对象等多个维度进行划分，确保分类的全面性和准确性。例如，按照学科领域分类，将课程分为数学、物理、化学等；按照课程性质分类，将课程分为必修、选修、拓展等；按照适用对象分类，分为学生、教师、社会人员等。

其次，分类体系应具有可扩展性和灵活性。随着平台课程的不断增加和更新，分类体系也需要进行相应的调整和优化。平台应提供便捷的分类管理功能，允许管理员根据实际需求添加、修改或删除分类。

最后，分类体系应考虑用户的使用习惯和搜索需求。通过收集和分析用户搜索数据，平台可以发现用户搜索的热点和趋势，进而对分类体系进行优化和调整，提高搜索的准确性和效率。

## （二）搜索算法的设计与实现

搜索算法是课程分类与搜索功能的核心。一个优秀的搜索算法能够快速、准确地返回用户所需课程信息。

首先，搜索算法应支持多种搜索方式，如全文搜索、模糊搜索、关键词搜索等。用户可以根据自己的需求选择合适的搜索方式，提高搜索的灵活性和准确性。

其次，搜索算法应具备智能推荐功能。通过分析用户的搜索历史和浏览记录，算法可以推测用户的兴趣和需求，并为用户推荐相关的课程信息。这不仅可以提高用户的搜索效率，还可以增加用户对平台的黏性。

最后，搜索算法应考虑搜索结果的排序和展示。平台可以根据课程的热度、评分、发布时间等因素对搜索结果进行排序，确保用户能够优先看到高质量的课程信息。同时，平台还应提供丰富的搜索结果展示方式，如列表展示、图文展示等，方便用户查看和选择课程。

## （三）用户反馈与持续改进

用户反馈是优化课程分类与搜索功能的重要依据。平台应建立用户反馈机制，鼓励用户对分类与搜索功能进行评价和反馈。

首先，平台应定期收集和分析用户反馈数据，了解用户对课程分类与搜索功能的满意度和存在的问题。对于用户提出的问题和建议，平台应及时进行回应和改进，提高用户的满意度和忠诚度。

其次，平台可以利用用户反馈数据对课程分类与搜索功能进行持续优化。例如，根据用户搜索的热度和趋势调整分类体系；根据用户反馈优化搜索算法和结果展示方式等。通过持续优化和改进，平台可以不断提升课程分类与搜索功能的质量和效率。

### （四）与其他功能的协同与整合

课程分类与搜索功能与其他功能之间的协同与整合，对于提升平台整体性能和用户体验具有重要意义。

首先，课程分类与搜索功能应与课程管理模块协同工作。通过与其他功能的协同，平台可以实现课程信息的实时更新和同步，确保用户能够获取到最新的课程信息。同时，平台还可以根据课程管理模块的数据对分类与搜索功能进行优化和调整。

其次，课程分类与搜索功能应与用户行为分析模块进行整合。通过分析用户的行为数据，平台可以了解用户的搜索习惯和需求，进而对分类和搜索功能进行个性化优化。例如，根据用户的搜索历史和浏览记录为用户推荐相关的课程信息；又如，根据用户的兴趣偏好调整搜索结果的排序和展示方式等。

综上所述，课程分类与搜索功能是智能职教一体化管理平台中不可或缺的一部分。通过建立和优化分类体系、设计与实现搜索算法、收集用户反馈并持续改进以及与其他功能的协同与整合等方面的工作，平台可以为用户提供更加高效、便捷的课程分类与搜索体验。同时，这也有助于提升平台的教学质量和用户体验，促进平台的持续发展和创新。

## 三、课程发布与审核

在智能职教一体化管理平台中，课程发布与审核是确保课程质量、维护平台声誉和用户体验的关键环节。以下从四个方面对课程发布与审核进行详细分析。

### （一）发布流程与规范

课程发布流程应清晰明确，确保每个步骤都有相应的操作指引和规范要求。首先，课程发布者需要提交课程资料，包括课程介绍、教学大纲、教学视频、习题等。平台应对提交的课程资料进行初步检查，确保资料齐全、格式正确。

其次，平台应设立专门的审核团队，对提交的课程进行详细的审核。审核内容应包括课程的完整性、内容的准确性、教学方法的合理性等。审核团队应严格遵循审核标准，确保发布的课程符合平台的要求和教育行业的规范。

在发布流程中，平台还应提供便捷的反馈机制，允许课程发布者在审核过程中及时获取审核进度和结果。对于审核未通过的课程，平台应给出明确的修改建议，帮助发布者提升课程质量。

### （二）审核标准与质量控制

制定明确的审核标准是确保课程质量的关键。平台应根据教育行业的标准和用户需求，制定适合自身平台的审核标准。审核标准应涵盖课程内容、教学方法、技术实现等多个方面，确保发布的课程具有高质量、高水平和良好的用户体验。

同时，平台应建立严格的质量控制机制，对发布的课程进行定期检查和评估。对于质量不达标的课程，平台应及时下架并进行整改。此外，平台还可以设立用户评价系统，鼓励用户对课程进行评价和反馈，以便及时发现并解决问题。

### （三）技术支持与安全保障

技术支持是课程发布与审核的重要保障。平台应提供稳定、高效的技术支持，确保课程发布和审核的顺利进行。首先，平台应具备强大的数据存储和处理能力，能够支持大量课程的存储和检索。其次，平台应提供高效的文件传输和下载功能，确保课程资料的快速传输和下载。

此外，安全保障也是课程发布与审核中不可忽视的一环。平台应采取多种安全措施，如数据加密、访问控制、防火墙等，确保课程资料的安全性和保密性。同时，平台还应加强用户身份认证和权限管理，防止未经授权的访问和操作。

### （四）持续改进与优化

课程发布与审核是一个持续改进和优化的过程。平台应不断收集和分析用户反馈数据，了解用户对课程发布和审核的满意度及存在的问题。对于用户提出的问题和建议，平台应及时进行回应和改进，提高用户的满意度和忠诚度。

同时，平台还应关注教育行业的最新动态和趋势，及时调整和优化课程发布与审核的策略和方法。例如，可以引入人工智能和大数据技术，提高审核的准确性和效率；可以加强与其他教育机构的合作与交流，共同推动课程质量的提升。

此外，平台还可以建立激励机制，鼓励优秀的课程发布者和审核人员参与平台的建设与发展。通过设立奖励机制、提供培训支持等方式，激发他们的工作积极性和创造力，为平台的发展注入新的活力。

综上所述，课程发布与审核是智能职教一体化管理平台中不可或缺的一部分。通过明确发布流程与规范、制定审核标准与质量控制、提供技术支持与安全保障，以及持续改进与优化等方面的工作，平台可以确保发布的课程具有高质量、高水平和良好的用户体验。同时，这也有助于提升平台的教学质量和声誉，促进平台的持续发展和创新。

## 四、课程评价与反馈

在智能职教一体化管理平台中，课程评价与反馈是提升教学质量、优化课程内容和增强用户互动的重要环节。以下从四个方面对课程评价与反馈进行详细分析。

### （一）评价机制的构建

首先，构建一个全面、公正、透明的评价机制是确保课程评价与反馈有效性的基础。这个机制应该涵盖课程质量、教学方法、学习资源、学习体验等多个方面，确保评价内容的全面性和客观性。同时，评价机制应该公开透明，让用户了解评价的标准和流程，从而增强用户对评价结果的信任感。

在评价机制的构建过程中，平台需要充分考虑用户的需求和期望，结合行业标准和教育规律，制定科学合理的评价标准和指标体系。此外，平台还应鼓励用户积极参与评价，通过提供便捷的评价工具和渠道，降低评价门槛，提高用户的参与度和评价质量。

## （二）评价数据的收集与分析

收集和分析评价数据是课程评价与反馈的关键环节。平台需要建立完善的数据收集系统，实时收集用户对课程的评价数据，包括评分、评论、建议等。同时，平台还需要对收集到的数据进行深度分析和挖掘，以发现课程存在的问题和不足，为课程优化提供有力的数据支持。

在分析评价数据时，平台可以采用多种数据分析方法，如描述性统计、因素分析、聚类分析等，从多个角度对评价数据进行解读和挖掘。此外，平台还可以结合用户的行为数据和反馈数据，对用户的评价进行更深入的分析和解读，从而更准确地把握用户的需求和期望。

## （三）反馈机制的建立与实施

建立有效的反馈机制是确保课程评价与反馈能够真正发挥作用的关键。平台需要建立及时反馈系统，将用户的评价与反馈及时传达给课程发布者和管理者，以便他们能够及时了解和掌握课程的情况，采取相应的措施进行改进和优化。

在反馈机制的实施过程中，平台需要注重与用户的沟通和互动，鼓励用户积极参与评价并提供反馈意见。同时，平台还需要建立有效的激励机制，对积极参与评价的用户进行奖励和激励，提高用户的参与度和评价质量。此外，平台还应建立课程发布者和管理者的反馈机制，确保他们能够及时了解和掌握用户的反馈意见，并采取相应的措施进行改进和优化。

## （四）评价与反馈的持续优化

课程评价与反馈是一个持续优化和迭代的过程。平台需要不断收集和分析用户的评价与反馈数据，以发现课程存在的问题和不足，并采取相应的措施进行改进和优化。同时，平台还需要根据用户的需求和期望，不断完善评价标准和指标体系，提高评价的准确性和有效性。

在持续优化过程中，平台需要注重与用户的沟通和互动，及时了解用户的需求和反馈意见，以便及时调整和优化评价标准与指标体系。此外，平台还可以借鉴其他优秀教育平台的经验和做法，不断引入新的评价方法和工具，提高评价的科学性和客观性。同时，平台还需要建立持续改进的文化氛围，鼓励所有成员积极参与评价与反馈的改进和优化工作。

综上所述，课程评价与反馈是智能职教一体化管理平台中不可或缺的一部分。通过构建全面、公正、透明的评价机制、收集和分析评价数据、建立有效的反馈机制，以及持续优化评价与反馈等方面的工作，平台可以不断提升教学质量、优化课程内容和增强用户互动。同时，这也有助于提升平台的竞争力和市场地位，促进平台的持续发展和创新。

# 第三节　教学资源管理模块

## 一、资源上传与下载

教学资源管理模块是智能职教一体化管理平台中的核心部分，它负责教学资源的整合、存储、共享以及使用。其中，资源的上传与下载功能是实现教学资源有效管理的基础。以下从四个方面对资源上传与下载进行详细分析。

### （一）上传功能的设计与实施

上传功能是教学资源管理模块的重要入口，它允许教师、管理员或其他用户将教学资源上传至平台，供其他用户浏览和下载。在设计上传功能时，需要考虑以下几个方面。

1.用户友好性。上传界面应简洁明了，操作便捷，支持多种文件格式和大小的上传，同时，提供清晰的上传进度和结果反馈，以便用户随时了解上传状态。

2.安全性。在上传过程中需要对文件进行安全检查，防止恶意代码和病毒的传播。同时，对于敏感和私密资源，应提供加密和权限控制功能，确保资源的安全性和保密性。

3.高效性。上传功能应具备高效的文件处理能力，能够支持大文件的快速上传，同时保证上传过程中的稳定性和可靠性。

4.可扩展性。随着平台用户和资源数量的增加，上传功能应能够支持更大的并发量和更复杂的上传需求。因此，在设计上传功能时，需要考虑其可扩展性和可维护性。

## （二）下载功能的设计与实现

下载功能是教学资源管理模块中的重要功能，它允许用户从平台下载所需教学资源。在设计下载功能时，需要考虑以下几个方面。

1.便捷性。下载功能应提供简洁明了的操作界面和多种下载方式（如单文件下载、批量下载等），以便用户快速找到并下载所需资源。

2.稳定性。在下载过程中应保证文件的完整性和准确性，防止网络波动或其他因素导致下载失败或文件损坏。

3.速度优化。通过优化下载算法和服务器配置，提高下载速度，降低用户等待时间。同时，提供断点续传功能，以便用户在网络不稳定时能够继续完成下载。

4.权限管理。对于不同用户和资源，应设置不同的下载权限。例如，对于免费资源，所有用户均可下载；对于收费资源或特定用户群体，需要验证用户身份或支付相应费用后方可下载。

## （三）资源管理与优化

在资源上传与下载过程中，平台需要对资源进行有效管理与优化，以确保资源的可用性和高效性。这包括以下几个方面。

1.资源分类与标签。对上传的资源进行分类和标签管理，方便用户快速定位和查找所需资源。同时，通过分类与标签的统计分析，可以了解资源的使用情况和用户需求，为资源优化提供依据。

2.资源更新与维护。对于已上传的资源，平台需要定期进行检查和更新，确保资源的时效性和准确性。同时，对于损坏或无效的资源，应及时进行删除或替换。

3.资源推荐与分享。根据用户的搜索和下载记录，平台可以为用户推荐相关资源，提高资源的利用率和用户满意度。同时，提供资源分享功能，鼓励用户之间的交流和合作。

4.缓存与加速。通过引入缓存和CDN等技术手段，提高资源的访问速度和加载效率，降低服务器负载和网络带宽的消耗。

### （四）用户体验与反馈

用户体验与反馈是资源上传与下载功能持续改进的重要依据。平台应关注用户的操作体验和反馈意见，及时发现并解决问题。同时，通过收集和分析用户数据，可以了解用户的使用习惯和需求变化，为功能的优化和升级提供依据。

在提升用户体验方面，可以通过优化界面设计、简化操作流程、提供个性化服务等方式提高用户的满意度和忠诚度。同时，建立有效的反馈机制，鼓励用户提出宝贵的意见和建议，为平台的发展和改进贡献力量。

## 二、资源分类与标签

在智能职教一体化管理平台中，资源的分类与标签是教学资源管理模块的重要组成部分，它对于提升资源检索效率、促进资源有效共享，以及优化用户体验等方面具有关键作用。以下从四个方面对资源分类与标签进行详细分析。

### （一）分类体系的设计

一个合理的分类体系是资源分类与标签功能的基础。在设计分类体系时，需要遵循以下原则。

1.清晰明确。分类体系应清晰明确，能够直观反映资源的主题和属性。分类的层级不宜过多，以免造成用户理解的困扰。

2.完整性。分类体系应尽可能覆盖平台上的所有资源类型，确保每个资源都能找到合适的归属。

3.灵活性。分类体系应具有一定的灵活性，能够适应资源内容的变化和新增资源的分类需求。

4.标准化。参考行业标准和教育规律，制定统一的分类标准，确保不同用户之间的分类理解一致。

在设计分类体系时，可以采用树状结构或网状结构等不同形式，根据具体需求和资源特点进行选择。同时，通过用户调研和数据分析，不断优化分类体系，提高其实用性和有效性。

## （二）标签体系的建立

标签体系是对分类体系的补充和扩展，它允许用户根据资源的特定属性或特征进行更细粒度的分类和检索。在建立标签体系时，需要考虑以下几个方面。

1.多样性。标签应涵盖资源的多个方面，如主题、难度、适用对象等，以满足不同用户的检索需求。

2.准确性。标签应准确反映资源的属性和特征，避免歧义和误导。

3.简洁性。标签应简洁明了，易于理解和使用。避免使用过于复杂或专业的术语。

4.可扩展性。标签体系应具有一定的可扩展性，能够适应新增资源的标签需求。

在建立标签体系时，可以通过用户生成标签和专家审核的方式相结合，确保标签的准确性和有效性。同时，建立标签间的关联关系，形成标签网络，提高检索的准确性和效率。

## （三）分类与标签的应用

分类与标签的应用是资源分类与标签功能的核心价值所在。通过合理的分类和标签，可以实现以下应用。

1.高效检索。用户可以通过分类浏览和标签检索的方式快速找到所需资源，提高检索效率。

2.资源推荐。根据用户的搜索和浏览记录，平台可以为用户推荐相关资源，提高资源的利用率和用户满意度。

3.数据分析。通过分析资源的分类和标签使用情况，可以了解用户的使用习惯和资源需求变化，为平台优化提供依据。

4.资源共享。通过分类和标签的共享，可以促进不同用户之间的交流和合作，提高资源的共享和利用效率。

### （四）持续优化与改进

分类与标签的功能是一个持续优化和改进的过程。以下是一些建议。

1.用户反馈。收集用户对分类和标签的反馈意见，了解用户的需求和期望，为优化提供依据。

2.数据分析。通过数据分析了解分类和标签的使用情况，发现存在的问题和不足，为改进提供数据支持。

3.行业趋势。关注行业趋势和教育政策的变化，及时调整和优化分类与标签体系，确保其与行业标准和教育需求保持一致。

4.技术更新。利用最新的技术手段和算法，提高分类与标签的准确性和效率，如采用自然语言处理、机器学习等技术，进行标签的自动生成和优化。

总之，资源的分类与标签功能在智能职教一体化管理平台中具有重要作用。通过合理的设计、建立、应用和优化，可以提升资源检索效率、促进资源共享和利用，以及优化用户体验等方面发挥关键作用。

## 三、资源审核与推荐

在智能职教一体化管理平台中，资源审核与推荐是确保教学资源质量、提升用户体验和满足个性化学习需求的关键环节。以下从四个方面对资源审核与推荐进行详细分析。

### （一）资源审核的重要性与实施

资源审核是保障教学资源质量的首要步骤，对于维护平台的权威性和用户满意度具有重要意义。

1.重要性。资源审核能够确保上传的教学资源符合平台的标准和要求，避免低质量、过时或不适宜的资源被用户获取。同时，它还能够防范恶意内容或违法信息的传播，维护平台的健康环境。

2.实施方式。资源审核可以采用人工审核和自动审核相结合的方式。人工审核通过专业审核团队对资源进行细致检查,确保资源的专业性和准确性;

自动审核则利用技术手段对资源进行初步筛选和过滤，减轻人工审核的负担。在实施过程中，需要明确审核标准和流程，确保审核工作的规范性和高效性。

3. 审核内容。资源审核应涵盖资源的多个方面，包括内容的准确性、专业性、适用性、格式规范等。同时，还需要对资源的来源和版权进行审查，确保资源的合法性和安全性。

## （二）资源推荐机制的设计

资源推荐是提高用户满意度和满足个性化学习需求的重要手段。

1. 机制设计。资源推荐机制应基于用户的学习行为、兴趣偏好、能力水平等多个维度进行个性化推荐。通过分析用户的历史数据和行为模式，可以构建用户画像，为用户提供精准的资源推荐。

2. 推荐算法。推荐算法是资源推荐机制的核心。可以采用基于内容的推荐、协同过滤推荐、深度学习推荐等多种算法进行资源推荐。不同的算法适用于不同的场景和需求，需要根据实际情况进行选择和优化。

3. 实时更新。资源推荐应实时更新，以反映用户最新的学习状态和需求变化。同时，还需要对推荐结果进行监控和评估，及时调整和优化推荐算法与策略。

## （三）审核与推荐的关联与优化

资源审核与推荐之间存在密切的关联，需要相互协同、相互促进。

1. 审核促进推荐。通过严格的资源审核，可以确保推荐给用户的资源具有高质量和可靠性，从而提高用户满意度和信任度。同时，在审核过程中发现的问题和反馈，也可以为推荐算法的优化提供重要依据。

2. 推荐辅助审核。通过资源推荐机制，可以发现用户对不同类型资源的需求和偏好，为审核团队提供有针对性的审核方向和建议。同时，推荐结果也可以作为审核结果的重要参考依据之一。

3. 关联优化。为了实现审核与推荐的协同优化，可以建立审核与推荐的数据共享和反馈机制。通过实时收集和分析用户数据与使用情况，可以不断优化审核标准和推荐算法，提高资源的整体质量和用户体验。

### （四）持续改进与创新

资源审核与推荐是一个持续改进和创新的过程。

1. 用户反馈。收集用户对审核和推荐结果的反馈意见，了解用户的需求和期望，为改进提供依据。同时，还需要关注用户在使用过程中的问题和困难，及时提供解决方案和支持。

2. 数据分析。通过数据分析了解资源的审核通过率、推荐效果和用户满意度等指标，发现存在的问题和不足，为改进提供数据支持。同时，还需要对用户的学习行为和兴趣偏好进行深入研究与分析，为推荐算法的优化提供重要参考。

3. 技术创新。利用最新的技术手段和算法进行资源审核和推荐的创新。例如，可以采用自然语言处理、机器学习等技术对资源进行自动审核和智能推荐；利用大数据和云计算等技术提高资源处理和分析的效率和质量。通过技术创新不断提升资源审核与推荐的效果和效率。

## 四、资源使用统计与分析

在智能职教一体化管理平台中，资源使用统计与分析是教学资源管理模块中不可或缺的一环。通过对资源使用情况的统计与分析，可以为教学资源的优化、推荐算法的改进，以及用户体验的提升提供有力支持。以下从四个方面对资源使用统计与分析进行详细分析。

### （一）统计指标的选择与构建

资源使用统计与分析的首要任务是选择合适的统计指标，并构建相应的统计体系。

1. 重要性。合适的统计指标能够全面、准确地反映资源的使用情况，为后续的分析提供可靠的数据支持。因此，在选择统计指标时，需要综合考虑资源的类型、用户的行为特征，以及平台的目标需求。

2. 统计指标分类。统计指标可以分为基础指标和高级指标两类。基础指标包括资源的下载量、浏览量、分享次数等，能够直接反映资源的使用热度；高级指标包括用户的学习时长、学习进度、完成率等，能够更深入地了解用户的学习行为和效果。

3.指标体系构建。在构建统计指标体系时，需要遵循全面性、层次性、可比性和可操作性的原则。同时，还需要考虑指标之间的关联性和互补性，确保指标体系能够全面反映资源的使用情况。

## （二）数据收集与处理

数据收集与处理是资源使用统计与分析的基础工作。

1.数据来源。数据可以来源于平台的服务器日志、用户行为记录、调查问卷等多个渠道。在收集数据时，需要确保数据的真实性和完整性，避免数据失真或遗漏。

2.数据处理。数据处理包括数据清洗、数据整合和数据转换等步骤。通过数据清洗，可以去除重复、错误或无效的数据；通过数据整合，可以将不同来源的数据进行合并和关联；通过数据转换，可以将原始数据转换为适合分析的格式和类型。

3.数据质量。数据质量是统计与分析结果可靠性的关键。因此，在数据处理过程中，需要采用科学的方法和工具，对数据进行严格的质量控制和质量评估。

## （三）分析方法与模型

分析方法与模型是资源使用统计与分析的核心。

1.描述性分析。描述性分析主要关注资源使用的整体情况和基本特征，如资源的平均下载量、用户的平均学习时长等。通过描述性分析，可以了解资源使用的整体趋势和规律。

2.关联性分析。关联性分析用于探究不同资源之间、用户行为之间，以及资源与用户行为之间的关联关系。通过关联性分析，可以发现资源之间的内在联系和用户行为的影响因素。

3.预测性分析。预测性分析利用历史数据和模型算法，对资源的未来使用情况进行预测。通过预测性分析，可以为资源的优化和推荐提供科学依据。

4.机器学习模型。在资源使用统计与分析中，可以引入机器学习模型，进行复杂的数据分析和模式识别。例如，可以使用聚类算法对用户进行分组，以便为不同用户群体提供个性化的资源推荐。

### （四）结果应用与反馈

资源使用统计与分析的结果需要得到实际应用和反馈，以形成闭环优化的过程。

1. 资源优化。根据统计与分析结果，可以对资源进行优化和改进。例如，对于下载量较低的资源，可以重新设计或更新内容；对于用户反馈较差的资源，可以进行调整或替换。

2. 推荐算法改进。统计与分析结果可以为推荐算法的改进提供数据支持。通过分析用户的学习行为和兴趣偏好，可以优化推荐算法，提高推荐的准确性和个性化程度。

3. 用户体验提升。根据统计与分析结果，可以了解用户在使用过程中的问题和困难，及时提供解决方案和支持。同时，还可以根据用户的反馈意见，不断优化平台的界面设计和操作流程，提升用户体验。

4. 决策支持。统计与分析结果可以为平台的决策提供支持。例如，可以根据资源的使用情况，调整资源的投入和产出策略；根据用户的学习行为，制定针对性的营销策略等。

# 第四节　学习进度管理模块

## 一、学习进度记录与跟踪

学习进度记录与跟踪是智能职教一体化管理平台中学习进度管理模块的核心功能，它能够帮助教师、学生和平台管理者全面了解学生的学习状态，从而进行有效的学习指导和资源推荐。以下从四个方面对学习进度记录与跟踪进行详细分析。

### （一）学习进度记录的重要性

学习进度记录对于学习过程的监控和管理至关重要。首先，它能够实时反映学生的学习状态，包括已完成的学习任务、正在进行的学习任务，以及待完成的学习任务。其次，学习进度记录可以作为学习成果的重要依据，帮助教师和学生评估学习效果。最后，学习进度记录还能够为平台提供用户学习行为的宝贵数据，为优化推荐算法和改进平台功能提供参考。

## （二）学习进度记录的实现方式

学习进度记录的实现方式多样，包括但不限于以下几种。

1. 时间戳记录。通过记录学生开始学习、结束学习，以及各个学习阶段的时间戳，形成完整的学习时间线。这种方式能够直观展示学生的学习投入程度。

2. 任务完成度记录。将学习任务划分为若干个子任务，记录每个子任务的完成情况。这种方式能够准确反映学生的学习进度和难点所在。

3. 知识点掌握程度记录。通过测试、练习等方式评估学生对知识点的掌握程度，并记录相关数据。这种方式能够帮助学生和教师了解学习成效。

## （三）学习进度跟踪的方法

学习进度跟踪的方法主要包括以下几种。

1. 实时跟踪。通过平台实时监控学生的学习行为，包括浏览页面、观看视频、提交作业等，了解学生的学习动态。

2. 周期跟踪。定期统计学生的学习进度数据，如每周、每月的学习时长、任务完成率等，形成周期性的学习报告。

3. 提醒与反馈。根据学生的学习进度情况，自动发送提醒消息或学习建议，帮助学生调整学习策略。同时，教师可以根据学生的学习进度和反馈，提供针对性的指导。

## （四）学习进度记录与跟踪的优化策略

为了提升学习进度记录与跟踪的准确性和有效性，可以采取以下优化策略。

1. 精细化记录。加大学习进度记录的力度，如记录学生在每个页面停留的时间、观看视频的进度等，以便更准确地了解学生的学习状态。

2. 个性化跟踪。根据学生的学习习惯和需求，提供个性化的学习进度跟踪服务。例如，为学生定制专属的学习报告和提醒服务。

3. 智能化分析。利用数据挖掘和机器学习技术，对学习进度数据进行智能分析，发现学生的学习规律和潜在问题，为优化学习策略和推荐资源提供依据。

4. 多维度展示。通过图表、表格等多种方式展示学习进度数据，帮助用户更直观地了解学习情况和趋势。同时，提供数据导出功能，方便用户进行进一步的分析和处理。

综上所述，学习进度记录与跟踪是智能职教一体化管理平台中不可或缺的功能模块。通过精细化记录、个性化跟踪、智能化分析和多维度展示等优化策略，可以提升学习进度管理的准确性和有效性，为学生的学习过程提供有力支持。

## 二、学习提醒与督促

在智能职教一体化管理平台中，学习提醒与督促是确保学生持续、高效学习的重要环节。通过合理的提醒与督促机制，能够帮助学生建立良好的学习习惯，提高学习动力和学习效率。以下从四个方面对学习提醒与督促进行详细分析。

### （一）学习提醒与督促的必要性

学习提醒与督促对于学生的学习过程具有至关重要的作用。首先，学习提醒与督促能够帮助学生建立清晰的学习目标和计划，避免学习过程中的盲目性和随意性。其次，学习提醒能够及时提醒学生完成学习任务，防止学习进度滞后或遗忘。最后，学习督促能够激发学生的学习动力，促使学生更加积极地投入学习中去。

### （二）学习提醒与督促的实现方式

学习提醒与督促的实现方式多样，可以通过以下途径进行。

1. 定时提醒。根据学生的学习计划和任务安排，设定定时提醒功能，确保学生按时完成学习任务。这种方式简单易行，适合大部分学生。

2. 个性化提醒。根据学生的学习习惯和偏好，提供个性化的提醒服务。例如，通过短信、邮件或 App 推送等方式，向学生发送定制化的学习提醒信息。

3. 进度反馈。定期向学生反馈学习进度情况，包括已完成的任务、待完成的任务以及学习成果等。通过进度反馈，学生能够及时了解自己的学习状态，从而调整学习策略。

4. 督促机制。设立学习督促机制，通过教师、家长或平台管理员的督促，促使学生按时完成学习任务。这种方式能够增强学生的责任感和紧迫感，提高学习效果。

### （三）学习提醒与督促的优化策略

为了提升学习提醒与督促的效果，可以采取以下优化策略。

1. 智能化提醒。利用人工智能技术，根据学生的学习行为和习惯，智能预测学生的学习需求，并提前发送提醒信息。这种方式能够更准确地把握学生的学习节奏，提高提醒的有效性。

2. 情感化设计。在提醒和督促信息中加入情感元素，如鼓励、表扬等，以激发学生的积极情感和学习动力。这种方式能够让学生感受到关爱和支持，从而更加愿意投入学习。

3. 多元化督促方式。采用多种督促方式相结合的方法，如电话、短信、邮件、App 推送等，以满足不同学生的需求。同时，可以根据学生的反馈和习惯，灵活调整督促方式和频率。

4. 数据分析与反馈。通过收集和分析学生的学习数据，了解学生的学习习惯和偏好，为优化提醒和督促策略提供依据。同时，可以将数据分析结果反馈给学生和教师，帮助他们更好地了解学习情况和改进学习方法。

### （四）学习提醒与督促的实践应用

在实际应用中，学习提醒与督促可以与其他功能模块相结合，形成完整的学习管理系统。例如，可以将学习提醒与课程表、作业管理等功能相结合，确保学生按时完成学习任务；将学习督促与成绩管理、学习评价等功能相结合，通过奖励和惩罚机制激发学生的学习动力。此外，还可以通过平台的数据分析功能，了解学生的学习情况和需求变化，为优化学习提醒与督促策略提供参考。

综上所述，学习提醒与督促是智能职教一体化管理平台中不可或缺的功能模块。通过合理的提醒和督促机制，能够帮助学生建立良好的学习习惯和动力机制，提高学习效果和满意度。同时，通过优化策略和实践应用，可以不断提升学习提醒与督促的效果和实用性。

# 三、学习路径规划与优化

在智能职教一体化管理平台中，学习路径规划与优化是确保学生高效、有序学习的关键。通过科学的规划方法和优化的策略，能够为学生提供个性化的学习路径，帮助他们更好地掌握知识，提高学习效率。以下从四个方面对学习路径规划与优化进行详细分析。

## （一）学习路径规划的重要性

学习路径规划对于学生的学习过程具有深远的影响。首先，学习路径规划能够帮助学生明确学习目标，绘制清晰的学习蓝图。其次，学习路径规划能够根据学生的实际情况和需求，为他们提供个性化的学习建议和资源推荐，提高学习的针对性和有效性。最后，通过优化学习路径，能够减少学习过程中的冗余和重复，提高学习效率，缩短学习时间。

## （二）学习路径规划的方法

学习路径规划的方法主要包括以下几个步骤。

1.目标设定。根据学生的学习需求和兴趣，设定明确的学习目标。目标应该具有可衡量性和可达成性，以便学生能够清晰地了解自己的学习方向。

2.需求分析。通过问卷调查、访谈等方式，了解学生的知识背景、学习风格、学习习惯等，为后续的路径规划提供依据。

3.资源筛选。根据学生的学习目标和需求，从平台中筛选出适合的学习资源，包括课程、视频、文档、练习等。

4.路径设计。根据学生的学习情况和资源特点，设计个性化的学习路径。路径应该包括学习任务、学习时间、学习顺序等要素，确保学生能够按照规划进行学习。

### （三）学习路径优化的策略

为了提升学习路径的效果和效率，可以采取以下优化策略。

1.数据驱动。利用平台收集的学习数据，分析学生的学习行为和效果，为路径优化提供依据。通过数据驱动的方式，能够更准确地把握学生的学习需求和问题，从而制定更有效的优化策略。

2.反馈调整。在学习过程中，鼓励学生提供反馈意见，根据反馈结果对学习路径进行调整和优化。通过不断迭代和改进，使学习路径更加符合学生的实际情况和需求。

3.智能化推荐。利用人工智能技术，根据学生的学习行为和习惯，智能推荐适合的学习资源和路径。通过智能化推荐，能够为学生提供更加精准和个性化的学习建议，提高学习效果。

4.多元化路径。为了满足不同学生的需求，设计多元化的学习路径。例如，可以根据学生的知识背景和兴趣，提供不同的学习起点和路径选择；可以根据学生的学习进度和效果，提供不同难度和深度的学习任务与资源。

### （四）学习路径规划与优化的实践应用

在实践应用中，学习路径规划与优化可以与智能职教一体化管理平台的其他功能模块相结合，形成完整的学习管理系统。例如，可以与学习进度管理模块相结合，根据学生的学习进度和效果，动态调整学习路径；可以与资源推荐模块相结合，根据学生的学习需求和兴趣，推荐适合的学习资源和路径。同时，平台还可以利用大数据和人工智能技术，对学习路径进行优化和改进，使其更加符合学生的实际情况和需求。

此外，学习路径规划与优化还需要考虑到教师的作用和参与。教师可以根据学生的实际情况和需求，提供个性化的指导和建议；可以通过平台收集学生的学习数据和分析结果，为优化学习路径提供依据。

综上所述，学习路径规划与优化是智能职教一体化管理平台中不可或缺的功能模块。通过科学的规划方法和优化的策略，能够为学生提供个性化的学习路径，帮助他们更好地掌握知识，提高学习效率。同时，通过实践应用和教师的作用，可以不断提升学习路径规划与优化的效果和实用性。

## 四、学习成果展示与分享

在智能职教一体化管理平台中，学习成果展示与分享不仅是学生学习成果的体现，也是激励学生持续学习、促进学习交流的重要途径。以下从四个方面对学习成果展示与分享进行详细分析。

### （一）学习成果展示的重要性

学习成果展示对于学生的学习过程具有积极的推动作用。首先，它能够让学生直观地看到自己的学习成果和进步，增强学习自信心和动力。其次，学习成果展示能够为学生提供展示自我、表达观点的平台，有助于培养学生的表达能力和沟通能力。最后，通过展示学习成果，学生能够获得他人的认可和鼓励，从而激发持续学习的热情。

在学习成果展示的过程中，学生既可以将自己的学习成果以文档、报告、作品等形式进行呈现，也可以将学习过程中的心得体会、感悟等进行分享。这不仅能够让其他人了解自己的学习过程和成果，还能够促进学习交流和经验分享。

### （二）学习成果展示的方式

学习成果展示的方式多种多样，可以根据不同的学科领域和展示需求进行选择。以下是一些常见的学习成果展示方式。

1. 文档展示。将学习成果以文档形式进行展示，如研究报告、课程论文、实验报告等。这种方式能够清晰地呈现学习成果的内容和结构，便于他人阅读和理解。

2. 作品展示。将学习成果以作品形式进行展示，如艺术作品、设计作品、编程项目等。这种方式能够直观地展现学生的创造力和实践能力，给人留下深刻的印象。

3. 口头报告。通过口头报告的形式展示学习成果，如课堂演讲、学术报告等。这种方式能够锻炼学生的表达能力和沟通能力，同时，也能够让其他人更加深入地了解学习成果的内容和思路。

4.网络分享。利用网络平台（如社交媒体、学习论坛等）将学习成果进行分享。这种方式能够让更多的人了解学生的学习成果，促进学习交流和经验分享。

### （三）学习成果分享的意义

学习成果分享对于促进学习交流和经验分享具有重要意义。首先，通过分享学习成果，学生之间可以相互学习、相互借鉴，共同提高学习效果。其次，学习成果分享能够激发学生的学习兴趣和动力，让他们更加积极地投入学习。最后，通过分享学习成果，学生能够获得他人的认可和鼓励，增强自信心和成就感。

在学习成果分享的过程中，学生可以选择将自己的学习成果分享给班级、学校、社区等不同层次的受众。通过分享，学生可以结交志同道合的学习伙伴，扩大社交圈子，为未来的学习和职业发展打下基础。

### （四）学习成果展示与分享的优化策略

为了提升学习成果展示与分享的效果和影响力，可以采取以下优化策略。

1.个性化展示。根据学生的特点和需求，提供个性化的展示方式和渠道。例如，为艺术类专业的学生提供艺术展览的机会，为理工科学生提供学术报告的平台等。

2.多样化分享。鼓励学生通过多种渠道进行分享，如社交媒体、学习论坛、博客等。同时，平台也可以提供分享功能，方便学生将学习成果直接分享到平台上。

3.互动反馈。在展示和分享过程中，鼓励观众进行互动和反馈。通过评论、点赞、提问等方式，增加观众的参与感和获得感，同时，也能够为展示者提供有价值的反馈和建议。

4.成果评估。对学习成果进行科学的评估，确保展示和分享的内容具有真实性与可信度。通过评估结果，可以为学生提供针对性的指导和建议，帮助他们改进学习方法和提高学习效果。

综上所述，学习成果展示与分享是智能职教一体化管理平台中不可或缺的功能模块。通过个性化的展示和多样化的分享方式，能够让学生充分展示自己的学习成果和才华；同时，通过互动反馈和成果评估等优化策略，能够提升学习成果展示与分享的效果和影响力，为学生的学习和职业发展提供有力支持。

# 第五节　数据分析与可视化模块

## 一、数据分析工具的选择与使用

在智能职教一体化管理平台中，数据分析与可视化模块扮演着至关重要的角色。它不仅能够帮助学生和教师更好地理解学习过程中的数据，还能够为平台优化提供有力支持。在构建这一模块时，选择合适的数据分析工具至关重要。以下从四个方面对数据分析工具的选择与使用进行详细分析。

### （一）需求分析：明确数据分析目标与需求

在选择数据分析工具之前，首先需要明确数据分析的目标和需求。这包括确定要分析的数据类型、分析的目的、预期的分析结果等。只有明确目标和需求，才能有针对性地选择适合的数据分析工具。例如，如果需要对学生的学习成绩进行趋势分析，那么就需要选择能够处理时间序列数据的分析工具。

在需求分析阶段，还需要考虑数据的来源和质量。数据的来源应该可靠、准确，并且能够满足分析的需求。同时，数据的质量也是影响分析结果的重要因素。因此，在选择数据分析工具时，需要考虑其数据预处理和清洗能力，以确保分析结果的准确性。

### （二）工具评估：对比不同工具的优缺点

在选择数据分析工具时，需要对不同的工具进行评估和比较。这包括了解工具的功能特点、易用性、性能等方面的信息。通过对不同工具进行评估，可以找出它们之间的优缺点，从而选择最适合自己需求的工具。

在评估过程中，可以关注以下几个方面。

1. 功能特点。了解工具支持哪些数据分析方法和技术，是否能够满足自己的需求。

2. 易用性。评估工具的界面设计、操作流程等是否简单易用，能否快速上手。

3. 性能。了解工具在处理大数据量时的性能表现，是否能够保证分析的效率和准确性。

4. 成本。考虑工具的价格、维护成本等因素，确保选择的工具在经济上可行。

### （三）工具使用：熟练掌握工具的操作与功能

在选择了合适的数据分析工具之后，需要熟练掌握其操作和功能。这包括了解工具的基本操作流程、数据导入导出方法、分析方法等。只有熟练掌握了工具的操作和功能，才能充分利用其进行数据分析工作。

在使用过程中，可以参考工具的用户手册、教程等资源进行学习。同时，也可以结合具体的案例进行实践操作，加深对工具的理解和掌握。此外，还可以参加相关的培训课程或社区交流活动，与其他用户交流经验和学习心得。

### （四）结果应用：将分析结果应用于实践

数据分析的最终目的是将分析结果应用于实践，为决策提供支持。因此，在使用数据分析工具进行数据分析之后，需要将分析结果进行整理和解读，并将其应用于实践中。

在结果应用阶段，可以考虑以下几个方面。

1. 决策支持。将分析结果作为决策的依据，为平台优化、教学策略调整等提供有力支持。

2. 问题诊断。通过分析结果发现学习过程中的问题或瓶颈，并采取相应的措施进行改进。

3. 效果评估。通过对比不同时间段或不同策略下的分析结果，评估学习效果和教学质量等方面的改进情况。

4. 持续改进。根据分析结果不断调整和优化数据分析策略与方法，提高数据分析的准确性和效率。

总之，数据分析工具的选择与使用是智能职教一体化管理平台中数据分析与可视化模块的重要组成部分。通过明确需求、评估工具、熟练使用和结果应用等步骤，可以充分发挥数据分析工具的作用，为平台优化和学生学习提供有力支持。

## 二、数据清洗与预处理

在数据分析与可视化模块中，数据清洗与预处理是至关重要的一环。原始数据往往存在各种问题，如缺失值、异常值、重复数据等，这些问题会严重影响数据分析的准确性和可靠性。因此，对数据进行有效的清洗与预处理是确保后续数据分析顺利进行的关键步骤。以下从四个方面对数据清洗与预处理进行详细分析。

### （一）数据清洗的重要性

数据清洗是数据分析过程中不可或缺的一步，其重要性主要体现在以下几个方面。

1.提高数据质量。通过数据清洗，可以消除原始数据中的错误、缺失和异常值，提高数据的准确性和可靠性。这对于后续的数据分析和可视化至关重要，因为只有高质量的数据才能产生有价值的结果。

2.降低分析难度。经过清洗的数据更加规范和一致，便于后续的数据处理和分析。这不仅可以减少数据分析人员的工作量，还可以提高数据分析的效率和准确性。

3.增强决策有效性。基于清洗后的数据进行决策，可以更加准确地反映实际情况，提高决策的有效性和科学性。对于教育领域而言，这有助于教师更好地了解学生的学习情况，制定更加合理的教学策略。

### （二）数据清洗的方法

数据清洗的方法多种多样，根据数据类型和问题类型的不同，可以采用不同的清洗方法。以下是一些常见的数据清洗方法。

1.缺失值处理。对于缺失值，可以根据数据的特性和业务需求，采用删除、插补或忽略等方法进行处理。插补方法包括均值插补法、中位数插补法、众数插补法等。

2.异常值处理。异常值通常是数据录入错误、设备故障等导致的。对于异常值，可以采用删除、修正或平滑等方法进行处理。其中，删除异常值可能导致数据失真，应谨慎使用。

3.重复值处理。重复值可能是数据重复录入或数据合并等导致的。对于重复值，可以通过删除或合并等方法进行处理。在合并重复值时，需要注意保留关键信息和属性。

4.文本数据清洗。对于文本数据，需要进行去重、去噪、分词、词性标注等处理。这些处理可以帮助我们更好地理解文本数据的含义和结构，为后续的分析和挖掘提供基础。

## （三）数据预处理的步骤

数据预处理是数据清洗的延伸和扩展，它包括对数据进行更深入的加工和处理。以下是一些常见的数据预处理步骤。

1.数据转换。将数据从一种格式转换为另一种格式，以便后续的分析和可视化。例如，将日期时间数据转换为数值型数据，或将文本数据转换为词频矩阵等。

2.数据标准化。将数据按照一定的规则进行缩放或转换，使其具有相同的尺度或范围。这有助于消除不同特征之间的量纲差异，提高数据分析的准确性。

3.特征选择。从原始数据中选择出与分析目标相关的特征，并剔除无关或冗余的特征。这有助于降低数据分析的复杂度，提高分析效率。

4.数据降维。通过降维技术将高维数据转换为低维数据，以便可视化或进一步分析。常见的降维技术包括主成分分析、线性判别分析等。

## （四）数据清洗与预处理的挑战及应对方法

在实际的数据清洗与预处理过程中，我们可能会遇到各种挑战和困难。以下是一些常见的挑战及应对方法。

1.数据量庞大。对于大规模的数据集，数据清洗与预处理的工作量会非常大。此时，我们可以采用分布式计算或云计算等技术提高处理效率。

2.数据结构复杂。某些数据集可能具有复杂的结构或关系，导致数据清洗和预处理变得困难。此时，我们需要深入理解数据的结构和关系，采用合适的方法和工具进行处理。

3.数据质量问题。原始数据可能存在大量的错误、缺失和异常值等问题，导致数据清洗和预处理的难度增加。此时，我们需要采用多种方法和工具对数据进行检查与修正，确保数据的准确性和可靠性。

4.实时性要求。在某些应用场景下，我们需要对数据进行实时清洗与预处理。此时，我们需要采用流式处理或实时计算等技术满足实时性要求。

## 三、数据可视化设计与展示

在数据分析与可视化模块中，数据可视化设计与展示是将分析结果以直观、易于理解的方式呈现给用户的关键步骤。有效的数据可视化能够迅速传递信息，帮助用户快速把握数据中的模式和趋势。以下从四个方面对数据可视化设计与展示进行详细分析。

### （一）数据可视化设计的目的与原则

数据可视化设计的目的是将复杂的数据转化为直观、易懂的图形或图像，以便于用户快速理解和分析。在设计过程中，应遵循以下原则。

1.清晰性。可视化设计应清晰明了，避免过多的装饰和冗余信息，使用户能够迅速抓住关键信息。

2.准确性。可视化设计应准确反映数据的真实情况，避免误导用户。在数据转换和图形绘制过程中，应严格遵循数据的原始含义和逻辑关系。

3.美观性。美观的可视化设计能够吸引用户的注意力，提高用户的兴趣和参与度。在设计过程中，应注重色彩搭配、布局排版和图形设计的艺术性。

4.交互性。可视化设计应具有交互性，允许用户通过鼠标、键盘等操作与数据进行交互，探索数据的深层含义和关联。

### （二）数据可视化设计的步骤

数据可视化设计的过程通常包括以下几个步骤。

1.确定需求。明确用户需要了解哪些数据和信息，以及他们如何与数据进行交互。这有助于确定可视化的目标和内容。

2. 选择图表类型。根据数据的特性和需求，选择合适的图表类型，如柱状图、折线图、饼图、散点图等。每种图表类型都有其适用的场景和优缺点，需要根据实际情况进行选择。

3. 数据准备。对原始数据进行清洗、预处理和转换，以满足可视化设计的需求。这可能包括数据聚合、排序、筛选等操作。

4. 设计布局和样式。确定可视化的整体布局和样式，包括颜色、字体、线条等视觉元素的设计。这些元素的选择应符合用户的审美习惯和认知规律。

5. 实现交互功能。为可视化设计添加交互功能，如缩放、拖拽、筛选等。这些功能可以帮助用户更深入地了解数据的含义和关联。

6. 测试与优化。对可视化设计进行测试，确保其在各种设备和浏览器上都能正常显示与交互。同时，根据用户的反馈和建议进行优化及改进。

### （三）数据可视化展示的效果评估

为了评估数据可视化展示的效果，可以从以下几个方面进行考量。

1. 直观性。直观性是指可视化展示是否直观易懂，用户能否迅速抓住关键信息。

2. 信息量。信息量是指可视化展示是否包含了足够的信息量，能否满足用户的需求。

3. 美观度。美观度是指可视化展示的视觉效果是否美观，能否吸引用户的注意力。

4. 交互性。交互性是指可视化展示是否具有足够的交互性，用户能否通过交互探索数据的深层含义。

5. 实用性。实用性是指可视化展示是否能够帮助用户解决实际问题，提高决策效率。

通过综合考量以上几个方面，可以对数据可视化展示的效果进行全面评估，并根据评估结果进行优化和改进。

### （四）数据可视化设计的挑战与应对策略

在实际的数据可视化设计过程中，可能会遇到一些挑战和困难。以下是一些常见的挑战及应对策略。

1.数据复杂度高。当数据量庞大且结构复杂时，设计有效的可视化方案可能会变得困难。此时，可以采用分层、分组等策略将数据简化，以便于展示和理解。

2.图表类型选择困难。对于某些特定的数据类型和需求，可能难以找到合适的图表类型进行展示。此时，可以尝试使用自定义图表或组合多种图表类型进行展示。

3.交互功能实现复杂。实现复杂的交互功能可能会增加开发的难度和成本。此时，可以优先考虑实现基本的交互功能，并根据用户需求逐步增加高级功能。

4.实时性要求高。在某些应用场景下，需要实时更新可视化展示以反映最新的数据变化。此时，可以采用流式处理或实时计算等技术实现数据的实时更新和展示。

# 四、数据分析结果的应用与反馈

在数据分析与可视化模块中，数据分析结果的应用与反馈是确保数据分析价值得到充分体现的重要环节。通过分析结果的正确应用及用户对结果的反馈，我们能够不断优化数据分析流程，提升数据驱动决策的效果。以下从四个方面对数据分析结果的应用与反馈进行详细分析。

## （一）数据分析结果的应用

数据分析结果的应用既是数据分析工作的最终目的，也是体现数据分析价值的关键环节。以下从几个方面探讨数据分析结果的应用。

1.决策支持。数据分析结果能够为决策提供有力支持。通过分析学习行为、学习效果等数据，可以帮助教师制定更有针对性的教学策略，帮助学生制订更合理的学习计划。同时，数据分析结果还能为管理层提供决策依据，优化资源配置，提升整体教育效果。

2.问题诊断与改进。通过数据分析，可以发现教学过程中存在的问题，如学习进度滞后、学习兴趣下降等。针对这些问题，教师可以采取相应的教学措施进行改进，如调整教学内容、改进教学方法等。此外，数据分析还能揭示教学资源利用情况，为资源优化配置提供参考。

3.效果评估与优化。数据分析结果可用于评估教学策略、教学方法等的效果。通过对比不同策略或方法下的数据表现，可以找出效果最佳的方案，并进行持续优化。这有助于提升教学质量和效率，实现教育资源的最大化利用。

4.个性化推荐与服务。基于数据分析结果，可以为学生提供个性化的学习推荐和服务。例如，根据学生的学习行为和兴趣，推荐相关的学习资源、课程或活动；根据学生的学习进度和难点，提供定制化的辅导和支持。

## （二）数据分析结果的反馈机制

建立有效的数据分析结果反馈机制，有助于及时发现问题、优化分析过程，并提升数据分析结果的应用价值。以下从几个方面探讨数据分析结果的反馈机制。

1.用户反馈收集。通过问卷调查、访谈等方式，收集用户对数据分析结果的反馈意见。了解用户对结果的满意度、理解程度及改进建议等，为优化分析过程提供参考。

2.结果对比与验证。将数据分析结果与实际情况进行对比验证，确保结果的准确性和可靠性。对于存在偏差的结果，需要深入分析原因并进行调整优化。

3.迭代优化与持续改进。根据用户反馈和结果验证情况，对数据分析过程进行迭代优化和持续改进。这包括优化数据分析方法、完善数据预处理流程、提升数据可视化效果等方面。

4.知识分享与交流。通过定期分享会、内部培训等方式将数据分析结果及优化经验进行分享和交流。这有助于提升团队成员的数据分析能力，并推动数据分析工作的持续发展。

## （三）数据分析结果应用效果的评估

为了评估数据分析结果的应用效果，可以从以下几个方面进行考量。

1.决策效果。分析基于数据分析结果做出的决策是否取得了预期的效果，如教学质量是否提升、学生满意度是否提高等。

2. 问题解决效率。评估数据分析在问题诊断和改进方面的效率，如问题发现的速度、问题解决的及时性等。

3. 资源利用效率。总结数据分析结果在提高资源利用效率方面的作用，如教学资源是否得到更合理的配置和利用等。

4. 用户满意度。通过用户调查等方式了解用户对数据分析结果及应用的满意度情况。

## （四）数据分析结果应用与反馈的挑战与应对策略

在实际应用中，数据分析结果的应用与反馈可能会面临一些挑战和困难。以下是一些常见的挑战及应对策略。

1. 数据分析结果解读困难。由于数据分析结果往往涉及复杂的统计数据和图表，用户可能难以准确理解和解读结果。针对这一问题，可以通过优化数据可视化设计、提供详细的解读指南等方式降低解读难度。

2. 用户反馈不及时或不准确。用户反馈的及时性和准确性对于优化数据分析过程至关重要。然而在实际应用中，用户可能由于各种因素无法及时或准确地提供反馈意见。为此可以建立有效的反馈收集机制并加强用户沟通与引导工作，以确保反馈的及时性和准确性。

3. 数据分析结果应用受限。在某些情况下由于技术、资源或制度等方面的限制数据分析结果，可能无法得到充分应用或应用效果不佳。针对这一问题，需要加强与相关部门的沟通协调，并寻求政策支持以突破限制条件，促进数据分析结果的充分应用。

4. 数据分析结果持续优化需求高。随着教育环境和用户需求的变化，数据分析结果需要持续优化以满足新的需求。为此，需要建立持续优化的工作机制，并加强团队成员的培训和能力提升，以确保数据分析结果的持续优化和升级。

# 第四章　智能职教一体化平台在教学管理中的应用

## 第一节　教学计划管理

### 一、教学计划制订与发布的重要性

教学计划是教学工作的基础，它关系到教学目标的实现、教学资源的合理分配。以及教学质量的提升。在智能职教一体化平台中，教学计划的制订与发布更是显得尤为重要。以下将从四个方面详细分析教学计划制订与发布的重要性。

#### （一）明确教学目标与方向

教学计划的制订与发布首先能够明确教学目标和方向。通过制订详细的教学计划，教师可以清晰地了解本学期或本学年需要完成的教学任务，明确教学目标和重点。这有助于教师有针对性地组织教学内容，确保教学活动的有序进行。同时，学生也能够通过教学计划了解本学期或本学年的学习内容和要求，从而更好地规划自己的学习进度和方向。

在智能职教一体化平台中，教学计划的制订可以通过大数据分析和人工智能技术，结合学生的学习情况和教师的教学经验，进行智能推荐和优化。这不仅能够使教学计划更加符合学生的实际需求，还能够提高教学计划的针对性和实效性。

## （二）优化教学资源配置

教学计划的制订与发布能够优化教学资源的配置。通过制订合理的教学计划，教师可以根据教学需要和学生特点，合理分配教学时间和教学资源，确保教学活动的顺利进行。同时，学校也可以根据教学计划，对教学资源进行统筹规划和合理调配，提高资源利用效率。

在智能职教一体化平台中，教学计划的发布可以实时更新和共享教学资源信息。教师可以通过平台获取最新的教学资源信息，包括教学课件、教学视频、教学案例等，为教学活动提供有力支持。同时，学生也可以通过平台获取更多的学习资源，丰富自己的学习内容和方式。

## （三）提高教学效果与质量

教学计划的制订与发布能够提高教学效果和质量。通过制订科学、合理的教学计划，教师可以根据学生的实际情况和学科特点，选择合适的教学方法，提高教学效果。同时，学生也能够根据教学计划的要求，认真完成学习任务，提高自己的学习成绩和能力。

在智能职教一体化平台中，教学计划可以根据学生的学习情况和教师的教学反馈进行实时调整与优化。这有助于教师及时发现和解决问题，改进教学方法，提高教学效果和质量。同时，学生也可以通过平台获取更多的学习支持和帮助，提高自己的学习效率和兴趣。

## （四）促进教育公平与个性化发展

教学计划的制订与发布能够促进教育公平和个性化发展。通过制订统一的教学计划，学校可以确保所有学生都能够接收到相同的教育资源和机会，实现教育公平。同时，通过制订个性化的教学计划，学校可以充分考虑学生的个体差异和兴趣爱好，为每个学生提供最适合自己的教育方案，促进学生的个性化发展。

在智能职教一体化平台中，教学计划可以根据学生的个体差异和兴趣爱好进行智能推荐与优化。平台可以收集和分析学生的学习数据与行为数据，了解学生的学习习惯和偏好，为学生推荐最适合自己的学习计划和学习资源。

这有助于促进学生的个性化发展，提高学生的学习兴趣和积极性。同时，平台还可以为特殊群体提供特殊的教学计划和服务，如为残障学生提供无障碍学习环境等，进一步促进教育公平。

## 二、教学计划执行与监控

在智能职教一体化平台中，教学计划的执行与监控是确保教学质量和效果的关键环节。以下将从四个方面详细分析教学计划执行与监控的重要性和实施策略。

### （一）确保教学计划的有效实施

教学计划的执行是教学计划从理论走向实践的过程，是教学质量提升的关键步骤。通过有效的执行，可以确保教学计划中的各项任务都能得到落实，教学目标得以实现。智能职教一体化平台为教学计划的执行提供了强有力的支持，通过平台，教师可以清晰地看到教学计划的进度和完成情况，及时调整教学策略，确保教学活动的顺利进行。

在具体实施过程中，教师可以通过平台发布教学任务、上传教学资源、布置作业等，确保学生明确学习任务和要求。同时，平台还可以提供实时反馈和互动功能，使学生能够及时了解自己的学习进度和成绩，与教师进行互动交流，提高学习效果。

### （二）实时监控教学过程与效果

监控是教学计划执行过程中的重要环节，通过监控可以及时发现教学过程中的问题和不足，为教学改进提供依据。智能职教一体化平台通过集成大数据和人工智能技术，实现了对教学过程和效果的实时监控。

平台可以收集和分析学生的学习数据、教师的教学数据，以及教学资源的使用数据等，为教学监控提供有力支持。通过对学生学习数据的分析，平台可以了解学生的学习情况、学习难点和学习兴趣等，为教师提供有针对性的教学建议。同时，平台还可以对教师的教学数据进行分析，评估教师的教学效果和教学能力，为教师培训和发展提供依据。

### （三）促进教师与学生之间的互动交流

教学计划的执行与监控不仅仅是教师和学校的事情，更需要学生的积极参与和配合。智能职教一体化平台通过提供实时反馈和互动功能，促进了教师与学生之间的互动交流。

教师可以通过平台发布教学动态、答疑解惑、点评作业等，与学生进行实时互动。学生也可以通过平台向教师提问、分享学习心得、参与讨论等，与教师建立紧密的联系。这种互动交流有助于激发学生的学习兴趣和积极性，提高学习效果。

### （四）持续改进教学质量与效果

教学计划的执行与监控是一个持续改进的过程。通过不断监控和分析教学过程与效果，可以发现教学中存在的问题和不足，为教学改进提供依据。智能职教一体化平台通过大数据和人工智能技术，为教学改进提供了有力的支持。

平台可以根据学生的学习数据和教师的教学数据，分析教学中的问题和不足，为教师提供有针对性的教学建议。同时，平台还可以根据学生的学习情况和兴趣爱好，推荐更适合学生的学习资源和教学方案，提高教学效果和质量。这种持续改进的机制有助于不断优化教学过程和效果，提升教学质量和水平。

总之，在智能职教一体化平台中，教学计划的执行与监控是确保教学质量和效果的关键环节。通过有效的执行和监控，可以确保教学计划的有效实施、实时监控教学过程和效果、促进教师与学生之间的互动交流，以及持续改进教学质量和效果。

## 三、教学计划调整与优化

在智能职教一体化平台中，教学计划的调整与优化是保证教学活动始终符合实际需求、提高教学质量的重要环节。以下将从四个方面详细分析教学计划调整与优化的必要性、方法、实施策略及其长远影响。

## （一）教学计划调整与优化的必要性

随着教育环境的变化、学生需求的多样化和教学资源的不断更新，教学计划需要不断地进行调整与优化。首先，教育政策、教学标准等外部因素的变化，要求教学计划与之相适应。其次，学生的学习进度、兴趣爱好和个体差异等内部因素，需要教学计划做出相应的调整。最后，教学资源的变化，如新技术的引入、新教材的发布等，要求教学计划进行更新和优化。

智能职教一体化平台通过收集和分析大量数据，能够及时发现教学计划中存在的问题和不足，为教学计划的调整与优化提供科学依据。这不仅可以确保教学计划始终符合实际需求，还可以提高教学资源的利用效率，提升教学质量。

## （二）教学计划调整与优化的方法

在智能职教一体化平台中，教学计划调整与优化的方法主要包括数据分析、专家咨询、教师反馈和学生参与等。首先，通过大数据分析，可以了解学生的学习情况、教学资源的利用情况等，为教学计划的调整与优化提供数据支持。其次，邀请专家进行咨询，可以从专业角度为教学计划的调整与优化提供建议。再次，教师的反馈是教学计划调整与优化的重要依据，教师可以通过平台提出对教学计划的意见和建议。最后，学生的参与是教学计划调整与优化不可或缺的一部分，学生的需求和反馈是教学计划调整与优化的重要参考。

## （三）教学计划调整与优化的实施策略

在实施教学计划调整与优化时，需要遵循一定的策略。首先，要明确调整与优化的目标和方向，确保调整与优化符合实际需求。其次，要制定详细的调整与优化方案，包括具体的调整内容、方法和步骤等。再次，要确保调整与优化方案的可行性和有效性，避免出现不可预见的问题。最后，要加强对调整与优化结果的评估和反馈，及时发现问题并进行改进。

智能职教一体化平台可以通过智能化工具和算法，辅助教师制订和调整教学计划。例如，平台可以根据学生的学习数据和反馈，自动推荐合适的教学内容和方法；可以根据教学资源的变化，智能生成新的教学方案等。这些智能化工具可以大大提高教学计划调整与优化的效率和准确性。

### （四）教学计划调整与优化的长远影响

教学计划调整与优化的长远影响主要体现在提高教学质量、促进个性化教学、适应教育环境变化等方面。首先，通过不断调整与优化教学计划，可以确保教学活动始终符合实际需求，提高教学质量和效果。其次，通过考虑学生的个体差异和兴趣爱好等因素进行教学计划调整与优化，可以实现个性化教学，满足不同学生的需求。最后，通过适应教育环境变化进行教学计划调整与优化，可以使教学活动始终保持与时俱进的状态，提高教育的适应性和竞争力。

总之，教学计划调整与优化是智能职教一体化平台中不可或缺的一部分。通过不断调整与优化教学计划，可以确保教学活动始终符合实际需求、提高教学质量和效果、实现个性化教学，以及适应教育环境变化等目标。

## 四、教学计划评估与反馈

在智能职教一体化平台中，教学计划的评估与反馈是教学循环中不可或缺的一环。它不仅有助于检验教学计划的有效性和实施效果，还能为教学计划的进一步优化提供有力依据。以下将从四个方面详细分析教学计划评估与反馈的重要性、方法、实施策略及其长远影响。

### （一）教学计划评估与反馈的重要性

教学计划评估与反馈的重要性在于它能够为教学质量的提升提供科学依据。通过对教学计划的评估，可以了解教学计划在实际教学中的执行情况、学生的学习效果，以及教师的教学体验，从而发现教学计划中存在的问题和不足。而反馈则是将评估结果反馈给相关人员，帮助他们了解教学计划的效果，促进他们改进和优化教学计划。

在智能职教一体化平台中，教学计划评估与反馈的重要性更加凸显。平台通过收集和分析大量数据，能够全面、客观地评估教学计划的效果，并提供有针对性的反馈意见。这有助于教师及时了解学生的学习情况，调整教学策略，提高教学效果；同时，也有助于学校管理层了解教学计划的实施情况，为教学资源的分配和管理提供决策依据。

## （二）教学计划评估与反馈的方法

教学计划评估与反馈的方法多种多样，包括问卷调查、访谈、观察法、数据分析等。在智能职教一体化平台中，可以利用平台提供的数据分析工具，对学生的学习数据、教师的教学数据，以及教学资源的使用数据等进行深入分析，从而全面评估教学计划的效果。

具体来说，可以通过分析学生的学习成绩、学习进度、学习行为等数据，了解学生的学习效果和对教学计划的满意度；可以通过分析教师的教学日志、教学反思等数据，了解教师的教学体验和对教学计划的评价；可以通过分析教学资源的使用情况、学生的访问量等数据，了解教学资源的利用效率和学生的参与度。这些数据分析结果可以为教学计划的评估与反馈提供有力支持。

## （三）教学计划评估与反馈的实施策略

在实施教学计划评估与反馈时，需要遵循一定的策略。首先，要明确评估的目标和指标，确保评估结果具有针对性和可比性。其次，要选择合适的评估方法和工具，确保评估结果的客观性和准确性。再次，要确保评估结果的及时性和有效性，及时将评估结果反馈给相关人员，并引导他们根据反馈意见进行改进和优化。

在智能职教一体化平台中，可以利用平台的智能化功能辅助实施教学计划评估与反馈。例如，平台可以自动收集和分析数据，生成评估报告和反馈意见；教师可以通过平台查看评估结果和反馈意见，并根据意见进行教学改进；学生可以通过平台了解自己的学习情况和教学计划的效果，提出自己的意见和建议。

## （四）教学计划评估与反馈的长远影响

教学计划评估与反馈的长远影响主要体现在以下几个方面。首先，它有助于形成持续改进的教学循环，通过不断评估与反馈优化教学计划，提高教学质量和效果。其次，它有助于实现个性化教学，通过评估学生的学习情况和反馈意见制订更符合学生需求的教学计划。再次，它有助于促进教育公平和均衡发展，通过评估不同学校和班级的教学计划实施情况优化资源配置和管理决策。最后，它有助于推动教育创新和发展，通过评估反馈结果发现新的教学理念和方法，推动教育领域的创新和发展。

总之，教学计划评估与反馈在智能职教一体化平台中具有重要意义。通过科学、有效的评估与反馈机制，可以全面了解教学计划的效果和问题所在，为教学计划的优化和改进提供有力支持，从而推动教学质量的不断提升和教育事业的持续发展。

# 第二节　教学进度监控

## 一、教学进度记录与跟踪

教学进度监控是教学管理中至关重要的环节，而教学进度的记录与跟踪则是其基础。通过精确的记录和有效的跟踪，可以确保教学活动的有序进行，及时发现并解决问题，提高教学质量。以下从四个方面对教学进度记录与跟踪进行详细分析。

### （一）记录方式的选择与优化

教学进度的记录方式多种多样，如纸质记录、电子表格、教学管理系统等。在选择记录方式时，需要考虑其便捷性、准确性和可追溯性。纸质记录虽然直观，但不易保存和查询；电子表格方便编辑和查询，但可能存在数据安全问题；教学管理系统集成了多种功能，能够全面记录教学进度，并支持数据分析和可视化展示。因此，选择适合自身需求的教学进度记录方式至关重要。

在优化记录方式时，可以考虑引入新技术和新方法。例如，利用云计算和大数据技术，构建智能化的教学进度管理系统，实现教学进度的自动记录和实时更新。同时，还可以利用移动设备和互联网技术，实现教学进度的远程监控和实时反馈。

### （二）跟踪机制的建立与完善

跟踪机制是确保教学进度得到有效监控的关键。在建立跟踪机制时，需要明确跟踪的对象、频率和方式。跟踪对象可以包括教师、学生、教学资源等；跟踪频率可以根据教学活动的实际情况进行调整；跟踪方式可以采用定期汇报、随机抽查、数据分析等多种方法。

在完善跟踪机制时，需要注重信息的及时性和准确性。通过建立信息反馈渠道和数据分析系统，可以及时了解教学进度的实际情况，并对发现的问题进行及时处理。同时，还需要建立责任追究机制，确保相关人员能够认真履行跟踪职责。

### （三）教学进度数据的分析与应用

教学进度数据是评估教学进度的重要依据。通过对教学进度数据的分析，可以了解教学活动的实际情况，发现存在的问题和不足，为教学改进提供有力支持。在分析数据时，需要注重数据的真实性和有效性，避免数据失真或误导判断。

在分析数据后，需要将分析结果应用于实际教学中。例如，根据学生的学习进度和成绩情况，调整教学策略和方法；根据教师的教学进度和质量情况，进行针对性的培训和指导。同时，还需要将分析结果反馈给相关人员，促进教学质量的持续提升。

### （四）监控结果的反馈与改进

监控结果的反馈与改进是教学进度监控的最后一个环节。通过反馈监控结果，可以及时了解教学进度的实际情况和存在的问题，为教学改进提供依据。在反馈监控结果时，需要注重结果的准确性和客观性，避免主观臆断或误导判断。

在接收到监控结果后，需要对存在的问题进行及时改进。针对教师方面存在的问题，可以提供针对性的培训和指导；针对学生方面存在的问题，可以提供个性化的辅导和支持。同时，还需要对教学计划进行调整和优化，确保教学进度的有序进行和教学质量的持续提升。

## 二、教学进度异常预警

在智能职教一体化平台中，教学进度异常预警机制对于确保教学活动的顺利进行、及时发现并解决潜在问题具有至关重要的作用。以下从四个方面对教学进度异常预警进行详细分析。

### （一）预警指标体系的构建

预警指标体系是教学进度异常预警的基础。一个完善的预警指标体系应能够全面、准确地反映教学进度的实际情况。在构建预警指标体系时，需要考虑以下因素。

1.教学任务完成率。教学任务完成率是最直接反映教学进度的指标，包括各章节、各单元的教学任务是否按时完成。

2.学生学习状态。学生的学习进度、作业完成情况、课堂参与度等，都间接反映了教学进度的推进情况。

3.教师教学行为。教师的教学日志、备课情况、课堂互动等，是判断教学进度是否异常的重要依据。

在构建预警指标体系时，还需要注意指标的合理性和可操作性，确保预警机制的有效运行。

### （二）预警模型的建立与优化

预警模型是判断教学进度是否异常的关键。通过收集和分析历史数据，可以建立基于机器学习或统计分析的预警模型，模型能够根据当前的教学进度数据，预测未来一段时间内教学进度是否可能出现异常。

在建立预警模型时，需要考虑模型的准确性和稳定性。通过不断优化模型参数和算法，可以提高模型的预测精度和鲁棒性。同时，还需要定期对模型进行验证和更新，以适应教学环境的变化和数据的更新。

### （三）预警信息的发布与响应

当预警模型检测到教学进度异常时，需要及时将预警信息发布给相关人员，以便他们及时采取措施解决问题。预警信息的发布方式可以包括短信、邮件、推送等多种方式，确保信息的及时性和有效性。

在接收到预警信息后，相关人员需要迅速响应并采取措施。对于教师而言，需要调整教学策略和方法，加快教学进度或提高教学质量；对于学生而言，需要加强学习管理和自律性，确保学习进度不受影响；对于学校管理层而言，需要关注异常预警的根源，优化资源配置和管理决策。

### （四）预警机制的持续改进

教学进度异常预警机制是一个持续改进的过程。在运行过程中，需要不断收集和分析数据，发现预警机制存在的问题和不足，并进行相应的改进和优化。

首先，需要关注预警的准确性和及时性。通过收集和分析误报与漏报的情况，不断优化预警模型和算法，提高预警的准确性和及时性。

其次，需要关注预警的针对性和可操作性。根据不同类型的异常预警，制定不同的应对策略和措施，确保预警信息能够得到有效响应和处理。

最后，需要关注预警机制的长远发展。随着教育环境的变化和技术的更新，预警机制也需要不断适应新的需求和挑战。通过引入新技术和新方法，可以不断提升预警机制的性能和效率，为教学管理的现代化和智能化提供有力支持。

总之，教学进度异常预警是智能职教一体化平台中不可或缺的一部分。通过构建完善的预警指标体系、建立优化的预警模型、及时发布与响应预警信息，以及持续改进预警机制，可以确保教学活动的顺利进行和教学质量的持续提升。

## 三、教学进度调整建议

在智能职教一体化平台中，教学进度的有效管理是保证教学质量和效率的关键环节。当教学进度出现偏差或异常情况时，及时的教学进度调整建议能够帮助教师和管理者迅速应对，确保教学活动的顺利进行。以下从四个方面对教学进度调整建议进行详细分析。

## （一）教学进度调整的依据

提出教学进度调整建议前，首先需要明确调整的依据。这些依据包括但不限于以下内容。

1.数据分析结果。通过对教学进度数据的深入分析，了解教学进度偏差的具体情况和原因，为调整建议提供数据支持。

2.教学目标与计划。教学进度调整应紧密结合教学目标和计划，确保调整后的教学进度能够更好地服务于教学目标的实现。

3.学生反馈与需求。学生的学习状态和反馈是教学进度调整的重要参考，应根据学生的实际情况和需求制定调整建议。

4.外部因素变化。如节假日、突发事件等外部因素的变化，可能对教学进度产生影响，需要将这些因素纳入考虑范围。

在分析调整依据时，需要全面、客观地收集和分析信息，确保调整建议的针对性和有效性。

## （二）教学进度调整的策略

在明确调整依据后，需要制定相应的调整策略。以下是一些常见的教学进度调整策略。

1.加快教学进度。当教学进度滞后时，可以通过增加课时、优化教学内容和方式等加快教学进度，确保教学任务按时完成。

2.放缓教学进度。当教学进度过快导致学生难以消化时，可以适当放缓教学进度，增加复习和巩固环节，提高学生的学习效果。

3.调整教学内容。根据学生的学习情况和需求，可以适当调整教学内容的顺序和难易程度，使教学内容更符合学生的实际需求。

4.加强教学互动。通过增加课堂互动、小组讨论等方式，激发学生的学习兴趣和积极性，提高学生的学习效率。

在制定调整策略时，需要综合考虑各种因素，确保策略的可行性和有效性。

### （三）教学进度调整的实施

教学进度调整的实施是确保调整效果的关键环节。以下是一些实施建议。

1. 明确责任分工。明确各相关人员的责任分工，确保调整建议能够得到有效执行。

2. 加强沟通与协作。加强教师、学生和管理者之间的沟通与协作，共同推动教学进度调整的实施。

3. 监控调整过程。对调整过程进行实时监控和评估，确保调整措施的有效性和针对性。

4. 及时反馈与调整。根据实施过程中的反馈情况，及时对调整措施进行修正和优化。

在实施过程中，需要注重细节和执行力，确保调整建议能够得到有效执行，并达到预期效果。

### （四）教学进度调整的长远影响

教学进度调整不仅关注短期的教学效果，还需要考虑其长远影响。以下是一些长远影响分析。

1. 提高教学质量。通过合理的教学进度调整，可以确保教学任务的高质量完成，提高教学效果和满意度。

2. 促进学生发展。根据学生的实际需求和反馈进行教学进度调整，可以更好地满足学生的个性化需求，促进学生的全面发展。

3. 优化资源配置。通过教学进度调整，可以更加合理地配置教学资源，提高资源的利用效率。

4. 推动教学创新。教学进度调整过程中可能会涌现出新的教学方法和策略，推动教学创新和发展。

在考虑长远影响时，需要注重教学进度调整的可持续性和创新性，为未来的教学发展奠定坚实基础。

# 四、教学进度报告与分析

在智能职教一体化平台中，教学进度报告与分析是教学管理过程中的重要环节，它不仅能够为教学管理者提供决策依据，还能帮助教师了解自身教学进度情况，及时调整教学策略。以下从四个方面对教学进度报告与分析进行详细分析。

## （一）教学进度报告的编制

教学进度报告是记录教学进度情况、分析教学进度问题的重要文件。在编制教学进度报告时，应注重以下几个方面。

1. 报告内容的全面性。教学进度报告应涵盖所有关键信息，如教学任务完成情况、学生的学习状态、教师的教学行为等。同时，还应包括教学进度偏差的原因分析、调整建议等内容。

2. 报告数据的准确性。教学进度报告中的数据应准确、真实，避免数据失真或误导决策。为此，需要采用科学的数据收集和分析方法，确保数据的可靠性。

3. 报告格式的规范性。教学进度报告应遵循一定的格式规范，便于阅读和理解。通常包括标题、摘要、正文、结论等部分，其中，正文部分可以按照时间顺序或任务顺序进行组织。

4. 报告的时效性。教学进度报告应及时编制和提交，便于教学管理者及时了解教学进度情况，做出相应决策。

在编制教学进度报告时，教师应与教学管理者保持密切沟通，确保报告内容符合教学管理要求，同时，能够真实反映教学进度情况。

## （二）教学进度数据的分析

教学进度数据是教学进度报告的核心内容。对教学进度数据进行深入分析，可以发现教学进度偏差的原因、存在的问题及改进的方向。以下是一些常用的数据分析方法。

1. 趋势分析。趋势分析是通过对比不同时间段的教学进度数据，可以了解教学进度的变化趋势，发现潜在的问题。

2.关联分析。关联分析是分析教学进度数据与其他因素（如学生成绩、教师行为等）之间的关联关系，找出影响教学进度的关键因素。

3.聚类分析。聚类分析是将相似的教学进度数据进行分类，便于找出不同班级或教师之间的差异和共性。

4.预测分析。预测分析是利用历史数据建立预测模型，预测未来一段时间内的教学进度情况，为教学管理者提供决策依据。

在进行数据分析时，需要注重数据的可比性和可解释性，确保分析结果的准确性和可靠性。

### （三）教学进度问题的识别与解决

通过教学进度报告和数据分析，可以识别出教学进度中存在的问题。针对这些问题，需要制定相应的解决策略。以下是一些常见的解决策略。

1.调整教学计划。针对教学进度滞后的问题，可以调整教学计划，增加课时或优化教学内容和方式。

2.加强教学管理。通过加强教学管理，确保教师能够按时完成教学任务，同时，监督学生的学习状态。

3.提供教学资源支持。针对教学资源不足的问题，可以提供额外的教学资源支持，如教学设备、教学资料等。

4.加强教师培训。针对教师教学能力不足的问题，可以加强教师培训，提高教师的教学水平和能力。

在解决教学进度问题时，需要注重问题的根源分析和解决策略的针对性，确保问题得到有效解决。

### （四）教学进度报告的应用与价值

教学进度报告不仅是教学管理过程中的重要文件，还具有广泛的应用价值。以下是一些应用场景。

1.为教学管理者提供决策依据。教学进度报告可以帮助教学管理者了解教学进度情况，发现潜在问题，制定相应的教学策略和管理措施。

2.促进教师之间的交流与合作。通过分享教学进度报告，教师可以了解其他班级或教师的教学进度情况，相互学习、借鉴经验，促进教师之间的交流与合作。

3.促进学生自我管理与发展。学生可以通过查看教学进度报告，了解自己的学习进度和成绩情况，进行自我管理和规划，促进自身发展。

4.优化资源配置和提高教学质量。教学进度报告可以帮助学校优化资源配置，提高教学资源的利用效率，同时，提高教学质量和满意度。

总之，教学进度报告与分析在智能职教一体化平台中具有重要的作用和价值。通过编制教学进度报告、分析教学进度数据、识别与解决教学进度问题，以及应用教学进度报告等方式，可以提高教学管理水平和教学效果，为职业教育的发展做出积极贡献。

# 第三节　教学质量评估

## 一、教学质量指标设定的重要性

在智能职教一体化平台中，教学质量评估是保证教学质量持续提升的关键环节。而教学质量指标设定作为评估的基础，其重要性不言而喻。以下从四个方面分析教学质量指标设定的重要性。

### （一）明确教学目标与要求

教学质量指标的设定，首先需要明确教学目标与要求。这些目标与要求既是教学活动的出发点，也是教学活动的归宿。通过设定具体、可衡量的教学质量指标，可以清晰地传达给学生和教师教学目标是什么，以及达到这些目标需要满足哪些要求。这不仅有助于教师制订针对性强的教学计划，也有助于学生明确学习方向、提高学习效率。

同时，明确的教学目标与要求还有助于形成统一的教学评价标准。在教学质量评估过程中，只有明确了评价标准，才能对教学质量进行客观、公正的评价，为教学改进提供有力支持。

## （二）促进教学质量监控与管理

教学质量指标的设定，有助于促进教学质量监控与管理。通过对教学质量指标的实时监测和数据分析，可以及时了解教学过程中的问题和不足，为教学管理者提供决策依据。同时，教学质量指标的设定还可以激发教师的责任感和紧迫感，促使他们更加注重教学质量，提高教学效果。

在智能职教一体化平台中，通过设定教学质量指标，可以实现教学质量的实时监控和数据分析。教学管理者可以根据数据分析结果，及时调整教学策略和资源配置，确保教学质量稳步提升。

## （三）提升教师教学能力与水平

教学质量指标的设定，对于提升教师教学能力与水平具有重要意义。首先，通过设定具体、可衡量的教学质量指标，教师可以清晰地了解自己在教学中需要达到的标准和要求。这有助于教师明确教学方向，制订针对性强的教学计划。

其次，教学质量指标的设定可以作为教师评价的重要依据。通过对教学质量指标的评估，可以客观、公正地评价教师的教学能力和水平。这不仅可以激发教师的积极性，也有助于教师发现自己的不足并进行改进。

最后，教学质量指标的设定可以促进教师之间的交流与合作。通过分享教学质量指标和评估结果，教师可以了解其他教师的教学经验和优点，相互学习、借鉴经验，共同提高教学能力和水平。

## （四）保障学生权益与促进学生发展

教学质量指标的设定，最终目的是保障学生权益和促进学生发展。通过设定具体、可衡量的教学质量指标，可以确保学生在教学过程中得到充分的关注和指导，获得优质的教育资源和服务。这有助于提高学生的学习效果和满意度，促进学生的全面发展。

同时，教学质量指标的设定还可以为学生提供明确的学习目标和方向。学生可以根据教学质量指标了解自己在学习中需要达到的标准和要求，从而制订更加科学、合理的学习计划。这有助于学生更好地掌握知识和技能，提高综合素质和竞争力。

综上所述，教学质量指标设定在教学质量评估中具有重要意义。只有设定了明确、具体、可衡量的教学质量指标，才能确保教学质量评估的客观性、公正性和有效性，为教学质量的持续提升提供有力支持。

## 二、教学质量数据收集

教学质量数据收集是教学质量评估的关键环节，它直接关系到评估结果的准确性和有效性。以下从四个方面对教学质量数据收集进行详细分析。

### （一）数据收集的目的与意义

教学质量数据收集的首要目的是为教学质量评估提供全面、准确、客观的数据支持。这些数据能够反映教学活动的实际情况，揭示教学中存在的问题和不足，为教学改进提供有力依据。同时，教学质量数据收集也是教学管理科学化、规范化的重要体现，有助于提升教学管理的效率和水平。

在教学质量评估中，数据收集的意义在于确保评估结果的客观性和公正性。通过收集大量的、真实的教学数据，可以对教学质量进行量化分析，避免主观臆断和偏见。此外，数据收集还有助于发现教学中的隐性问题和深层次矛盾，为教学改进提供更为全面、深入的指导。

### （二）数据收集的方法与途径

教学质量数据收集的方法与途径多种多样，包括问卷调查、课堂观察、学生作业分析、考试成绩统计等。这些方法各有优缺点，需要根据实际情况选择合适的组合方式。

首先，问卷调查是一种常用的数据收集方法，它可以快速、广泛地收集学生和教师的意见、建议。通过设计合理的问卷问题，可以获取关于教学内容、教学方法、教学效果等方面的信息。然而，问卷调查也存在一些局限性，如受访者可能存在主观偏见或回答不真实的情况。

其次，课堂观察是一种重要的数据收集方法，它可以直观地了解教师的教学行为和学生的学习状态。通过观察课堂互动、学生参与度等指标，可以评估教师的教学效果和学生的学习效果。但是，课堂观察需要投入大量的人力和时间，且观察结果可能受到观察者主观因素的影响。

最后，学生作业分析和考试成绩统计是常用的数据收集方法。通过分析学生的作业完成情况和考试成绩，可以了解学生对知识点的掌握情况和教学效果。然而，这些方法也存在一些局限性，如学生作业可能存在抄袭现象，考试成绩可能受到多种因素的影响等。

### （三）数据收集的挑战与应对

教学质量数据收集过程中可能会遇到一些挑战，如数据收集难度大、数据质量难以保证、数据安全问题等。针对这些挑战，需要采取相应的应对措施。

首先，针对数据收集难度大的问题，可以通过优化数据收集方法和途径降低难度。例如，利用智能职教一体化平台的功能，实现数据自动收集和整理；通过设计简洁明了的问卷问题，降低受访者的填写难度等。

其次，针对数据质量难以保证的问题，需要加强对数据质量的监控和管理。例如，建立数据审核机制，对收集到的数据进行严格把关；对存在问题的数据进行清洗和修正等。

最后，针对数据安全问题，需要采取严格的数据保护措施。例如，对收集到的数据进行加密存储和传输；限制数据访问权限，确保只有授权人员才能访问和使用数据等。

### （四）数据收集的结果与应用

教学质量数据收集的结果对于教学质量评估和教学改进具有重要意义。通过对收集到的数据进行分析和挖掘，可以发现教学中存在的问题和不足，为教学改进提供有力支持。

首先，数据收集结果可以用于评估教学质量。通过对比不同班级、不同教师、不同课程之间的数据差异，可以评估教学质量的高低和优劣。这有助于教学管理者了解教学现状，制定相应的教学策略和管理措施。

其次，数据收集结果可以用于指导教学改进。通过对数据的深入分析，可以发现教学中存在的问题和不足，并找出问题的根源。这有助于教师制订针对性强的教学计划和方法，提高教学效果和学生的学习效果。

最后，数据收集结果可以用于优化教学资源配置。通过分析不同班级、不同课程之间的数据差异，可以了解不同教学资源的需求情况和使用情况。这有助于学校优化资源配置，提高教学资源的利用效率和效果。

## 三、教学质量分析与诊断

教学质量分析与诊断是教学质量评估的核心环节，它基于收集到的数据，对教学过程和结果进行深入剖析，以揭示教学问题，提出改进策略。以下从四个方面对教学质量分析与诊断进行详细分析。

### （一）分析与诊断的理论基础

教学质量分析与诊断需要建立在坚实的理论基础之上。这些理论包括教育学、心理学、统计学等多个学科领域的知识。教育学理论提供了教学活动的框架和原则，心理学理论揭示了学生学习过程中的心理机制，统计学理论为数据的处理和分析提供了科学方法。通过综合运用这些理论，可以确保教学质量分析与诊断的科学性和准确性。

在实际操作中，我们需要根据具体的教学情境和问题，选择合适的理论进行分析和诊断。例如，在分析学生学习成绩时，可以运用教育测量学中的信度、效度等概念，评估考试结果的可靠性和有效性；在分析学生课堂参与度时，可以运用社会心理学中的互动理论，探讨师生互动对学生学习的影响。

### （二）分析与诊断的内容和方法

教学质量分析与诊断的内容主要包括教学目标达成度、教学内容和方法、学生学习效果，以及教师教学行为等方面。针对这些方面，我们可以采用多种方法进行分析和诊断。

在分析教学目标达成度时，可以通过对比教学目标与学生的学习成果，评估教学目标的实际达成情况。在分析教学内容和方法时，可以运用内容分析法，对教材和教案进行深入剖析，评估教学内容的科学性和教学方法的有效性。在评估学生学习效果时，可以运用统计分析法，对学生的作业、考试等成绩进行量化分析，揭示学生的学习状况和问题。在评估教师教学行为时，可以运用课堂观察法，观察教师的教学行为和师生互动情况，评估教师的教学能力和教学风格。

### （三）分析与诊断的挑战和应对

教学质量分析与诊断过程中可能会遇到一些挑战，如数据质量不高、分析方法复杂、诊断结果难以解读等。针对这些挑战，我们需要采取相应的应对措施。

首先，针对数据质量不高的问题，我们需要加强数据收集的质量控制，确保数据的准确性和可靠性。同时，在数据分析过程中，需要注意数据的清洗和预处理，以提高数据质量。

其次，针对分析方法复杂的问题，我们需要加强分析方法的培训和学习，提高分析人员的专业技能和素养。同时，也可以借助先进的分析工具和技术，如数据挖掘、机器学习等，提高分析效率和准确性。

最后，针对诊断结果难以解读的问题，我们需要加强诊断结果的解释和沟通工作。通过直观的图表、报告等形式展示诊断结果，帮助教学管理者和教师更好地理解问题所在及改进方向。同时，也需要加强与教学管理者和教师的沟通、交流，共同制定改进策略和措施。

### （四）分析与诊断的实践应用

教学质量分析与诊断的实践应用主要体现在教学改进和教学质量提升方面。首先，通过对教学质量进行深入分析和诊断，我们可以发现教学中存在的问题和不足，并找出问题的根源。其次，根据分析结果制定相应的改进策略和措施，如调整教学目标、优化教学内容和方法、改进学生学习策略等。这些改进策略和措施的实施将有助于提升教师的教学质量与学生的学习效果。

同时，教学质量分析与诊断的实践应用还可以促进教学管理的科学化和规范化。通过对教学质量进行定期分析和诊断，教学管理者可以及时了解教学现状和问题所在，并制定相应的管理策略和措施。这将有助于提升教学管理的效率和水平，推动学校教学质量的持续提升。

## 四、教学质量提升策略

教学质量提升策略是教学质量评估的最终目的和归宿，它基于教学质量分析与诊断的结果，旨在解决教学中存在的问题，优化教学过程，提高教学效果。以下从四个方面对教学质量提升策略进行详细分析。

## （一）教学策略的优化

教学策略的优化是教学质量提升的关键。首先，我们需要根据教学目标和学生的实际情况，选择合适的教学策略。例如，对于基础知识薄弱的学生，可以采用讲解与演示相结合的教学策略；对于思维能力较强的学生，可以采用探究式或项目式的教学策略。

其次，教学策略的优化体现在教学方法的改进上。我们应摒弃传统的"填鸭式"教学，注重学生的主体性和参与性，采用多种教学方法如讨论、案例分析、模拟实验等，激发学生的学习兴趣和积极性。

最后，教学策略的优化包括教学资源的整合。我们应充分利用现代教育技术，如多媒体、网络等，为学生提供丰富多样的教学资源，拓宽学生的视野和知识面。

## （二）教师素养的提升

教师素养是教学质量提升的基础。首先，教师应具备扎实的专业知识和教育教学理论知识，能够熟练掌握并运用各种教学方法和技巧。为此，学校应定期组织教师参加专业培训和学习，提高教师的专业素养。

其次，教师应具备良好的师德师风，能够以身作则，为学生树立榜样。学校应加强对教师的师德师风教育，引导教师树立正确的教育观念和价值观。

最后，教师应具备创新意识和实践能力，能够不断探索新的教学方法，提高教学效果。学校应鼓励教师进行教学研究和创新实践，为教师的成长提供支持和保障。

## （三）学生主体地位的凸显

学生是教学活动的主体，凸显学生的主体地位是教学质量提升的重要途径。首先，我们应尊重学生的个性差异和学习需求，为学生提供个性化的学习支持和服务。例如，可以根据学生的学习能力和兴趣特点，制订个性化的学习计划和教学策略。

其次，我们应注重培养学生的自主学习能力和合作精神。通过设计具有挑战性的学习任务和项目，引导学生主动参与学习、积极思考、合作交流，培养学生的创新精神和实践能力。

最后，我们应加强学生的心理健康教育，关注学生的心理健康问题，为学生提供必要的心理支持和帮助。这有助于缓解学生的学习压力，提高学生的学习效果和生活质量。

### （四）教学管理的科学化与规范化

教学管理的科学化与规范化是教学质量提升的重要保障。首先，我们应建立科学的教学管理体系，明确教学管理的职责和任务，确保教学管理工作的有序开展。

其次，我们应加强对教学过程的监控和评估。通过定期的教学检查和评估，及时了解教学现状和问题所在，为教学改进提供有力支持。同时，我们还应建立教学质量反馈机制，及时收集和分析学生与教师的意见、建议，为教学改进提供重要参考。

最后，我们应加强教学资源的合理配置和优化利用。通过制定科学的教学资源分配方案和使用计划，确保教学资源的充足性和有效性。同时，我们还应加强对教学资源的维护和更新工作，确保教学资源的持续性和稳定性。

综上所述，教学质量提升策略是一个综合性的过程，需要我们从教学策略的优化、教师素养的提升、学生主体地位的凸显，以及教学管理的科学化与规范化等方面入手，全面推动教学质量的提升。

# 第四节　教学资源优化配置

## 一、教学资源需求分析

教学资源需求分析是教学资源优化配置的前提和基础，它涉及对教学资源进行全面、深入的剖析，以确定教学资源的需求量和需求结构。以下从四个方面对教学资源需求分析进行详细分析。

### （一）教学资源需求的背景与意义

教学资源需求分析的背景在于当前教育环境的变革和发展，以及教学质量的提升对教学资源的新要求。随着教育信息化、现代化的推进，教学资源的需求日益多样化、个性化。同时，教学质量提升对教学资源的质量和数量也提出了更高的要求。因此，进行教学资源需求分析具有重要的现实意义。

教学资源需求分析的意义在于明确教学资源的需求量和需求结构，为教学资源的优化配置提供科学依据。通过深入分析教学资源的需求，可以确保教学资源的投入与产出相匹配，避免资源的浪费和不足。同时，教学资源需求分析还有助于发现教学资源的问题和不足，为教学资源的改进和优化提供方向。

### （二）教学资源需求的类型与特点

教学资源需求的类型多样，包括硬件设施、软件资源、人力资源等。硬件设施如教室、实验室、图书馆等，是教学活动的基本保障；软件资源如教材、课件、网络课程等，是教学活动的重要支撑；人力资源如教师、管理人员等，是教学活动的关键要素。

教学资源需求的特点主要体现在以下几个方面：一是多样性，不同类型的教学资源具有不同的特点和功能；二是动态性，教学资源需求随着教学环境和教学需求的变化而不断变化；三是层次性，不同学科、不同年级、不同学生的教学资源需求具有不同的层次和深度。

### （三）教学资源需求的分析方法

教学资源需求的分析方法主要包括问卷调查法、访谈法、观察法等。首先，问卷调查法是通过设计问卷，向教师、学生等群体收集教学资源需求信息的方法；其次，访谈法是通过与教师、学生等群体进行面对面交流，深入了解他们的教学资源需求的方法；最后，观察法是通过观察教学活动的实际情况，发现教学资源需求的方法。

在实际操作中，可以根据具体情况选择合适的分析方法或多种方法结合使用。同时，还需要注意分析方法的科学性和客观性，确保分析结果的准确性和可靠性。

### （四）教学资源需求的分析结果与应用

教学资源需求的分析结果主要包括教学资源需求的类型、数量、质量等方面的信息。这些分析结果可以为教学资源的优化配置提供重要参考。

首先，根据教学资源需求的分析结果，可以制订合理的教学资源投入计划。例如，根据教室、实验室等硬件设施的需求情况，制订相应的建设和改造计划；根据教材、课件等软件资源的需求情况，制订相应的采购和更新计划。

其次，教学资源需求的分析结果可以为教学资源的利用和管理提供指导。例如，根据教学资源的类型和特点，制定相应的使用和管理规范；根据教学资源的需求情况，优化教学资源的配置和使用方式。

最后，教学资源需求的分析结果可以为教学质量的提升提供支持。通过深入了解教学资源的需求情况，可以发现教学中存在的问题和不足，并制定相应的改进策略。同时，优化教学资源的配置和使用方式也可以提高教学效果与学生的学习体验。

## 二、教学资源整合与共享

教学资源整合与共享是提升教学资源利用效率、促进教育公平和提高教学质量的重要手段。以下从四个方面对教学资源整合与共享进行详细分析。

### （一）教学资源整合与共享的重要性

教学资源整合与共享的重要性主要体现在以下几个方面。首先，它有助于优化资源配置，提高资源利用效率。通过整合与共享，可以避免资源的重复建设和浪费，使有限的资源得到更加合理的利用。其次，它有助于促进教育公平。通过共享优质教学资源，可以缩小地区、学校之间的教育差距，使更多学生享受到优质的教育资源。最后，它有助于提升教学质量。整合与共享的教学资源可以为教师提供更多的教学选择和灵感，丰富教学内容和形式，从而提高教学质量。

### （二）教学资源整合与共享的策略

教学资源整合与共享的策略包括以下几个方面。首先，建立统一的教学资源管理平台。通过该平台，可以实现教学资源的统一管理和调度，方便资源的查找、获取和使用。其次，制定教学资源整合与共享的标准和规范。这些标准和规范可以确保教学资源的质量与安全性，促进资源的有效共享和利用。同时，还可以制定激励措施，鼓励教师、学校等积极参与教学资源的整合与共享。

### （三）教学资源整合与共享的实践

在教学资源整合与共享的实践过程中，需要注意以下几个方面。首先，要注重资源的筛选和评估。不是所有的教学资源都适合整合与共享，需要对其进行筛选和评估，确保资源的质量和适用性。其次，要注重资源的更新和维护。随着教育环境和教学需求的变化，教学资源也需要不断更新和维护，以保持其有效性和可用性。最后，需要加强技术支持和保障，确保教学资源整合与共享平台的稳定性和安全性。

### （四）教学资源整合与共享的挑战与应对

在教学资源整合与共享的过程中，可能会面临一些挑战和问题。首先，资源的所有权和使用权问题是一个重要的挑战。在整合与共享教学资源时，需要明确资源的所有权和使用权归属，确保资源的合法性和合规性。其次，资源的兼容性和标准化问题是一个需要解决的问题。不同的教学资源可能采用不同的标准和格式，需要进行相应的转换和标准化处理，以便更好地共享和利用。最后，需要应对技术、安全、隐私等方面的挑战和问题，确保教学资源整合与共享过程的顺利进行。

为了应对这些挑战和问题，可以采取以下措施。首先，加强政策引导和制度保障。政府和教育部门可以出台相关政策及制度，明确教学资源整合与共享的目标、原则和要求，为资源整合与共享提供制度保障。其次，加强技术支持和研发。可以通过引入先进的技术手段和方法，提高教学资源整合与共享的效率和质量。再次，加强安全保障和隐私保护。确保教学资源的安全性和隐私性。最后，加强合作与交流。可以通过建立合作机制、开展交流活动等方式，加强不同学校、地区之间的合作与交流，共同推动教学资源整合与共享的发展。

# 三、教学资源使用效率评估

教学资源使用效率评估是确保教学资源得到充分利用、优化配置的关键环节。通过对教学资源使用效率进行全面、系统的评估，可以及时发现并解决资源使用中的问题，提高教学资源的使用效果，为教学质量的提升提供有力支持。以下从四个方面对教学资源使用效率评估进行详细分析。

## （一）教学资源使用效率评估的必要性

教学资源使用效率评估的必要性主要体现在以下几个方面。首先，它是优化资源配置的依据。通过对教学资源使用效率进行评估，可以了解各种资源的利用情况，发现资源的浪费和不足，为资源的优化配置提供科学依据。其次，它是提高资源使用效果的手段。通过评估，可以发现资源使用中的问题和不足，并制定相应的改进措施，从而提高资源的使用效果。最后，它是推动教学质量提升的动力。教学资源使用效率的提升可以为学生提供更优质的教学资源，丰富教学内容和形式，进而提高教学质量。

## （二）教学资源使用效率评估的指标体系

构建科学、合理的指标体系是教学资源使用效率评估的基础。指标体系应涵盖资源的利用率、使用效果、用户满意度等多个方面。具体来说，可以包括资源的借阅率、使用率、更新率等指标，以及学生对资源质量的评价、教师对资源使用的反馈等。这些指标应能够全面、客观地反映教学资源的使用效率。

## （三）教学资源使用效率评估的方法与工具

教学资源使用效率评估需要采用科学、有效的方法和工具。常用的评估方法包括问卷调查法、访谈法、观察法等。首先，问卷调查法可以通过设计问卷收集学生和教师对教学资源使用情况的反馈；其次，访谈法可以深入了解学生和教师的需求和意见；最后，观察法可以观察教学资源的实际使用情况和效果。此外，还可以借助数据分析工具对教学资源使用数据进行统计和分析，从而更准确地评估资源使用效率。

在评估过程中，还需要注意方法和工具的适用性与可行性。不同的评估方法和工具可能适用于不同的评估对象与场景，需要根据实际情况进行选择和使用。同时，还需要注意评估结果的客观性和准确性，避免主观臆断和误判。

### （四）教学资源使用效率评估的结果应用与改进

教学资源使用效率评估的结果应用与改进是评估的最终目的。评估结果可以为教学资源的优化配置提供重要参考。针对评估中发现的问题和不足，可以制定相应的改进措施。例如，对于利用率较低的资源，可以加强宣传和推广，提高师生的使用意愿；对于质量不高的资源，可以加强质量监控和评估，及时更新和替换。此外，还可以根据评估结果对教学资源管理制度进行完善和优化，提高管理水平和效率。

同时，还需要注意评估结果的持续跟踪和反馈。教学资源使用效率是一个动态变化的过程，需要持续关注和跟踪评估结果的变化情况。对于评估结果中出现的问题和不足，需要及时进行反馈和整改，确保教学资源使用效率的持续提升。

总之，教学资源使用效率评估是确保教学资源得到充分利用、优化配置的关键环节。通过构建科学、合理的指标体系，采用科学、有效的方法和工具进行评估，并根据评估结果制定相应的改进措施和管理策略，可以不断提高教学资源的使用效率和质量水平，为教学质量的提升提供有力支持。

## 四、教学资源配置优化建议

教学资源配置优化是提高教学质量、促进教育公平和满足学生个性化学习需求的重要途径。以下从四个方面对教学资源配置的优化提出具体建议。

### （一）完善教学资源配置规划

教学资源配置的优化首先需要完善配置规划。规划应基于教育发展的长期目标和当前教育环境的实际情况，充分考虑各类教学资源的需求量、供给量和供需关系。规划应明确各级教育部门、学校和教师的责任与权利，确保资源配置的公平性和合理性。同时，规划应具有前瞻性和灵活性，能够应对未来教育环境的变化和挑战。

具体而言，可以通过以下几个方面完善教学资源配置规划：一是加强调研和分析，深入了解各类教学资源的需求和供给情况；二是建立教学资源数据库和信息系统，实现资源的动态管理和监控；三是制定明确的资源配置标准和指南，确保资源的合理分配和有效利用；四是加强规划的宣传和推广，提高各级教育部门、学校和教师的认识与参与度。

## （二）推动教学资源共享机制建设

教学资源共享是提高资源利用效率、促进教育公平的重要手段。应建立健全教学资源共享机制，推动各类教学资源在不同学校、地区之间的共享和交流。可以通过以下几个方面推动教学资源共享机制建设：一是建立教学资源共享平台，实现资源的集中展示和快速检索；二是制定教学资源共享政策和规范，明确共享的条件、方式和责任；三是加强技术支持和保障，确保共享平台的稳定性和安全性；四是鼓励学校、教师之间开展合作与交流，共同推动教学资源的共享和利用。

## （三）优化教学资源使用模式

教学资源的使用模式直接影响资源的使用效率和效果。应优化教学资源使用模式，使其更加符合学生的学习需求和教师的教学需求。具体而言，可以从以下几个方面进行优化：一是加强对学生学习需求的分析和研究，根据学生的学习特点和兴趣爱好提供个性化的教学资源；二是推广多元化、互动式的教学方式，充分利用各种教学资源激发学生的学习兴趣和积极性；三是加强教师培训和指导，提高教师利用教学资源的能力和水平；四是建立教学资源使用反馈机制，及时了解资源使用情况和问题，并针对性地进行改进和优化。

## （四）强化教学资源配置评估与监管

教学资源配置评估与监管是确保资源配置优化持续有效的关键环节。应建立健全评估与监管机制，对教学资源配置情况进行定期评估和监督。首先，评估可以围绕资源的利用率、使用效果、用户满意度等方面进行，确保资源得到充分利用和有效配置。其次，监管侧重对资源配置过程中的违规行为进行监督和查处，确保资源配置的公平性和合理性。

具体而言，可以通过以下几个方面强化教学资源配置评估与监管：一是制定明确的评估标准和指标体系，确保评估的科学性和客观性；二是建立评估机构或团队，负责具体实施评估工作；三是加强评估结果的反馈和应用，及时发现问题并进行改进；四是建立监管机制和制度，对违规行为进行查处和追责。同时，还应加强对评估与监管工作的宣传和推广，提高各级教育部门、学校和教师的认识与参与度。

# 第五节　教学决策支持系统

## 一、教学决策支持系统架构设计

教学决策支持系统是现代教育管理中不可或缺的一部分，它利用信息技术手段，为教育决策者提供数据支持、模型分析以及可视化工具，从而辅助其做出科学、合理的决策。以下从四个方面对教学决策支持系统的架构设计进行详细分析。

### （一）系统架构设计的目标与原则

教学决策支持系统架构设计的首要目标是构建一个稳定、高效、灵活且易于扩展的系统，以满足教育决策者对数据分析和决策支持的需求。在设计过程中，应遵循以下原则。

1. 稳定性。确保系统在各种环境下都能稳定运行，避免因系统崩溃或数据丢失而影响决策过程。

2. 高效性。优化系统性能，提高数据处理和分析的速度，确保决策者能够迅速获取所需信息。

3. 灵活性。系统应具有良好的适应性，能够根据教育环境和决策需求的变化进行相应的调整。

4. 易扩展性。系统应支持模块化设计，方便后续功能的添加和扩展。

## （二）系统架构设计的主要内容

教学决策支持系统架构设计的主要内容包括以下几个方面。

1.数据层设计。数据层设计指构建统一的数据仓库或数据中心，整合各类教育数据资源，为系统提供稳定、可靠的数据支持。

2.应用层设计。应用层设计指设计多样化的应用模块，如数据分析、模型预测、可视化展示等，以满足不同决策者的需求。

3.用户界面设计。用户界面设计指设计直观、友好的用户界面，方便用户与系统进行交互操作，提高系统的易用性。

4.系统安全管理设计。系统安全管理设计指建立完善的安全管理体系，确保系统数据的安全性和保密性。

## （三）系统架构设计的关键技术

教学决策支持系统架构设计过程中需要采用一系列关键技术，具体如下。

1.大数据技术。利用大数据技术处理和分析海量教育数据，提取有价值的信息和规律。

2.数据挖掘技术。通过数据挖掘技术发现数据中的潜在模式和关联关系，为决策提供支持。

3.人工智能技术。运用人工智能技术构建智能分析模型，实现自动化决策支持和预测分析。

4.可视化技术。利用可视化技术将复杂的数据和模型以直观、易懂的方式呈现出来，便于用户理解和分析。

## （四）系统架构设计的优化与改进方向

随着教育环境的不断变化和决策需求的日益复杂，教学决策支持系统架构设计需要不断优化和改进。以下是一些可能的优化与改进方向。

1.数据整合与标准化。数据整合与标准化是指进一步整合各类教育数据资源，实现数据标准化和共享，提高数据的可用性和准确性。

2.模型更新与优化。模型更新与优化是指根据教育环境的变化和决策需求的变化，不断更新和优化分析模型，提高模型的准确性和适用性。

3. 用户体验改进。用户体验改进是指持续优化用户界面和交互设计，提高系统的易用性和用户体验。

4. 系统性能提升。系统性能提升是指采用更先进的硬件设备和软件技术，提升系统的处理能力和响应速度。

通过以上四个方面的分析和优化，可以构建一个更加完善、高效、灵活的教学决策支持系统，为教育决策者提供更加科学、合理的决策支持。

## 二、教学决策数据分析与处理

在教学决策支持系统中，数据分析与处理是核心环节，它直接决定了系统能否为决策者提供准确、有价值的信息。以下从四个方面对教学决策数据分析与处理进行详细分析。

### （一）数据收集与整合

数据收集与整合是决策数据分析与处理的起点。在教育领域，数据来源广泛，包括学生成绩、行为记录、教学资源使用情况、教师评价等多个方面。为了获取全面、准确的数据，需要建立有效的数据收集机制，并整合不同来源的数据。

首先，需要明确数据收集的目标和范围，确定需要收集哪些数据及数据的来源。其次，建立数据收集的标准和流程，确保数据的准确性和一致性。最后，需要考虑数据的隐私和安全问题，确保在收集过程中不会泄露敏感信息。

在数据整合方面，需要建立统一的数据存储和管理平台，将不同来源的数据进行清洗、转换和整合，形成统一的数据格式和标准。这有助于消除数据冗余和错误，提高数据的质量和可用性。

### （二）数据分析方法与模型

数据分析方法与模型是决策数据分析与处理的核心。在教学决策支持系统中，常用的数据分析方法包括描述性统计分析、预测性分析、因果分析等。这些方法可以帮助我们深入了解数据的特征和规律，发现数据中的潜在信息和价值。

同时，还需要根据具体的应用场景和需求，建立相应的数据分析模型。例如，可以利用机器学习算法构建学生成绩预测模型，利用关联规则挖掘算法发现教学资源使用与学生成绩之间的关联关系等。这些模型可以为决策者提供更加具体、深入的决策支持。

在选择数据分析方法与模型时，不仅需要考虑数据的特性、问题的复杂性和决策者的需求等多个因素，还需要不断尝试和优化模型，以提高其准确性和适用性。

## （三）数据处理流程与质量控制

数据处理流程与质量控制是确保数据分析结果准确可靠的关键。在教学决策支持系统中，数据处理流程通常包括数据清洗、数据转换、数据分析、结果展示等多个环节。

在数据清洗环节，需要去除重复、错误和异常的数据，确保数据的准确性和一致性。在数据转换环节，需要将原始数据转换为适合分析的格式和标准。在数据分析环节，需要运用相应的分析方法和模型，对数据进行深入挖掘和分析。在结果展示环节，需要将分析结果以直观、易懂的方式呈现出来，方便决策者理解和使用。

在质量控制方面，首先，需要建立严格的数据处理规范和标准，确保每个环节都符合质量要求。其次，需要对数据进行多次验证和校对，确保分析结果的准确性和可靠性。最后，需要建立数据质量监控机制，及时发现和纠正数据处理过程中出现的问题与错误。

## （四）数据可视化与交互设计

数据可视化与交互设计是帮助决策者更好地理解和分析数据的重要手段。通过可视化技术，可以将复杂的数据和模型以直观、易懂的方式呈现出来，方便决策者快速捕捉关键信息和规律。

在数据可视化方面，需要根据数据的特性和决策者的需求选择合适的可视化工具及技术。例如，可以利用图表、地图、热力图等方式展示数据的分布和趋势；可以利用动画和交互设计增强可视化效果，提高用户的参与度和体验。

在交互设计方面，需要注重用户界面的友好性和易用性。设计简洁明了的界面布局和操作流程，降低用户的学习和使用成本。同时，还需要提供丰富的交互功能和选项，满足用户不同的需求和偏好。通过优化数据可视化与交互设计，可以提高决策者对数据的理解和分析能力，为科学决策提供更加有力的支持。

## 三、教学决策建议生成与输出

在教学决策支持系统中，决策建议的生成与输出既是系统功能的最终体现，也是实现决策支持目标的关键环节。以下从四个方面对教学决策建议的生成与输出进行详细分析。

### （一）决策建议的生成机制

决策建议的生成机制是确保系统能够自动或半自动地根据数据分析结果提供有效建议的基础。首先，需要建立合理的决策建议生成流程，明确从数据分析到建议生成的整个过程。这包括数据的预处理、模型的选择与训练、分析结果的解读，以及建议的生成等步骤。

在数据的预处理阶段，需要对原始数据进行清洗、转换和整合，确保数据的质量和一致性。模型的选择与训练是根据问题的特性与需求，选择适当的分析方法和模型，并利用数据进行训练和验证。分析结果的解读是将模型输出的结果转化为易于理解的语言或图形，方便决策者理解和使用。

在建议的生成阶段，系统需要根据分析结果和预设的规则或策略，自动生成相应的决策建议。这些建议可以针对具体的问题或场景，提供针对性的解决方案或优化措施。同时，系统还需要考虑决策者的偏好和约束条件，确保建议的可行性和有效性。

### （二）决策建议的质量保障

决策建议的质量是评价系统性能的重要指标之一。为了保障决策建议的质量，需要采取一系列措施确保建议的准确性、可靠性和实用性。

首先，需要建立严格的数据质量监控机制，确保输入数据的质量和准确性。这包括对数据的来源、收集过程、处理过程等进行全面的监控和评估，确保数据的真实性和可靠性。

其次，需要选择合适的分析方法和模型，并根据问题的特性进行调整和优化。在选择模型时，需要考虑模型的准确性、稳定性和泛化能力等因素，确保模型能够准确地反映数据的规律和特征。同时，还需要对模型进行验证和测试，确保其在不同场景下的表现均符合预期。

最后，在建议生成阶段，需要建立合理的建议评估机制，对生成的建议进行全面的评估和验证。这包括对建议的可行性、有效性、成本效益等方面进行评估，确保建议的实用性和可操作性。同时，还需要根据反馈信息进行不断优化和改进，提高建议的质量和准确性。

## （三）决策建议的呈现方式

决策建议的呈现方式对于其传播和应用具有重要影响。为了方便决策者理解和使用决策建议，需要采用合适的呈现方式将建议呈现给决策者。

首先，可以采用文字描述的方式将建议以简洁明了的语言呈现出来。这有助于决策者快速了解建议的核心内容和要点。同时，还可以使用图表、图形等可视化手段辅助说明建议的内容和意义，使决策者更加直观地理解建议的实质。

其次，可以采用交互式的方式呈现决策建议。例如，可以设计交互式界面或工具，允许决策者根据自己的需求和偏好选择不同的建议方案或参数设置。这有助于提高决策者的参与度和满意度，并增强建议的针对性和实用性。

最后，可以考虑将决策建议以报告或文档的形式呈现给决策者。这有助于决策者更加系统地了解建议的背景、依据、内容和实施步骤等信息，为决策提供更加全面的支持和参考。

## （四）决策建议的应用与反馈

决策建议的应用与反馈是检验系统性能和优化建议质量的重要环节。为了充分发挥决策建议的作用和价值，需要建立有效的应用与反馈机制。

首先，需要明确决策建议的应用场景和目标受众，并制定相应的推广和应用策略。例如，可以将决策建议应用于学校的教学管理、课程设计、学生评估等方面，帮助学校提高教学质量和管理水平。同时，还可以将建议分享给相关领域的专家或组织，促进知识的共享和交流。

其次，需要建立反馈机制收集用户对决策建议的评价和反馈。这可以通过问卷调查、访谈、用户反馈等方式进行。收集到的反馈可以用于评估建议的实用性和满意度，并为后续的优化和改进提供依据。同时，还可以根据用户的反馈需求，不断扩展和完善决策建议的功能与应用范围。

最后，需要定期对决策建议进行回顾和总结，分析建议的应用效果和影响因素，并制定相应的改进措施。这有助于不断提高决策建议的质量和效果，为决策者提供更加科学、合理的决策支持。

# 四、教学决策支持系统效果评估与反馈

在构建和使用教学决策支持系统的过程中，对系统效果的评估与反馈是不可或缺的一环。它不仅能帮助我们了解系统的运行状况、发现潜在问题，还能为系统的持续优化提供重要依据。以下从四个方面对教学决策支持系统效果评估与反馈进行详细分析。

## （一）评估体系与指标设计

构建一个科学合理的评估体系是评估决策支持系统效果的基础。评估体系应涵盖系统的各个方面，包括数据质量、分析准确性、建议有效性、用户满意度等。同时，针对各个方面，都需要设计具体的评估指标，以便进行量化分析和比较。

在数据质量方面，可以评估数据的完整性、准确性、时效性等。在分析准确性方面，可以通过比较系统输出结果与实际结果的差异进行评估。在建议有效性方面，可以考查建议被采纳的比例、实施后的效果等。在用户满意度方面，可以通过问卷调查、访谈等方式获取用户反馈。

此外，评估指标的设计应具有可操作性和可度量性，确保评估结果的客观性和公正性。同时，还需要考虑指标之间的关联性和权重分配，确保评估结果能够全面反映系统的效果。

## （二）评估方法与流程设计

评估方法与流程的选择对于评估结果的准确性和可靠性至关重要。在评估方法上，可以采用定性和定量相结合的方法，包括案例分析法、比较分析法、问卷调查法等。这些方法可以帮助我们全面深入地了解系统的运行情况和用户反馈。

在评估流程上，需要明确评估的目标、范围、时间节点等，并制订相应的评估计划和方案。评估流程应包括数据收集、分析处理、结果呈现和反馈收集等环节，确保评估过程的系统性和完整性。

同时，还需要注意评估过程中的质量控制和风险管理，确保评估结果的准确性和可靠性。例如，可以采用多次验证、交叉比对等方式确保数据的准确性；通过制定应急预案和风险管理措施应对可能出现的风险及问题。

### （三）评估结果的分析与应用

评估结果的分析与应用是评估工作的核心环节。通过对评估结果的分析，我们可以了解系统的优点和不足，发现潜在问题和改进空间。同时，还可以将评估结果应用于系统的优化和改进中，提高系统的性能和效果。

在评估结果的分析上，需要关注关键指标的变化趋势和影响因素，找出问题的根源和解决方案。同时，还需要对评估结果进行深入的挖掘和解读，发现隐藏在数据背后的规律和趋势。

在评估结果的应用上，可以针对评估中发现的问题制定具体的改进措施和优化方案。例如，针对数据质量问题可以加强数据清洗和整合；针对建议有效性问题可以优化建议生成算法和呈现方式；针对用户满意度问题可以提升系统的易用性和友好性等。通过持续改进和优化，可以不断提高决策支持系统的性能和效果。

### （四）反馈机制与持续改进

反馈机制是确保决策支持系统持续改进和优化的重要保障。通过收集用户反馈和评估结果，我们可以了解系统的实际运行情况和用户需求变化，为系统的持续优化提供重要依据。

在反馈机制上，不仅需要建立多渠道、多方式的反馈途径，包括用户调查、在线反馈、定期会议等，还需要对反馈信息进行及时处理和回应，确保用户的问题和需求得到及时解决与满足。

在持续改进上，需要根据反馈信息和评估结果制订具体的改进计划与方案，并付诸实施。同时，还需要对改进过程进行监控和评估，确保改进措施的有效性和可持续性。通过持续改进和优化，可以不断提高教学决策支持系统的性能和效果，为用户提供更加科学、合理的决策支持。

# 第五章　智能职教一体化平台在学生学习中的应用

## 第一节　个性化学习路径规划

### 一、学生能力评估与定位

在智能职教一体化平台中，学生能力评估与定位是个性化学习路径规划的基础。通过科学、全面的评估，平台能够准确识别学生的学习水平、潜能和兴趣，从而为每个学生定制符合其特点的学习方案。以下从四个方面对学生能力评估与定位进行详细分析。

#### （一）评估内容与维度

在评估内容与维度方面，智能职教平台需要考虑学生的多个方面。首先是学科知识掌握程度，包括学生对各个学科的基本概念、原理和技能的掌握情况。其次是学生的学习能力和方法，如自主学习能力、问题解决能力、创新思维等。最后是学生的情感态度和价值观，如学习动力、兴趣偏好、职业倾向等。这些维度共同构成了学生能力的全面评估框架。

为了准确评估学生在这些方面的能力，智能职教平台不仅可以运用多种评估工具和方法，如在线测试、作业分析、学习行为记录等，还可以结合学生的学习历史和表现，对学生的能力进行纵向和横向的比较分析，从而更准确地把握学生的能力水平和发展趋势。

## （二）评估数据的收集与分析

评估数据的收集与分析是评估工作的核心环节。智能职教平台首先需要设计合理的评估任务和数据采集方式，确保数据的真实性和有效性。其次，平台需要运用先进的数据分析技术，对收集到的数据进行深入挖掘和解读，以发现学生能力的特点和问题。

在评估数据的收集方面，平台首先可以通过在线测试、作业提交、学习互动等方式获取学生的学习数据。这些数据包括学生的答题情况、作业完成情况、学习时长等。其次，平台可以通过学习行为记录功能，实时跟踪学生的学习过程和行为表现，从而获取更加全面、详细的数据信息。

在评估数据的分析方面，平台可以采用统计分析、数据挖掘等技术方法，对收集到的数据进行深入分析。通过对数据的挖掘和分析，平台可以发现学生能力的特点和问题，如哪些知识点掌握较好、哪些能力存在不足等。同时，平台还可以根据分析结果，为每个学生制订个性化的学习计划和建议。

## （三）评估结果的呈现与解读

评估结果的呈现与解读是评估工作的重要环节。智能职教平台首先需要将评估结果以直观、易懂的方式呈现给学生和教师，帮助他们了解学生的学习情况和能力水平。其次，平台需要对评估结果进行深入的解读和分析，为学生提供个性化的学习建议和指导。

在评估结果的呈现方面，平台可以采用图表、报告等形式展示学生的评估结果。这些图表和报告可以清晰地展示学生的能力水平与发展趋势，帮助学生和教师了解学生的学习情况。同时，平台还可以将评估结果与学生的学习目标和计划进行对比分析，帮助学生发现自己的优势和不足。

在评估结果的解读方面，平台需要提供详细的解读和建议。根据学生的评估结果和能力特点，平台不仅可以为学生推荐适合的学习资源和课程，提供个性化的学习建议和指导，还可以根据学生的学习情况和反馈，不断调整和优化学习路径规划方案，确保学生能够在最适合自己的学习环境中成长和发展。

## 二、学习路径定制与推荐

在智能职教一体化平台中，学习路径的定制与推荐是实现个性化学习的关键步骤。通过深入分析学生的能力评估结果、学习需求、兴趣偏好，以及职业发展目标，平台能够为学生定制出符合其个人特点的学习路径，并推荐相应的学习资源和活动。以下从四个方面对学习路径定制与推荐进行详细分析。

### （一）学习路径定制的原则与策略

学习路径的定制应遵循一定的原则与策略，以确保其科学性和有效性。首先，定制学习路径应以学生为中心，充分考虑学生的个体差异和需求。平台需要深入了解学生的学习能力、兴趣偏好、学习风格等因素，以此为基础进行路径规划。其次，学习路径应具有层次性和递进性，能够逐步提升学生的知识和技能水平。平台应根据学生的学习进度和反馈，不断调整和优化学习路径，确保其适应学生的学习需求和发展潜力。

在定制学习路径时，平台可以采用多种策略。例如，基于学生能力评估结果的分层教学策略，为不同能力水平的学生提供不同难度和深度的学习内容与活动；基于学生兴趣偏好的个性化推荐策略，为学生推荐符合其兴趣爱好的学习资源和课程；基于学生职业发展目标的导向性策略，为学生规划符合其未来职业发展方向的学习路径。

### （二）学习资源的整合与优化

学习资源的整合与优化是学习路径定制与推荐的重要环节之一。平台需要收集、整理和筛选各种优质的学习资源，包括课程、教材、案例、习题等，并根据学生的学习路径进行有针对性的推荐。同时，平台还需要对学习资源进行持续的优化和更新，确保其质量和时效性。

在整合学习资源时，平台应关注资源的多样性和丰富性。不同学生有不同的学习需求和兴趣偏好，平台需要提供多样化的学习资源，以满足学生的个性化需求。同时，平台还应关注资源的权威性和准确性，确保学生获取到的信息是可靠且有价值的。

在优化学习资源时，平台可以根据学生的学习反馈和评估结果进行调整与改进。例如，针对学生在某个知识点上的掌握不足，平台可以推荐更多的相关习题和案例进行巩固；针对学生在某个领域的兴趣偏好，平台可以推荐更多的相关课程和书籍进行拓展。

## （三）学习活动的设计与实施

学习活动的设计与实施是学习路径定制与推荐的重要环节之一。平台需要设计各种丰富多样的学习活动，以激发学生的学习兴趣和积极性，促进其主动参与和深度学习。同时，平台还需要确保学习活动的有效性和实用性，能够真正提升学生的能力和素质。

在设计学习活动时，平台可以考虑多种形式和方法。例如，可以设计线上课程、虚拟实验、小组讨论等互动性强的学习活动；可以设计实践项目、社会实践等具有实际应用价值的活动。这些活动可以帮助学生将所学知识应用到实际问题中，提升其实践能力和创新精神。

在实施学习活动时，平台需要提供必要的支持和指导。例如，可以为学生提供学习指导和资源支持；可以建立学习小组或社区，鼓励学生之间的互动交流和协作学习。同时，平台还需要对学生的学习过程进行监督和评估，确保学习活动的有效实施和预期目标的达成。

## （四）学习路径的动态调整与优化

学习路径的动态调整与优化是实现个性化学习的关键所在。随着学生的学习进展和反馈，平台需要不断对学习路径进行调整和优化，以确保其始终符合学生的个人特点和需求。

在动态调整学习路径时，平台可以关注学生的学习进度和成绩变化。如果学生在某个知识点上掌握较好，那么平台可以适当加快学习进度或提高学习难度；如果学生在某个知识点上存在困难或问题较多，那么平台可以适当降低学习难度或提供更多的支持和帮助。同时，平台还可以根据学生的兴趣和偏好调整学习路径中的课程与活动安排，以更好地满足学生的个性化需求。

在优化学习路径时，平台可以运用先进的数据分析技术和机器学习算法。通过对学生的学习数据和行为记录进行深入分析，平台可以发现学生的学习特点和规律，并据此优化学习路径的设计和实施。例如，平台可以根据学生的学习习惯和偏好推荐更适合的学习资源与活动；可以根据学生的学习成果和反馈调整学习路径的难度与深度等。这些优化措施可以帮助学生更好地适应学习路径并提高学习效果。

# 三、学习路径调整与优化

在智能职教一体化平台中，学习路径的调整与优化是一个持续且至关重要的过程。通过对学生学习进度的跟踪、反馈的收集，以及对教育资源的不断更新，平台能够动态地调整和优化学习路径，以更好地满足学生的个性化需求。以下从四个方面对学习路径调整与优化进行详细分析。

## （一）学习进度跟踪与评估

学习进度跟踪与评估是学习路径调整与优化的基础。智能职教平台通过记录学生的学习行为、成绩等数据，能够实时跟踪学生的学习进度，并对其进行评估。这一评估不仅关注学生在知识掌握方面的成果，还关注学生的学习态度、兴趣变化等软性指标。

在跟踪学习进度的过程中，平台需要确保数据的准确性和完整性。通过收集学生的登录次数、学习时间、学习资源的访问量等数据，平台可以构建学生的学习行为画像。同时，结合学生的作业完成情况、测试成绩等数据，平台可以对学生的知识掌握情况进行全面评估。

在评估的基础上，平台可以识别出学生在学习中遇到的问题和困难。这些问题可能包括某个知识点的掌握不足、学习方法的不当等。通过对这些问题的深入分析，平台可以为后续的学习路径调整与优化提供依据。

## （二）反馈机制构建与应用

反馈机制是学习路径调整与优化的重要保障。智能职教平台需要构建多渠道的反馈机制，包括学生自评、教师评价、家长反馈等，以便全面、客观地了解学生的学习情况和需求。

在构建反馈机制时，平台需要确保反馈渠道的畅通和便捷。学生可以通过平台内置的反馈系统随时提出问题和建议；教师可以通过平台与学生进行互动交流，及时了解学生的学习情况和需求；家长可以通过平台了解孩子的学习进度和成绩，为孩子的学习提供支持和帮助。

在收集到反馈后，平台需要对反馈信息进行整理和分析。通过分析学生的问题和需求，平台可以发现学习路径中存在的问题和不足，并据此进行调整和优化。同时，平台还需要将反馈结果及时反馈给学生和教师，以便他们了解自己的学习情况和教学效果，为后续的学习提供指导。

### （三）教育资源更新与优化

教育资源的更新与优化是学习路径调整与优化的重要环节。随着教育理念和技术的不断发展，新的教育资源和教学方法不断涌现。智能职教平台需要不断更新和优化教育资源，以确保学习路径的时效性和有效性。

在更新教育资源时，平台需要关注最新的教育理念和教学方法。例如，可以引入项目式学习、翻转课堂等新型教学模式；可以引入虚拟现实、人工智能等先进技术，为学生提供更加丰富、生动的学习体验。

在优化教育资源时，平台需要考虑学生的个性化需求。通过对学生的学习行为、成绩等数据进行分析，平台可以发现不同学生的学习特点和需求差异。基于这些差异，平台可以为不同学生提供不同的学习资源和教学方法，以满足他们的个性化需求。

### （四）学习路径的动态优化策略

学习路径的动态优化策略是学习路径调整与优化的核心。智能职教平台需要根据学生的学习进度、反馈信息及教育资源的更新情况，动态地调整和优化学习路径。

在动态优化学习路径时，平台可以采用多种策略。例如，可以根据学生的学习进度和成绩变化，调整学习任务的难度和数量；可以根据学生的兴趣和需求变化，调整学习资源的推荐和呈现方式；可以根据教育资源的更新情况，引入新的学习内容和活动。

同时，平台还需要关注学生的学习体验和满意度。通过定期收集学生的反馈意见和建议，平台可以了解学生对学习路径的满意度和需求变化。基于这些信息，平台可以进一步优化学习路径的设计和实施，以更好地满足学生的个性化需求和提高其学习效果。

## 四、学习路径实施与跟踪

在智能职教一体化平台中，学习路径的实施与跟踪是确保个性化学习方案能够真正落地并取得预期效果的关键环节。通过精心规划、有效实施和持续跟踪，平台能够确保学生的学习路径与他们的能力、兴趣和需求相匹配，从而提高学习效率和满意度。以下从四个方面对学习路径实施与跟踪进行详细分析。

### （一）学习路径实施计划制订

学习路径实施计划是学习路径实施与跟踪的起点。在制订实施计划时，平台需要综合考虑学生的能力评估结果、学习需求、兴趣偏好，以及职业发展目标，确保学习路径的针对性和有效性。实施计划应明确学习目标、学习内容、学习资源和活动安排等关键要素，并为学生提供清晰的学习指导和建议。

在制订实施计划时，平台需要注重计划的可行性和灵活性。计划应充分考虑学生的学习能力和时间安排，确保学生能够在规定时间内完成学习任务。同时，计划也应具有一定的灵活性，以便根据学生的学习进度和反馈进行适时调整。

### （二）学习路径实施过程管理

学习路径实施过程管理是学习路径实施与跟踪的核心。在实施过程中，平台需要密切关注学生的学习进度和反馈，及时发现和解决问题。同时，平台还需要为学生提供必要的支持和帮助，确保学生能够顺利完成学习任务。

为了实施过程管理的有效性，平台可以采用多种管理工具和方法。例如，可以利用平台内置的学习管理系统记录学生的学习行为、成绩等数据；可以建立学习社区或学习小组，鼓励学生之间的互动交流和协作学习；可以为学生提供在线答疑和辅导服务，解决学生在学习过程中遇到的问题。

### （三）学习路径实施效果评估

学习路径实施效果评估是检验学习路径是否有效的重要手段。在实施效果评估时，平台需要收集学生的学习数据、成绩、反馈等信息，对学习路径的实施效果进行全面、客观的评价。评估结果可以为学生后续学习提供参考，也为平台进一步优化学习路径提供依据。

在实施效果评估时，平台需要关注多个方面。首先，需要关注学生的学习成果，包括知识的掌握程度、技能的提升情况等；其次，需要关注学生的学习过程，包括学习行为、学习态度、学习兴趣等；最后，需要关注学生的学习满意度和反馈意见，以便了解学生对学习路径的认可度和改进建议。

### （四）学习路径持续优化与迭代

学习路径持续优化与迭代是学习路径实施与跟踪的终极目标。通过不断收集和分析学生的学习数据、反馈意见等信息，平台可以发现学习路径中存在的问题和不足，并据此进行优化和迭代。持续优化与迭代可以确保学习路径始终与学生的学习需求和能力相匹配，提高学习效果和满意度。

在持续优化与迭代过程中，平台需要关注多个方面。首先，需要关注学生的学习需求和能力变化，及时调整学习路径的目标和内容；其次，需要关注学生的学习行为和反馈意见，不断优化学习路径的呈现方式和支持策略；最后，需要关注教育资源的更新和发展趋势，及时引入新的学习资源和教学方法，以丰富学生的学习体验和提升学习效果。

综上所述，学习路径实施与跟踪是智能职教一体化平台实现个性化学习的重要环节。通过精心制订实施计划、有效管理实施过程、全面评估实施效果和持续优化与迭代学习路径，平台可以确保学生的学习路径与他们的能力、兴趣和需求相匹配，从而提高学习效率和满意度。

# 第二节 学习资源智能推荐

## 一、学生需求分析与挖掘

在数字化教育日益普及的今天,学习资源的丰富性使学生在面对海量信息时往往感到无所适从。为了提供更符合学生个性化需求的学习资源,对学生需求进行深入的分析与挖掘显得尤为重要。这一过程不仅能够帮助教师更好地了解学生,还能为学习资源的智能推荐提供有力支持。以下将从四个方面详细分析学生需求分析与挖掘的重要性。

### (一)理解学生需求:个性化教育的基石

学生需求分析与挖掘的首要任务是深入了解学生的个性化需求。每个学生都是独一无二的,他们的学习风格、兴趣偏好、能力水平等方面都存在差异。通过对学生需求的分析与挖掘,教师可以更加准确地把握学生的个性化需求,为每个学生提供量身定制的学习方案。这不仅能够提高学生的学习效率,还能激发学生的学习兴趣和动力,从而推动个性化教育的深入发展。

在实践中,教师可以通过多种途径收集学生的需求信息,如问卷调查、访谈、学习平台数据分析等。这些信息涵盖了学生的学习目标、兴趣点、困惑点等方面,为需求分析与挖掘提供了丰富的素材。通过对这些信息的整理和分析,教师可以形成对学生需求的全面认识,为后续的学习资源推荐提供依据。

### (二)优化学习路径:提高学习效率的关键

学生需求分析与挖掘的重要目的是优化学习路径。通过对学生需求的分析与挖掘,教师可以发现学生在学习过程中可能遇到的困难和挑战,并据此调整学习路径和策略。这有助于避免学生走弯路,提高学习效率。

例如,在发现学生对某个知识点掌握不牢固时,教师可以为学生推荐相关的巩固练习和拓展资源；在发现学生对某个学科感兴趣时，教师可以引导学生进一步探索该领域的深入知识。这样的优化不仅能够满足学生的个性化需求，还能帮助学生在有限的时间内取得更好的学习效果。

### （三）促进教育公平：实现教育资源的均衡分配

学生需求分析与挖掘有助于促进教育公平。在传统教育模式下，优质教育资源的分配往往存在不均衡的现象。而通过对学生需求的分析与挖掘，教师可以更加精准地了解不同地区、不同学校、不同学生的需求差异，为教育资源的均衡分配提供有力支持。

通过对学生需求的分析与挖掘，教师可以发现某些地区或学校的学生在特定学科或领域存在较大的需求缺口。针对这些需求缺口，教师可以制定针对性的教育政策和措施，为这些学生提供更多的学习资源和支持。这样的做法不仅有助于弥补教育资源分配的不均衡现象，还能让更多学生享受到优质的教育资源。

### （四）推动教育创新：引领未来教育的发展方向

学生需求分析与挖掘是推动教育创新的重要动力。通过对学生需求的分析与挖掘，教师可以发现当前教育体系中存在的问题和不足，并据此提出改进和创新的建议。

例如，在发现学生对在线学习平台的需求日益增长时，教师可以积极探索在线教育的模式和方法；在发现学生对跨学科学习感兴趣时，教师可以推动跨学科课程的开发和实施。这些创新不仅能满足学生的个性化需求，还能引领未来教育的发展方向，推动教育事业的持续进步。

## 二、学习资源筛选与整理

学习资源是学生学习过程中的重要支撑，但在信息爆炸的时代，如何有效地筛选和整理学习资源，确保学生能够接触到高质量、有针对性的内容，成了教师和技术开发者面临的重要挑战。以下将从四个方面详细分析学习资源筛选与整理的过程。

### （一）资源质量的评估与筛选

学习资源的质量直接关系到学生的学习效果。因此，在进行资源筛选时，首要任务是对资源的质量进行评估。这包括评估资源的权威性、准确性、时效性和适用性等方面。权威性是指资源来源的可靠性，如知名出版社、权威教育机构等；准确性是指资源内容的准确性，避免误导学生；时效性要求资源内容能够反映当前学科领域的最新进展；适用性是指资源内容是否符合学生的年龄、学习阶段和认知水平。

在评估资源质量时，可以采用多种方法，如专家评审、用户评价、数据分析等。专家评审可以通过邀请学科领域的专家对资源进行评估，确保资源的专业性和权威性；用户评价可以收集使用过该资源的学生或教师的反馈，了解资源的实际使用效果；数据分析可以通过分析资源的使用频率、用户满意度等数据，评估资源的受欢迎程度和有效性。

在筛选资源时，应根据学生的个性化需求和学习目标，选择符合要求的资源。同时，还需要注意资源的多样性和平衡性，避免学生过度依赖某一种类型的资源，导致知识面狭窄或学习效果不佳。

### （二）资源内容的分类与标签化

为了方便学生查找和使用学习资源，需要对资源内容进行分类和标签化。分类可以按照学科领域、知识点、难度等级等维度进行，使资源更加有序和易于管理。标签化可以为每个资源打上多个标签，如"高中数学""三角函数""解题技巧"等，便于学生根据自己的需求快速定位到相关资源。

在分类和标签化过程中，首先需要遵循一定的规范和标准，确保分类的准确性和一致性。其次，需要注意标签的多样性和灵活性，以适应不同学生的需求。此外，随着学科领域的发展和变化，分类和标签也需要不断更新与调整。

### （三）资源间的关联与整合

学习资源之间往往存在关联性和互补性。为了帮助学生更好地理解和掌握知识，需要将相关的资源进行关联与整合。这可以通过建立知识图谱、推荐相关资源等方式实现。

知识图谱是一种将知识点以图形化的方式展示出来的工具，可以清晰地展示知识点之间的关联关系。在构建知识图谱时，需要明确各知识点之间的逻辑关系，如包含关系、并列关系、因果关系等。同时，还需要注意知识图谱的层次性和可扩展性，以适应不同学科领域和不同学习阶段的需求。

推荐相关资源是根据学生的学习情况和需求，为其推荐相关的学习资源。这不仅可以通过分析学生的学习行为、兴趣偏好等数据，发现其潜在的学习需求，并为其推荐符合需求的资源，还可以根据学生的学习进度和反馈，不断调整和优化推荐策略，提高推荐的准确性和有效性。

### （四）资源库的更新与维护

学习资源库是一个动态的系统，需要不断更新和维护，以保持其活力和有效性。这包括更新过时或错误的资源、添加新的资源、优化资源分类和标签等。

在更新资源时，需要关注学科领域的最新进展和变化，及时将新的研究成果和教学方法纳入资源库。同时，还需要对过时或错误的资源进行清理和替换，避免误导学生。

在添加新资源时，首先，需要按照一定的标准和流程进行筛选与审核，确保新资源的质量和适用性。其次，需要对新资源进行适当的分类和标签化，以便学生查找和使用。

在优化资源分类和标签时，首先需要根据学生的反馈和使用情况，不断调整和优化分类和标签的设置。这可以通过收集和分析学生的使用数据、开展用户调研等方式实现。其次，需要关注学科领域的发展趋势和变化，及时更新和调整分类与标签的规范。

## 三、智能推荐算法设计

在构建学习资源智能推荐系统中，算法设计是核心环节。一个有效的智能推荐算法能够准确捕捉学生的个性化需求，从海量的学习资源中筛选出最相关、最有价值的资源。以下将从四个方面详细分析智能推荐算法设计的过程。

### （一）算法选择与适应性分析

在设计智能推荐算法时，首先需要根据具体的应用场景和需求选择合适的算法。常见的推荐算法包括基于内容的推荐、协同过滤推荐、混合推荐等。基于内容的推荐主要根据资源的内容和学生的兴趣偏好进行匹配；协同过滤推荐通过分析其他用户的行为和偏好预测目标用户的兴趣；混合推荐则是结合多种推荐算法的优势，以提高推荐的准确性和多样性。

在选择算法时，需要考虑算法的适应性。不同的应用场景和用户群体可能对算法有不同的要求。例如，对于初学者，可能需要更加简单、直观的推荐方式；对于高级用户，可能需要更加精准、深入的推荐。因此，在选择算法时，需要根据实际情况进行权衡和选择。

### （二）特征工程与数据预处理

特征工程是智能推荐算法设计中的重要环节。通过提取和构建有效的特征，可以提高算法的准确性和泛化能力。在学习资源推荐中，常见的特征包括学生的基本信息（如年龄、性别、学习阶段等）、学习行为（如浏览记录、点击率、学习时长等）、兴趣偏好（如喜欢的学科、难度等级等）、学习资源的内容特征（如关键词、标签、难度等）。

在提取特征时，需要注意特征的维度和数量。过多的特征可能导致算法过拟合，而过少的特征则可能无法准确捕捉学生的需求。因此，需要根据实际情况进行特征选择和降维。同时，还需要对数据进行预处理，如缺失值填充、异常值处理、数据标准化等，以提高算法的稳定性。

### （三）模型训练与优化

模型训练是智能推荐算法设计的核心环节。通过训练模型，可以使算法从数据中学习到学生的个性化需求和学习资源之间的关联关系。在训练模型时，需要选择合适的损失函数和优化算法，以最小化预测误差和提高模型的泛化能力。

在训练过程中，需要对模型进行优化。常见的优化方法包括调整模型参数、增加正则化项、使用集成学习等。这些方法可以帮助提高模型的准确性和稳定性。同时，还需要注意防止过拟合和欠拟合现象的发生。

在优化模型时，可以采用交叉验证、网格搜索等方法进行参数调优。交叉验证可以将数据集分为训练集、验证集和测试集，以便在训练过程中评估模型的性能；网格搜索可以在一定范围内搜索最优的模型参数组合。这些方法可以帮助我们找到最适合的模型参数和结构。

### （四）评估与反馈机制

评估是检验智能推荐算法性能的关键环节。通过评估可以了解算法在真实应用场景中的表现，并据此进行改进和优化。常见的评估指标包括准确率、召回率、F1 值、AUC 值等。这些指标可以从不同角度评估算法的性能。

除了评估指标外，还需要建立反馈机制。通过收集用户的反馈意见和使用数据，可以了解算法在实际应用中存在的问题和不足，并据此进行改进和优化。同时，反馈机制还可以帮助我们发现新的用户需求和学习资源，从而不断完善和丰富推荐系统。

在建立反馈机制时，可以采用问卷调查法、用户访谈法、A/B 测试法等方法。问卷调查法和用户访谈法可以直接收集用户的意见和建议；A/B 测试法则可以通过对比不同版本的推荐系统评估其性能差异。这些方法可以帮助我们更全面地了解用户需求和系统性能，从而不断优化和改进智能推荐算法。

## 四、推荐结果评估与反馈

在智能推荐系统中，推荐结果的评估与反馈是确保系统持续优化、满足用户个性化需求的关键环节。通过有效的评估，可以了解推荐算法的性能和效果，进而通过反馈机制指导算法的改进和系统的优化。以下将从四个方面详细分析推荐结果评估与反馈的过程。

### （一）评估指标与体系构建

推荐结果的评估首先需要建立合理的评估指标和体系。这些指标应能够全面、客观地反映推荐算法的性能和效果。常见的评估指标包括准确率、召回率、F1 值、AUC 值等，它们分别从不同的角度衡量了推荐结果的优劣。

除了这些基本的评估指标外，还需要根据实际应用场景和用户需求，构建更加细致的评估体系。例如，在教育资源推荐中，可以引入用户满意度、学习成效提升等指标，以更全面地评估推荐结果的实际效果。

在构建评估体系时，需要注意指标的客观性和可量化性，以确保评估结果的准确性和可靠性。同时，还需要考虑指标之间的平衡性，避免过于偏向某一方面的指标而忽略其他方面的性能。

## （二）评估方法与实验设计

评估方法的选择与实验设计对于推荐结果评估的准确性和有效性至关重要。常见的评估方法包括离线评估法、在线评估法和 A/B 测试法等。离线评估法通过历史数据对推荐算法进行性能评估，具有成本低、效率高的优点；在线评估法则直接在实际应用场景中测试推荐算法的性能，能够更真实地反映算法的实际效果；A/B 测试法则通过对比不同版本的推荐系统评估其性能差异。

在实验设计时，需要充分考虑实验环境、数据集、用户群体等因素对评估结果的影响。例如，在选择数据集时，需要确保数据集具有代表性和多样性，以更全面地评估推荐算法的性能；在选择用户群体时，需要考虑不同用户群体的特点和需求差异，以更准确地评估推荐结果的个性化程度。

## （三）反馈机制与用户互动

反馈机制是连接用户与推荐系统的重要桥梁。通过收集用户的反馈意见和使用数据，可以了解用户对推荐结果的满意度和实际需求，进而指导算法的改进和系统的优化。

在建立反馈机制时，首先需要注重用户隐私的保护和数据安全。其次，需要设计简单易用的反馈界面和流程，以便用户能够轻松地表达自己的意见和建议。最后，需要及时响应用户的反馈，通过调整推荐算法或优化系统满足用户的需求和期望。

用户互动是反馈机制的重要组成部分。通过用户互动，可以更加深入地了解用户的需求和偏好，从而提供更加精准和个性化的推荐服务。例如，可以通过问卷调查、用户访谈等方式收集用户的意见和建议；可以通过在线社区、论坛等平台与用户进行交流和互动，共同推动推荐系统的改进和优化。

### （四）结果分析与优化策略

对推荐结果进行评估后，需要对评估结果进行深入分析，找出存在的问题和不足，并制定相应的优化策略。这包括：一是分析推荐算法的准确性、多样性、新颖性等方面的性能；二是分析用户反馈中的共性和个性问题；三是分析不同用户群体对推荐结果的反应和需求差异。

在分析结果时，需要运用统计学、数据挖掘等方法对数据和结果进行深入挖掘与分析。通过数据可视化、图表展示等方式将分析结果呈现给用户和决策者，以便他们更好地了解推荐系统的性能和用户需求。

根据分析结果，可以制定相应的优化策略。例如，可以调整推荐算法的参数和结构，以提高其准确性；可以引入新的特征或数据源，以提高推荐的多样性和新颖性；可以针对不同用户群体制定个性化的推荐策略，以满足其不同需求等。这些优化策略将有助于提升推荐系统的性能和用户体验，推动其持续优化和发展。

# 第三节　学习进度自我监控

## 一、学习进度设定与记录

在学习过程中，自我监控学习进度是保证学习效率和效果的重要手段。学习进度的设定与记录不仅有助于学习者明确学习目标，还能使学习者对学习过程有更清晰的认识，从而做出更合理的调整。以下从四个方面对学习进度设定与记录进行详细分析。

### （一）学习目标的明确与分解

学习目标的明确是设定学习进度的前提。学习者需要首先明确自己的学习目标，这包括长期目标和短期目标。长期目标通常是学习者希望达到的最终状态或成果，如掌握某一学科的所有知识点；短期目标是为实现长期目标而设定的阶段性目标，如每周掌握某一章节的内容。

在明确学习目标后，学习者需要将这些目标进行分解，将其转化为可量化的具体任务。例如，对于长期目标"掌握某一学科的所有知识点"，可以将其分解为"每周掌握某一个章节的内容"这样的短期目标。通过目标分解，学习者可以将学习过程细化到具体的任务和步骤，从而更好地掌控学习进度。

### （二）学习计划的制订与调整

在明确了学习目标并进行了目标分解后，学习者需要制订相应的学习计划。学习计划应该包括学习任务的具体内容、完成时间、所需资源等要素。在制订学习计划时，学习者需要考虑自己的实际情况，如学习时间、学习能力、学习环境等，以确保计划的可行性和有效性。

同时，学习计划不是一成不变的，它需要根据实际情况进行动态调整。在学习过程中，学习者可能会遇到各种困难和挑战，导致计划无法按时完成。此时，学习者需要根据实际情况对学习计划进行调整，如延长学习时间、调整任务顺序等，以确保学习进度的顺利进行。

### （三）学习进度的记录与跟踪

为了监控学习进度，学习者需要记录自己的学习进度。这可以通过使用学习日志、进度表等工具实现。学习日志可以记录每天的学习任务、完成情况、遇到的困难及解决方法等信息；进度表可以直观地展示学习进度，帮助学习者了解自己已经完成了哪些任务、还需要完成哪些任务。

在记录学习进度的过程中，学习者需要保持持续性和准确性。持续性意味着学习者需要每天或每周定期记录自己的学习进度，以便及时了解自己的学习状态；准确性要求学习者在记录时要客观真实地反映自己的学习情况，避免夸大或缩小实际情况。

### （四）进度反馈与自我调整

通过对学习进度的记录和跟踪，学习者可以获得关于自己学习状态的反馈。这些反馈包括已完成的任务数量、剩余的任务数量、学习时间的利用情况等。根据这些反馈，学习者可以对自己的学习进度进行评估，了解自己是否按照计划进行、是否需要调整学习策略或增加学习时间等。

同时，学习者还需要对自己的学习状态进行反思和总结。反思可以帮助学习者找出学习过程中的问题和不足，如注意力不集中、学习方法不当等；总结可以帮助学习者总结经验教训，为今后的学习提供借鉴。通过反思和总结，学习者可以不断完善自己的学习方法和策略，提高学习效率和质量。

## 二、进度提醒与督促

在学习进度自我监控的过程中，进度提醒与督促是确保学习者能够持续、有效地推进学习进程的关键环节。以下从四个方面对进度提醒与督促进行详细分析。

### （一）提醒机制的设置

设置有效的提醒机制是进度提醒与督促的基础。这一机制应能够根据学习者的学习计划和进度，自动或手动触发提醒，帮助学习者保持对学习进度的关注。首先，学习者可以设定固定的提醒时间，如每天或每周的固定时间段，提醒自己查看和更新学习进度。此外，还可以使用技术工具，如手机应用程序、学习管理软件等，设置更为灵活和个性化的提醒方式，如根据学习任务的截止日期自动发送提醒通知。

在设置提醒机制时，学习者需要考虑到自己的学习习惯和偏好。有些人可能更喜欢通过视觉或听觉的提醒保持注意力，而有些人则可能更倾向于通过自我提问或反思触发提醒。因此，选择适合自己的提醒方式至关重要，以确保提醒机制的有效性。

### （二）督促策略的制定

除了设置提醒机制外，制定有效的督促策略也是进度提醒与督促的重要环节。督促策略应能够激发学习者的学习动力，帮助他们克服学习中的困难和挑战。首先，学习者可以设定明确的奖惩机制，如完成学习任务后给予自己一定的奖励，未完成则进行一定的惩罚。这种奖惩机制可以激发学习者的学习热情，使他们更加专注于学习。

此外，学习者还可以寻求外部支持，如与同学、老师或家长建立学习小组或互助关系，共同监督和督促彼此的学习进度。通过外部的支持和鼓励，学习者可以更加坚定地推进学习进程，克服学习中的困难。

## （三）提醒与督促的个性化

在进度提醒与督促的过程中，个性化是非常重要的。不同的学习者在学习动机、学习能力、学习环境等方面存在差异，因此，需要采用不同的提醒和督促方式。例如，对于自主学习能力较强的学习者，他们可能更倾向于通过自我提醒和督促保持学习进度；对于自主学习能力较弱的学习者，需要更多的外部支持和督促。

为了实现个性化的提醒与督促，学习者需要了解自己的学习习惯和偏好，并根据自己的实际情况选择合适的提醒方式和督促策略。同时，也可以借助技术工具实现个性化的提醒与督促，如通过数据分析了解自己的学习状态和偏好，从而制定更加精准和有效的提醒与督促方案。

## （四）反馈与调整

在进度提醒与督促的过程中，反馈与调整是不可或缺的环节。通过收集和分析学习者的反馈意见，可以了解提醒与督促的效果及存在的问题，从而进行针对性的调整和改进。首先，学习者需要定期回顾自己的学习进度和提醒与督促的效果，找出存在的问题和不足。其次，可以根据反馈意见进行相应的调整和改进，如优化提醒机制、调整督促策略等。

同时，学习者还需要关注外部环境和条件的变化，如学习任务的变化、学习时间的调整等，以便及时调整提醒与督促方案。通过不断反馈和调整，学习者可以不断完善自己的提醒与督促机制，提高学习效率和效果。

# 三、进度调整建议

在学习过程中，学习进度的调整是保证学习效率和效果的重要措施。随着学习的深入和外部环境的变化，学习者可能需要对学习进度进行适时调整。以下从四个方面对进度调整建议进行详细分析。

## （一）评估当前进度与学习目标的匹配度

首先，学习者需要对当前的学习进度进行评估，以确定其是否与学习目标相匹配。这包括检查已完成的任务、剩余的任务，以及已花费的时间和资源。如果当前进度滞后于学习目标，那么学习者就需要找出原因，是学习方法不当、时间管理不合理还是外部干扰过多等。通过深入分析和评估，学习者可以明确当前进度与目标的差距，为后续的调整提供依据。

在评估过程中，学习者还需要关注学习目标的合理性和可行性。有时，学习目标可能过于庞大或复杂，导致学习者难以在规定时间内完成。在这种情况下，学习者需要对目标进行适当调整，将其分解为更具体、更可实现的小目标。同时，也要考虑到个人能力和学习条件的限制，确保调整后的目标既具有挑战性又具有可行性。

### （二）识别学习中的瓶颈与困难

在评估当前进度后，学习者需要识别学习中的瓶颈与困难。这些瓶颈和困难可能来自学习方法、学习资源、学习环境或个人能力等方面。通过深入了解和分析这些问题，学习者可以找出进度滞后的根本原因，并制定相应的解决策略。

针对学习方法的问题，学习者可以尝试改变学习策略或采用新的学习技巧提高学习效率。例如，采用番茄工作法提高注意力集中度，或利用思维导图梳理知识框架。针对学习资源的问题，学习者可以寻找更优质的学习资料或参加相关的学习活动丰富学习内容。针对学习环境的问题，学习者可以调整学习环境或寻找更适合自己的学习场所减少干扰。针对个人能力的问题，学习者可以通过自我提升或寻求外部支持提高自身能力水平。

### （三）制订针对性的调整计划

在识别出学习中的瓶颈与困难后，学习者需要制订针对性的调整计划。这个计划应该包括具体的调整措施、时间表和责任人等要素。制订计划时，学习者需要考虑到自己的实际情况和能力水平，确保计划的可行性和有效性。

在制订调整计划时，学习者可以采用 SMART 原则确保计划的明确性和可衡量性。具体来说，计划中的目标应该是具体的（Specific）、可衡量的（Measurable）、可实现的（Achievable）、相关的（Relevant）和有时限的（Time-bound）。通过制订 SMART 计划，学习者可以更加清晰地了解自己需要做什么、如何做及何时完成。

同时，在制订调整计划时还需要考虑到外部环境和条件的变化。例如，如果学习任务发生变化或学习时间有所调整，学习者需要相应地调整计划以确保学习进度不受影响。此外，学习者还需要保持灵活性和适应性，以便在必要时对计划进行适当修改和调整。

### （四）执行与监控调整计划

最后一步是执行与监控调整计划。在执行计划时，学习者需要按照计划中的措施和时间表进行操作，并保持持续的努力和专注。同时，学习者还需要定期回顾和监控计划的执行情况，以确保计划能够按照预期进行并取得预期效果。

在监控过程中，学习者可以采用一些具体的监控方法和工具辅助执行。例如，可以使用学习日志记录每天的学习情况和进度；使用学习管理软件跟踪学习任务的完成情况；设置提醒功能确保自己能够按时完成学习任务等。通过这些方法和工具的应用，学习者可以更加高效地执行和监控调整计划。

同时，在执行计划过程中遇到问题或困难时，学习者需要保持冷静和积极的心态，及时寻求帮助和支持。可以向老师、同学或专业人士请教经验和方法；参加相关的学习活动或讨论会拓宽思路和视野；利用互联网资源查找相关信息和解决方案等。通过不断努力和尝试，学习者可以逐渐克服学习中的困难和挑战，并取得更好的学习效果。

## 四、进度完成情况评估

在学习的过程中，对学习进度的完成情况进行定期评估是确保学习效果和效率的关键环节。这不仅能帮助学习者明确自己的学习进展，还能为后续的学习计划和策略调整提供依据。以下从四个方面对进度完成情况评估进行详细分析。

### （一）评估标准的制定

在进行进度完成情况评估时，首先需要制定明确的评估标准。这些标准应该与学习目标和计划紧密相关，具有可量化和可比较性。例如，可以根据学习任务的完成情况、学习时间的投入、知识点的掌握程度等方面设定评估标准。通过制定具体的评估标准，学习者可以更加清晰地了解自己的学习进展和成果。

在制定评估标准时，还需要考虑到不同学科和领域的特殊性。不同学科和领域的学习目标与要求可能存在差异，因此，需要根据具体情况制定相应的评估标准。同时，也要注重评估标准的合理性和公正性，确保评估结果能够真实反映学习者的学习情况和成果。

### （二）收集进度数据与信息

为了对进度完成情况进行准确评估，需要收集相关的进度数据和信息。这些数据和信息可以来自学习者的学习日志、学习进度表、作业完成情况、考试成绩等方面。通过收集这些数据和信息，可以了解学习者在各个阶段的学习进展和成果，为后续的评估和分析提供依据。

在收集进度数据和信息时，需要注重数据的真实性和准确性。学习者应该如实记录自己的学习情况和成果，避免夸大或缩小实际情况。同时，也要注重数据的完整性和系统性，确保数据能够全面反映学习者的学习进度和成果。

### （三）分析评估结果

在收集到足够的进度数据和信息后，需要对这些数据进行深入分析和评估。首先，可以将实际进度与计划进度进行比较，了解学习者是否按照计划进行，以及是否存在进度滞后的情况。其次，可以对学习者的学习成果进行评估，了解学习者在各个方面的学习进展和成果是否符合预期目标。最后，可以对学习者在学习过程中遇到的问题和困难进行分析，找出进度滞后的原因，并提出相应的解决方案。

在分析评估结果时，需要注重分析的客观性和科学性。要避免主观臆断和偏见的影响，确保评估结果的准确性和可靠性。同时，也要注重分析的深度和广度，从多个角度和层面分析学习者的学习情况与成果。

### （四）反馈与调整

根据评估结果，需要向学习者提供及时反馈和建议。这些反馈和建议应该具有针对性和可操作性，能够帮助学习者明确自己的学习情况和存在的问题，并提出相应的改进措施。例如，可以针对学习者的学习方法和策略提出建议，或者为学习者提供额外的学习资源和支持。

同时，也需要根据评估结果对学习计划和策略进行调整。如果评估结果显示学习者在某些方面存在明显的不足或问题，那么就需要对学习计划和策略进行相应的调整与改进。例如，可以调整学习任务的难度和数量，或者改变学习时间和环境等。通过不断反馈和调整，学习者可以不断优化自己的学习计划和策略，提高学习效率和效果。

# 第四节　学习效果自我评价

## 一、学习效果评估指标

在智能职教一体化平台上，学习者进行学习效果自我评价是提升学习质量的关键环节。通过自我评价，学习者能够更清晰地认识自己的学习状况，找出存在的问题，并制定针对性的改进措施。以下从四个方面对学习效果评估指标进行分析。

### （一）知识掌握程度

知识掌握程度是衡量学习效果的核心指标之一。在智能职教一体化平台上，学习者可以通过课程测试、在线练习、作业提交等方式检验自己对知识的掌握情况。在评估知识掌握程度时，需要关注以下几个方面。

1.广度与深度。评估学习者是否掌握了课程大纲中的全部知识点，以及是否对某些关键知识点有深入的理解和掌握。

2.应用能力。考查学习者是否能够将所学知识应用到实际问题中，以及解决问题的能力和效果。

3. 记忆与遗忘。分析学习者在学习过程中对知识的记忆和遗忘情况，以便找出有效的复习和巩固方法。

在评价知识掌握程度时，智能职教一体化平台可以利用大数据分析技术，对学习者的学习数据进行挖掘和分析，为学习者提供个性化的学习建议和资源推荐。

## （二）技能提升水平

技能提升水平是评估学习效果的重要指标之一。在智能职教一体化平台上，学习者可以通过模拟实训、在线实验、项目实践等方式锻炼和提升自己的技能。在评估技能提升水平时，需要关注以下几个方面。

1. 技能熟练度。考查学习者是否熟练掌握了相关技能，并能够独立完成任务。

2. 创新能力。评估学习者在技能应用过程中是否具备创新思维和解决问题的能力。

3. 团队协作能力。分析学习者在团队项目中的表现，以及与他人协作的能力和效果。

智能职教一体化平台可以为学习者提供丰富的实践机会和项目资源，帮助学习者在实际操作中提升技能水平。同时，平台还可以利用人工智能技术对学习者的技能表现进行实时评估和反馈，为学习者提供针对性的指导和建议。

## （三）学习态度与习惯

学习态度与习惯对学习效果具有重要影响。在智能职教一体化平台上，学习者可以通过自我评价和反思审视自己的学习态度与习惯。在评估学习态度与习惯时，需要关注以下几个方面。

1. 主动性。考查学习者是否具备主动学习的意愿和动力，以及是否能够积极参与学习活动。

2. 持续性。分析学习者在学习过程中的坚持程度，以及是否能够保持持续的学习热情。

3. 反思性。评估学习者是否具备自我反思的能力，能够及时发现并纠正学习中的问题。

智能职教一体化平台可以通过学习日志、学习报告等功能帮助学习者记录学习过程和反思成果，促进学习者形成良好的学习态度和习惯。同时，平台还可以利用社交功能鼓励学习者之间的交流和分享，增强学习的互动性和趣味性。

### （四）综合素质发展

综合素质发展是评价学习效果的重要方面。在智能职教一体化平台上，学习者可以通过参与课外活动、志愿服务、社会实践等方式拓展自己的综合素质。在评估综合素质发展时，需要关注以下几个方面。

1. 沟通能力。考查学习者是否具备良好的沟通能力和人际交往能力。

2. 团队合作能力。分析学习者在团队中的表现，以及与他人合作的能力。

3. 自主学习能力。评估学习者是否具备自主学习和终身学习的能力。

智能职教一体化平台可以为学习者提供多样化的课外活动和社会实践机会，帮助学习者在实践中拓展综合素质。同时，平台还可以利用数据分析技术对学习者在活动中的表现进行评估和反馈，为学习者提供针对性的指导和建议。

## 二、自我评价工具与方法

在智能职教一体化平台上，自我评价的工具与方法对于学习者准确评估自己的学习成效至关重要。以下从四个方面对自我评价工具与方法进行详细分析。

### （一）在线测试与练习

在线测试与练习是自我评价的基础工具之一。通过参与平台提供的课程测试、章节测验、模拟考试等，学习者可以实时了解自己对知识的掌握情况。这种评价方式具有客观性和即时性，能够迅速反馈学习者的学习进度和水平。同时，学习者还可以根据测试结果调整学习策略，重点复习薄弱环节。

在利用在线测试与练习进行自我评价时，学习者应注意以下几点：首先，确保测试环境安静、无干扰，以保证测试的准确性；其次，按照测试要求认真答题，不作弊、不抄袭；最后，对测试结果进行深入分析，找出自己的不足和需要改进的地方。

## （二）学习日志与反思

学习日志与反思是自我评价的重要方法。学习者可以通过记录学习过程中的思考、感受、体会等，对自己的学习状态进行深入的反思和评价。这种方法有助于学习者发现自己的学习特点和优势，以及存在的问题和困难。

在撰写学习日志时，学习者可以关注以下几个方面：首先，记录自己的学习计划和目标；其次，描述自己的学习过程和经历；再次，分析自己的学习方法和策略是否有效；最后，总结自己的学习成果和收获。通过反思自己的学习日志，学习者可以不断优化自己的学习计划和策略，提高学习效率和质量。

## （三）自我评价量表

自我评价量表是一种结构化的自我评价工具。学习者可以根据量表中的问题和指标对自己的学习情况进行打分与评价。这种评价方式具有系统性和可比性，能够全面反映学习者的学习状态和水平。

在利用自我评价量表进行自我评价时，学习者需要注意以下几点：首先，选择适合自己的量表，确保量表的内容与自己的学习目标和需求相匹配；其次，按照量表的要求认真填写答案，不遗漏、不夸大；最后，对量表结果进行深入分析，找出自己的优点和不足，并制定针对性的改进措施。

## （四）同伴评价与反馈

同伴评价与反馈是自我评价的一种有效方法。学习者可以通过与同伴交流、分享学习经验和成果，相互评价对方的学习表现和水平。这种评价方式具有互动性和社会性，能够激发学习者的学习动力和兴趣。

在利用同伴评价与反馈进行自我评价时，学习者需要注意以下几点：首先，选择与自己学习目标和需求相近的同伴进行交流；其次，积极分享自己的学习经验和成果，并虚心接受同伴的评价和建议；最后，对同伴的评价结果进行客观分析，找出自己的不足和需要改进的地方，并制定相应的改进措施。

综上所述，自我评价的工具与方法多种多样，学习者可以根据自己的实际情况和需求选择合适的工具与方法进行自我评价。通过自我评价，学习者可以更加清晰地认识自己的学习状态和水平，发现存在的问题和不足，并制定针对性的改进措施，不断提高自己的学习效率和质量。

## 三、评价结果反馈与指导

在智能职教一体化平台中，评价结果反馈与指导是学习过程中不可或缺的一环。通过准确的评价反馈和专业的指导，学习者可以及时了解自己的学习状况，调整学习策略，从而更有效地提升学习效果。以下从四个方面对评价结果反馈与指导进行详细分析。

### （一）反馈的及时性与准确性

及时性和准确性是评价结果反馈的基本要求。在智能职教一体化平台上，学习者完成学习任务或测试后，系统应立即提供反馈结果。这些反馈结果应准确反映学习者的学习成效，包括知识的掌握程度、技能的应用水平、学习态度的表现等。及时的反馈有助于学习者立即调整学习策略，避免在错误的方向上浪费时间；准确的反馈能确保学习者得到真实有效的学习信息，为后续的学习提供有力指导。

为了保障反馈的及时性与准确性，平台需要采用先进的技术手段，如大数据分析、人工智能算法等，对学习者的学习数据进行实时分析和处理。同时，平台还需要建立科学的评价体系，确保评价标准的客观性和公正性。

### （二）反馈的个性化与针对性

个性化与针对性是评价结果反馈的重要特点。在智能职教一体化平台上，每个学习者的学习背景、学习目标、学习习惯等都存在差异。因此，平台需要为学习者提供个性化的反馈和指导，以满足其独特的学习需求。个性化的反馈可以针对学习者的具体学习情况，提供具体的建议和指导；针对性的指导能帮助学习者找到问题的根源，制定有效的改进措施。

为了实现个性化与针对性的反馈与指导，平台需要深入了解学习者的学习特点和需求。这可以通过学习者的学习数据、学习日志、学习反馈等方式实现。同时，平台还需要建立专业的指导团队，为学习者提供个性化的学习建议和策略。

### （三）反馈的互动性与激励性

互动性与激励性是评价结果反馈的重要功能。在智能职教一体化平台上，反馈不仅仅是单向的信息传递，更是双向的互动交流。学习者可以通过平台与指导教师、同伴进行交流和讨论，共同解决问题、分享经验。这种互动性的反馈有助于激发学习者的学习兴趣和动力，促进学习者的积极参与和主动学习。

同时，反馈还需要具有一定的激励性。通过肯定学习者的进步和成绩，激励其继续努力；通过指出学习者的不足和问题，激发其改进的动力。这种激励性的反馈有助于增强学习者的自信心和成就感，推动其不断向更高的学习目标迈进。

### （四）反馈的持续性与发展性

持续性与发展性是评价结果反馈的重要原则。在智能职教一体化平台上，学习是一个长期的过程，需要不断进行自我评价和反馈。因此，平台需要为学习者提供持续性的反馈和指导，帮助学习者不断调整学习策略、优化学习方法、提升学习效果。同时，平台还需要关注学习者的学习发展动态，为其提供发展性的反馈和指导。这包括分析学习者的学习趋势、预测未来的学习需求、为学习者提供进阶的学习资源和挑战等。这种发展性的反馈有助于学习者实现持续的学习和成长。

为了实现持续性与发展性的反馈与指导，首先，平台需要建立完善的反馈机制和管理体系。这包括定期收集和分析学习者的学习数据、定期为学习者提供反馈和指导、为学习者提供个性化的学习计划和资源等。其次，平台需要与学习者建立长期的联系和互动关系，关注学习者的学习进展和需求变化，为其提供持续的学习支持和服务。

## 四、学习动力激发与保持

在智能职教一体化平台中，学习动力的激发与保持对于学习者的持续学习和成效至关重要。一个强大的学习动力能够推动学习者克服学习中的困难，保持学习的热情和兴趣。以下从四个方面对学习动力激发与保持进行详细分析。

### （一）目标设定与成就感

目标设定是激发学习动力的重要方法。明确的学习目标能够为学习者提供清晰的方向和动力。在智能职教一体化平台上，学习者可以根据自己的兴趣、能力和学习需求，设定短期和长期的学习目标。这些目标应该具体、可衡量，并且与学习者的学习路径紧密相关。

同时，成就感是维持学习动力的重要因素。当学习者完成一个学习目标或取得一定的学习成果时，他们会感受到一种成就感，这种成就感会激励他们继续努力学习。在平台上，可以通过展示学习者的学习成果、颁发学习证书或奖励等方式增强学习者的成就感。

为了更有效地激发学习动力，平台可以提供个性化的目标设定工具，帮助学习者制定符合自己实际情况的学习目标。同时，平台还可以设置学习里程碑和奖励机制，让学习者在学习过程中不断获得成就感和满足感。

### （二）兴趣引导与内容吸引力

兴趣是激发学习动力的重要内在因素。当学习者对学习内容感兴趣时，他们会更加投入地学习，并产生更强的学习动力。因此，智能职教一体化平台需要注重内容的吸引力，确保学习内容与学习者的兴趣点相契合。

平台可以通过引入生动有趣的教学资源、案例分析和实际应用场景等方式，增强学习内容的吸引力。同时，平台还可以根据学习者的兴趣和需求，推荐相关的课程和学习资源，让学习者在兴趣的引导下进行自主学习。

为了更好地引导学习者的兴趣，平台可以通过数据分析和用户画像技术，深入了解学习者的兴趣偏好和学习习惯。基于这些数据，平台可以为学习者提供个性化的学习建议和推荐，让学习者在学习过程中保持持续的兴趣和动力。

### （三）学习社区与互动支持

学习社区是激发和保持学习动力的重要外部环境。在智能职教一体化平台上，学习者可以加入学习社区，与来自不同背景、不同领域的学习者进行交流、讨论和合作。这种互动与合作可以激发学习者的学习热情和兴趣，促进学习动力的提升。

平台可以建立多样化的学习社区，包括课程论坛、学习小组、线上沙龙等。在这些社区中，学习者可以分享自己的学习经验和成果，提出问题和困惑，寻求帮助和支持。同时，平台还可以邀请专家、学者和行业领袖加入社区，为学习者提供权威的学习指导和建议。

为了保持学习社区的活跃度和吸引力，平台需要定期举办线上活动、主题讨论和分享会等。这些活动可以激发学习者的参与热情和积极性，增强学习者的归属感和凝聚力。同时，平台还需要建立有效的管理机制和规则，确保社区的秩序和氛围。

### （四）学习挑战与自我激励

学习挑战与自我激励是激发和保持学习动力的内在动力源。当学习者面临一定的学习挑战时，他们会更加努力地学习，以克服挑战并取得成功。同时，自我激励也是维持学习动力的重要因素。当学习者意识到自己的努力和进步时，他们就会更加自信地面对未来的学习挑战。

在智能职教一体化平台上，可以设计一些具有挑战性的学习任务或竞赛活动。这些任务或活动应该具有一定的难度和挑战性，能够激发学习者的求知欲和竞争欲。同时，平台还可以提供一些自我激励的工具和方法，如学习进度跟踪、学习打卡等。这些工具可以帮助学习者记录自己的学习成果和进步情况，增强自我激励的效果。

总之，学习动力的激发与保持是一个复杂而重要的过程。在智能职教一体化平台中，需要综合运用目标设定、兴趣引导、学习社区和自我激励等多种方法，激发和保持学习者的学习动力。通过不断优化平台功能和服务质量，为学习者提供更加优质的学习体验和支持。

# 第五节　学习社区与互动交流

## 一、学习社区建设与管理

在智能职教一体化平台中，学习社区的建设与管理对于促进学习者之间的互动交流、提高学习效果和增强学习体验至关重要。以下从四个方面对学习社区建设与管理进行详细分析。

### （一）社区定位与目标设定

学习社区的建设首先要明确其定位与目标。社区定位决定了社区的发展方向和特色，而目标设定则为社区的发展提供了明确的方向和动力。智能职教一体化平台的学习社区应定位于为学习者提供一个专业、开放、互动的学习环境，促进学习者之间的知识分享、经验交流和技能提升。

在设定社区目标时，应充分考虑学习者的需求和期望，结合平台的教育资源和教学特色，制定具体、可衡量的目标。例如，可以设定增加学习者之间的互动交流、提高学习者的学习效率和满意度、推动学习者之间的合作学习和项目实践等目标。

### （二）社区成员管理与激励机制

学习社区的成员是社区发展的核心。为了保持社区的活跃度和吸引力，需要对社区成员进行有效的管理和激励。首先，应建立完善的成员注册、审核和认证机制，确保社区成员的身份真实性和专业性。其次，应建立会员等级制度和积分奖励机制，根据成员在社区的活跃度、贡献度和参与度等因素，给予相应的等级提升和积分奖励。最后，应设立优秀会员、学习达人等荣誉称号，以表彰在社区中表现突出的成员。

此外，为了激发成员的学习动力和参与热情，可以举办各类线上活动、竞赛和挑战赛等。这些活动不仅可以增强社区的互动性和趣味性，还可以为成员提供展示自己才华和能力的机会。

### （三）内容管理与质量监控

学习社区的内容是吸引成员参与的关键因素。因此，需要对社区内容进行严格的管理和质量监控。首先，应建立内容审核和发布机制，确保发布的内容符合平台的教育目标和价值观。同时，应鼓励成员分享自己的学习经验、案例分析和实践成果等高质量内容，并对这些内容进行优先展示和推广。

其次，应建立内容评价和反馈机制，鼓励成员对发布的内容进行评价和反馈。这些评价和反馈可以为其他成员提供参考与借鉴，同时，也可以帮助发布者了解自己的不足和改进方向。

最后，应建立内容更新和维护机制，定期对社区内容进行更新和维护，确保内容的时效性和准确性。同时，可以对一些经典或受欢迎的内容进行整理和归档，方便成员查阅和学习。

### （四）社区氛围营造与文化建设

良好的社区氛围与文化建设对于促进学习者之间的互动交流和提高学习效果具有重要意义。首先，为了营造积极向上的社区氛围，可以举办各类线上活动、主题讨论和分享会等。这些活动不仅可以增强社区的互动性和趣味性，还可以让成员之间建立深厚的友谊和合作关系。

其次，应注重社区文化的建设和传承。可以制定社区公约和行为规范，明确成员在社区中的权利和义务。同时，可以设立社区标志、口号和吉祥物等象征性元素，增强社区的凝聚力和归属感。

最后，可以邀请行业专家、学者和领袖人物加入社区，为成员提供权威的学习指导和建议。这些专家的加入不仅可以提高社区的权威性和专业性，还可以为成员提供更多学习资源和机会。

## 二、互动交流工具与平台

在智能职教一体化平台中，互动交流工具与平台是连接学习者、教师和资源的重要桥梁，对于促进知识共享、经验交流和提高学习效果起着至关重要的作用。以下从四个方面对互动交流工具与平台进行详细分析。

### （一）工具与平台的多样性与便捷性

智能职教一体化平台应提供多样化的互动交流工具与平台，以满足不同学习者的需求。这些工具与平台可以包括论坛、聊天室、在线问答、小组讨论、视频会议等，每种工具都有其独特的功能和适用场景。论坛和聊天室适用于广泛的讨论和交流，在线问答能迅速解决学习者在学习过程中的疑问，小组讨论和视频会议更适合深入探讨与合作学习。

同时，这些工具与平台应具备便捷性，让学习者能够轻松地使用它们进行交流。平台应提供直观易用的界面设计和操作流程，减少学习者的学习成本。此外，工具与平台还应支持多种设备和操作系统，让学习者能够在不同的环境下都能方便地进行交流。

### （二）互动交流的实时性与高效性

实时性和高效性是互动交流工具与平台的重要特点。实时性意味着学习者可以即时获得他人的反馈和帮助，这对于解决学习中的疑问和困难至关重要。高效性则要求工具与平台能够快速传递信息、处理数据和完成任务，提高交流的效率。

为了实现实时性和高效性，智能职教一体化平台可以采用先进的技术手段，如云计算、大数据分析和人工智能等。这些技术可以确保信息的快速传递和处理，提高工具与平台的运行效率。同时，平台还可以建立智能推荐和匹配机制，根据学习者的学习需求和兴趣推荐合适的交流对象与话题，进一步提高交流的效率和质量。

### （三）互动交流的安全性与隐私保护

在智能职教一体化平台中，互动交流涉及大量的个人信息和敏感数据。因此，保障信息的安全性和隐私保护是互动交流工具与平台的重要任务。首先，平台应建立完善的信息安全管理体系，采取多种技术手段确保信息的安全存储和传输。其次，平台应加强用户权限管理和访问控制，防止未经授权的访问和泄露。

再次，平台应尊重用户的隐私权利，遵守相关的法律法规和道德规范。

在收集、存储和使用用户信息时，应明确告知用户信息的使用目的和范围，并经过用户的同意和授权。最后，平台应建立有效的投诉和举报机制，及时处理用户关于信息泄露和滥用的投诉与举报。

### （四）互动交流的个性化与定制化

智能职教一体化平台应提供个性化和定制化的互动交流工具与平台，以满足不同学习者的个性化需求。平台可以通过分析学习者的学习数据和行为习惯，了解他们的学习需求和兴趣偏好，为他们推荐合适的交流对象和话题。同时，平台还可以提供个性化的学习路径和资源推荐，帮助学习者更好地进行学习和交流。

为了实现个性化和定制化的互动交流，平台需要建立强大的数据分析和处理能力。通过收集和分析学习者的学习数据与行为习惯，平台可以深入了解他们的学习需求和兴趣偏好，并据此为他们提供个性化的服务。此外，平台还可以建立用户画像和标签体系，对学习者进行更精细的分类和推荐。

总之，智能职教一体化平台中的互动交流工具与平台应具备多样性与便捷性、实时性与高效性、安全性与隐私保护，以及个性化与定制化等特点。这些特点将有助于促进学习者之间的互动交流、提高学习效果和增强学习体验。

## 三、学习经验分享与讨论

在智能职教一体化平台中，学习经验分享与讨论是促进学习者相互学习、共同进步的重要活动。通过分享个人的学习经验，学习者可以从中汲取灵感，发现新的学习方法，从而优化自己的学习路径。以下从四个方面对学习经验分享与讨论进行详细分析。

### （一）学习经验分享的重要性与价值

学习经验分享在学习过程中的重要性不言而喻。通过分享，学习者可以将自己的学习心得、方法、技巧等传递给其他学习者，帮助他们更好地理解和掌握知识。同时，分享也是一种自我反思和总结的过程，有助于学习者对自己的学习进行深入的剖析，发现自己的不足和改进之处。

在智能职教一体化平台中,学习经验分享的价值体现在多个方面。首先,它可以促进学习者之间的相互学习和交流,拓宽学习者的视野和思路。其次,通过分享和讨论,学习者可以发现新的学习方法和技巧,从而提高自己的学习效率和质量。最后,学习经验分享可以增强学习者的学习动力和自信心,激发他们持续学习和探索的热情。

## (二)学习经验分享的形式与渠道

在智能职教一体化平台中,学习经验分享的形式与渠道多种多样。首先,学习者可以通过撰写学习笔记、心得体会等方式,将自己的学习经验记录下来,并发布到平台上供其他学习者查阅。其次,学习者可以参与平台上的学习社区或论坛,与其他学习者进行在线交流和讨论。最后,平台可以组织线下交流活动,如学习沙龙、研讨会等,为学习者提供面对面交流的机会。

在选择分享渠道时,学习者应根据自己的需求和兴趣进行选择。对于喜欢写作的学习者,可以选择撰写学习笔记或心得体会;对于喜欢交流的学习者,可以选择参与线上或线下交流活动。同时,平台也应提供多样化的分享渠道,以满足不同学习者的需求。

## (三)学习经验分享的质量与效果

学习经验分享的质量直接影响到分享的效果。为了确保分享的质量,学习者在分享前应认真准备,梳理自己的学习经验和心得,确保分享内容具有针对性和实用性。同时,学习者还应关注分享内容的准确性和客观性,避免误导其他学习者。

在智能职教一体化平台中,平台可以通过建立评价机制和反馈机制保障学习经验分享的质量。学习者可以对分享的内容进行评价和反馈,帮助其他学习者更好地选择和学习。平台也可以对分享内容进行审核和筛选,确保分享内容的质量和准确性。

## (四)学习经验分享的激励与促进

为了激发学习者的分享热情,智能职教一体化平台应建立相应的激励机制。首先,平台可以对优秀的分享内容进行表彰和奖励,如设立"最佳分享奖""最具价值分享奖"等。其次，平台可以建立积分系统或会员等级制度，根据学习者的分享次数和质量给予相应的积分或等级提升。最后，平台可以邀请行业专家或知名人士进行分享，以激发学习者的学习兴趣和动力。

同时，平台还应积极营造分享的文化氛围，鼓励学习者积极参与分享和讨论。可以通过定期举办分享活动、设置分享话题等方式引导学习者进行分享。此外，平台还可以提供分享技巧和方法的指导，帮助学习者更好地进行分享和讨论。

总之，学习经验分享与讨论是智能职教一体化平台中不可或缺的一部分。通过分享和讨论，学习者可以相互学习、共同进步，优化自己的学习路径和提高学习效率。平台应提供多样化的分享渠道和激励机制，以激发学习者的分享热情，并保障分享的质量与效果。

## 四、学术支持与协作

在智能职教一体化平台中，学术支持与协作是提升学术水平、促进学术创新的重要途径。通过为学习者提供丰富的学术资源和高效的协作工具，平台能够促进学习者在学术领域的深入探索和合作创新。以下从四个方面对学术支持与协作进行详细分析。

### （一）学术资源的丰富性与更新性

学术资源的丰富性是学术支持与协作的基础。智能职教一体化平台应提供全面、多样化的学术资源，包括学术期刊、论文、数据库、研究报告等，以满足学习者在学术研究中的不同需求。同时，平台还应注重学术资源的更新性，及时引入最新的学术成果和动态，确保学习者能够获取到最新、最全面的学术信息。

在资源管理方面，平台应建立完善的资源分类和检索系统，方便学习者快速找到所需学术资源。同时，平台还可以根据学习者的学习情况和兴趣偏好，推荐相关的学术资源，提高资源的使用效率。

### （二）协作工具的便捷性与高效性

高效的协作工具是学术支持与协作的关键。智能职教一体化平台应提供便捷、高效的协作工具，如在线文档编辑、共享白板、实时讨论区等，支持学习者进行实时的交流和协作。这些工具可以帮助学习者更好地组织和管理学术项目，提高协作效率和质量。

在协作工具的设计上，平台应充分考虑学习者的使用习惯和需求，提供直观易用的界面和操作流程。同时，平台还应支持多种设备和操作系统，确保学习者在不同的环境下都能方便地进行协作。

## （三）学术指导与支持的个性化与专业化

个性化的学术指导与支持对于学习者的学术成长至关重要。智能职教一体化平台可以提供个性化的学术指导服务，根据学习者的学术需求和兴趣偏好，为他们推荐合适的导师和学术资源。同时，平台还可以为学习者提供学术规划和职业发展的建议，帮助他们更好地规划自己的学术道路。

在学术支持方面，平台应建立专业的学术支持团队，为学习者提供及时、有效的学术帮助。这些支持可以包括学术写作指导、数据分析方法、实验设计等方面的指导和支持。通过提供专业的学术支持，平台可以帮助学习者解决在学术研究中遇到的困难和问题，提高他们的学术水平和创新能力。

## （四）学术氛围的营造与学术诚信的强调

学术氛围的营造对于促进学术创新与协作具有重要意义。智能职教一体化平台应营造积极向上的学术氛围，鼓励学习者进行深入的学术研究和探索。首先，平台可以组织各类学术活动，如学术讲座、研讨会、论文评审等，为学习者提供展示和交流学术成果的机会。其次，平台可以设立学术奖项和荣誉称号，表彰在学术领域取得突出成绩的学习者。

在强调学术诚信方面，平台应建立严格的学术规范和标准，要求学习者在学术研究中遵守学术道德和学术规范。对于违反学术诚信的行为，平台应采取相应的惩罚措施，以维护学术的公正性和权威性。同时，平台还应加强学术诚信的宣传和教育，提高学习者的学术道德意识。

总之，学术支持与协作是智能职教一体化平台中的重要组成部分。通过提供丰富的学术资源和高效的协作工具，平台能够促进学习者在学术领域的深入探索和合作创新。同时，通过个性化的学术指导与支持、学术氛围的营造和学术诚信的强调，平台能够进一步激发学习者的学术兴趣和创新能力，推动学术研究的进步和发展。

# 第六章　智能职教一体化平台运营与维护

## 第一节　平台运营策略

### 一、运营目标与定位

在智能职教一体化平台的运营过程中，明确的运营目标与定位是确保平台稳定、高效发展的关键。以下从四个方面对运营目标与定位进行深入分析。

#### （一）明确市场需求与定位

智能职教一体化平台的运营首先需要明确市场需求与定位。平台应深入了解目标用户群体的需求和期望，包括学习者的学习需求、教师的教学需求及企业的用人需求等。通过市场调研和数据分析，平台可以准确把握市场趋势，为后续的运营策略制定提供有力支撑。

在明确市场需求的基础上，平台需要明确自身的定位。这包括平台的受众定位、内容定位和服务定位等。平台应根据市场需求和自身优势，选择适合自身的定位方向，以确保在激烈的市场竞争中脱颖而出。

#### （二）制定长期发展规划

为了实现可持续的发展，智能职教一体化平台需要制定长期发展规划。这包括平台的战略目标、发展路径和具体举措等。在制定长期发展规划时，平台应充分考虑市场需求、技术趋势和自身实力等因素，确保规划具有可行性和前瞻性。

同时，平台需要关注行业动态和政策变化，及时调整和优化发展规划。在实施规划过程中，平台应注重跟踪评估和调整优化，确保规划的有效执行和目标的顺利实现。

### （三）构建完善的运营体系

一个完善的运营体系是智能职教一体化平台成功运营的重要保障。平台应建立包括市场推广、用户服务、内容更新、技术支持等在内的全面运营体系。在市场推广方面，平台应运用多种渠道和手段，提高平台的知名度和影响力；在用户服务方面，平台应提供及时、专业的服务支持，解决用户在使用过程中遇到的问题；在内容更新方面，平台应定期更新和优化课程内容和学习资源，确保用户能够获取到最新、最优质的学习内容；在技术支持方面，平台应提供稳定、高效的技术保障，确保平台系统的正常运行。

为了构建完善的运营体系，平台需要加强团队建设和管理。通过引进优秀人才、加强培训和管理等措施，提高团队的专业素质和执行能力，为平台的成功运营提供有力保障。

### （四）优化用户体验与口碑建设

用户体验和口碑建设是智能职教一体化平台运营的关键环节。平台应注重提升用户体验，从界面设计、操作流程、交互体验等方面入手，为用户提供便捷、舒适的学习体验。同时，平台还应关注用户的反馈和需求，及时改进和优化产品功能与服务质量。

在口碑建设方面，平台应注重品牌形象塑造和口碑传播。通过提供优质的产品和服务、积极参与公益活动等方式，树立良好的品牌形象；通过社交媒体、用户评价等渠道收集用户反馈和评价，及时回应和处理用户问题，提高用户满意度和忠诚度。同时，平台还可以利用行业会议、展览等活动机会进行品牌推广和宣传，提高平台的知名度和影响力。

综上所述，智能职教一体化平台的运营目标与定位需要从市场需求、长期发展规划、完善的运营体系和用户体验与口碑建设等方面，进行深入分析和制定。只有明确目标和定位并制定合理的运营策略，才能确保平台的稳定、高效发展并赢得市场竞争。

# 二、用户增长与活跃度提升

在智能职教一体化平台的运营过程中，用户增长与活跃度提升是核心任务之一。一个成功的平台不仅要有高质量的内容和服务，还需要有持续增长的用户群及高活跃度的用户。以下从四个方面对用户增长与活跃度提升进行深入分析。

## （一）精准的用户定位与需求分析

要实现用户增长与活跃度提升，首先要进行精准的用户定位与需求分析。平台应深入了解目标用户群体的特征、需求和行为习惯，通过市场调研、用户访谈、数据分析等手段，挖掘用户的潜在需求，并据此优化平台的功能和内容。例如，对于学习者用户，可以根据其学习阶段、专业方向、兴趣爱好等因素，推荐合适的学习资源和课程；对于教师用户，可以提供丰富的教学工具、案例分析和教学方法等资源。

在了解用户需求的基础上，平台应关注用户的生命周期管理。从用户注册、使用、付费到留存、推荐等各个环节，都要制定相应的策略和措施，确保用户能够在平台上获得持续的价值和满足感。

## （二）创新的市场推广策略

市场推广是用户增长的重要手段。平台应制定创新的市场推广策略，以吸引更多的潜在用户。首先，可以利用社交媒体、搜索引擎、广告平台等线上渠道进行广泛宣传，提高平台的知名度和曝光率。其次，可以举办线下活动、研讨会、培训班等，与用户进行面对面的交流和互动，增强用户对平台的信任感和归属感。最后，可以与其他机构、企业或个人进行合作，通过资源共享、互利共赢的方式扩大用户基础。

在市场推广过程中，平台应注重内容营销和品牌建设。通过发布有价值的内容、提供优质的服务、树立良好的品牌形象，吸引更多用户的关注和信任。同时，还要关注用户体验和口碑传播，及时回应用户反馈和投诉，提高用户满意度和忠诚度。

### （三）优化用户体验与互动设计

用户体验与互动设计是提升用户活跃度的关键。平台应关注用户的使用习惯和反馈，不断优化界面设计、操作流程和交互体验。例如，可以简化注册流程、提高加载速度、优化搜索功能等，降低用户使用的门槛和成本；可以增加社交元素、互动功能和激励机制等，提高用户的参与度和黏性。

在互动设计方面，平台可以利用游戏化思维、社交化元素等策略，吸引用户进行更多的互动和分享。例如，可以设置学习积分、等级制度、排行榜等激励机制，鼓励用户积极参与学习；可以建立学习社区、讨论区等社交场所，促进用户之间的交流和合作。

### （四）数据驱动的用户增长与活跃度提升

数据是驱动用户增长与活跃度提升的重要工具。平台应建立完善的数据分析和监测体系，实时跟踪用户行为和数据变化。通过对用户数据的深入分析，可以发现用户增长和活跃度提升的关键因素与瓶颈问题，并据此制定针对性的策略和措施。

例如，可以通过分析用户来源和渠道效果，优化市场推广策略；可以通过分析用户行为路径和转化率，优化用户体验和互动设计；可以通过分析用户留存和活跃度数据，制定用户留存和促活策略等。通过数据驱动的方式，平台可以更加精准地把握用户需求和市场变化，实现用户增长与活跃度提升的目标。

## 三、内容策略与推广

在智能职教一体化平台的运营中，内容策略与推广是核心环节之一。优质的内容不仅能吸引用户的关注，还能提升用户的满意度和忠诚度，进而促进平台的长期发展。以下从四个方面对内容策略与推广进行深入分析。

### （一）内容定位与规划

内容定位是内容策略与推广的起点。平台需要明确自身的定位和目标用户群体，进而确定内容的主题、风格和调性。例如，如果平台主要面向职业教育领域的学习者，那么内容应聚焦于职业技能培训、行业前沿动态等方面。在内容规划上，平台应制订长期和短期的内容计划，确保内容的持续更新和多样性。长期内容计划可以包括年度主题、季度重点等，短期计划可以围绕特定节日、活动或热点话题进行规划。

在内容定位与规划的过程中，平台需要密切关注市场动态和用户需求变化，及时调整和优化内容策略。同时，还需要关注内容的质量和多样性，确保内容能够满足不同用户群体的需求。

### （二）内容创作与生产

内容创作与生产是内容策略与推广的核心环节。平台需要组建专业的内容团队，负责内容的创作、编辑和审核工作。在内容创作上，平台应鼓励多元化、创新性的思维，支持内容团队探索新的表达方式和创作形式。例如，可以利用图文、视频、音频等多种形式呈现内容，提高用户的阅读体验。

在内容生产上，平台应建立高效的生产流程和质量控制机制。通过明确内容创作的标准、流程和规范，确保内容的质量和一致性。同时，还需要加强内容的审核和监管工作，避免出现低质量或违规内容。

### （三）内容分发与推广

内容分发与推广是将优质内容传递给目标用户的关键环节。平台应利用多种渠道和手段进行内容分发与推广。例如，可以利用社交媒体、搜索引擎、广告平台等线上渠道进行内容推广；可以与行业媒体、机构、企业等进行合作，通过资源共享、互利共赢的方式扩大内容的影响力。

在内容分发与推广的过程中，平台需要注重内容的精准推送和个性化推荐。通过数据分析和用户画像等手段，了解用户的兴趣、需求和行为习惯，为用户推荐符合其需求的内容。同时，还需要关注内容的传播效果和反馈情况，及时调整和优化分发策略。

### （四）内容效果评估与优化

内容效果评估与优化是内容策略与推广的持续改进过程。平台应建立科学、客观的评估体系，对内容的效果进行定期评估和分析。评估指标可以包括内容的阅读量、点赞量、分享量、评论量等互动指标，以及用户满意度、忠诚度等长期指标。通过对这些指标的分析和比较，可以了解内容的质量和效果，以及用户的反馈和需求。

在内容效果评估的基础上，平台需要对内容策略和推广策略进行优化。根据评估结果和用户反馈，调整内容的定位、规划、创作、分发等各个环节的策略和措施。同时，还需要关注新的技术、趋势和机会，不断创新和尝试新的内容形式与推广方式。通过持续优化内容策略和推广策略，平台可以不断提升内容的质量和效果，以及用户的满意度和忠诚度，从而促进平台的长期发展。

## 四、运营数据分析与优化

在智能职教一体化平台的运营过程中，数据分析与优化是至关重要的一环。通过对运营数据的深入分析，平台可以了解用户行为、业务状况和市场趋势，从而优化运营策略，提升平台效率和用户满意度。以下从四个方面对运营数据分析与优化进行深入分析。

### （一）数据收集与整合

数据分析的第一步是数据的收集与整合。平台需要建立完善的数据收集系统，确保能够全面、准确地收集到用户行为数据、业务数据和市场数据等。这些数据可以来源于平台的后台系统、用户反馈、市场调研等多个渠道。

在数据整合方面，平台需要利用数据仓库、数据湖等技术手段，将不同来源、不同格式的数据进行清洗、转换和整合，形成统一的数据集。这样不仅可以提高数据的质量和可用性，还可以为后续的数据分析提供便利。

### （二）数据分析方法与工具

数据分析的第二步是运用科学的方法和工具。平台可以运用描述性统计、推论性统计、数据挖掘、机器学习等多种数据分析方法，对运营数据进行深入剖析。这些方法可以帮助平台发现数据中的规律、趋势和异常，为优化运营策略提供有力支持。

同时，平台还需要选择合适的数据分析工具。这些工具可以包括Excel、Python、R等数据处理和分析软件，以及专门的数据分析平台和服务。这些工具可以帮助平台更加高效地进行数据分析，提高分析的准确性和效率。

## （三）关键指标与数据分析

数据分析的第三步是需要关注一些关键指标。这些指标可以包括用户增长率、用户活跃度、留存率、转化率、跳出率等用户行为指标，以及收入、利润、成本等财务指标。通过对这些关键指标的分析，平台可以了解自身的运营状况和用户需求，从而优化运营策略。

例如，如果平台发现用户留存率较低，那么就可以分析用户流失的原因，通过优化内容质量、提升用户体验或调整推广策略等方式提高用户留存率。如果平台发现收入增长缓慢，那么就可以分析收入来源和成本结构，通过寻找新的盈利点或优化成本结构提高收入。

## （四）数据驱动的运营优化

数据分析的第四步是为运营优化提供决策支持。平台需要将数据分析的结果与运营实践相结合，制定针对性的优化策略。例如，可以根据用户行为数据优化界面设计、操作流程和交互体验；可以根据市场趋势和竞争对手情况调整产品策略与推广策略；可以根据财务数据分析优化成本结构和盈利模式等。

在运营优化的过程中，平台需要注重持续改进和创新。通过不断分析数据、调整策略、测试效果，并反馈改进结果，平台可以不断提升自身的运营效率和用户满意度。同时，还需要关注新的技术、趋势和机会，不断创新和尝试新的运营模式和策略。

总之，运营数据分析与优化是智能职教一体化平台运营中不可或缺的一环。平台需要建立完善的数据收集系统、运用科学的方法和工具进行数据分析、关注关键指标，并制定针对性的优化策略。通过不断分析数据、优化策略并持续改进和创新，平台可以不断提升自身的运营效率和用户满意度，实现长期稳定发展。

# 第二节 平台内容更新与维护

## 一、内容更新频率与规划

在智能职教一体化平台的运营中，内容更新频率与规划是确保平台内容保持新鲜、活跃和吸引力的关键。合理的内容更新频率和规划不仅能满足用户的学习需求，还能提升平台的竞争力和影响力。以下从四个方面对内容更新频率与规划进行分析。

### （一）用户需求与内容更新频率

用户需求是内容更新频率的重要参考依据。平台应深入了解用户的学习需求和兴趣点，通过用户调研、数据分析等手段，掌握用户的学习偏好和期望。根据用户需求，平台可以制定合理的内容更新频率，确保内容能够及时、准确地满足用户的学习需求。例如，对于热门课程或专题，可以提高更新频率，以满足用户的迫切需求；对于冷门课程或知识点，可以适当降低更新频率，以维持内容的稳定性和完整性。

同时，平台还应关注用户反馈，及时调整内容更新频率。用户反馈是反映内容质量和更新频率是否合适的重要指标。通过收集和分析用户反馈，平台可以了解用户对当前内容更新频率的满意度，以及是否存在改进空间。根据用户反馈，平台可以适时调整内容更新频率，以更好地满足用户需求。

### （二）内容规划与目标导向

内容规划是确保内容更新有序、连贯和高效的关键。平台应制定明确的内容规划，明确每个阶段或时间段内需要更新的内容类型、数量和质量要求。内容规划应与平台的整体战略目标和用户需求相契合，确保内容更新能够推动平台的发展，并满足用户需求。

在制定内容规划时，平台应充分考虑资源的分配和利用。根据内容规划的要求，合理安排人力、物力和财力等资源，确保内容更新能够按计划进行。同时，平台还应关注内容更新的质量和效果评估，及时调整和优化内容规划，确保内容更新能够达到预期目标。

### （三）内容更新与平台发展

内容更新是平台发展的重要驱动力之一。通过不断更新和优化内容，平台可以吸引更多用户、提升用户满意度和忠诚度，进而增强平台的竞争力和影响力。因此，平台应将内容更新纳入整体发展战略，确保内容更新与平台发展保持同步。

在内容更新过程中，平台应关注内容的创新性和前瞻性。通过引入新的教学理念、方法和技术，以及关注行业前沿动态和趋势，平台可以为用户提供更加丰富、深入和有价值的学习内容。同时，平台还应关注内容的时效性和准确性，确保内容能够反映最新的行业动态和技术发展。

### （四）内容更新与团队协作

内容更新需要团队协作和配合。平台应建立高效的内容生产团队，明确团队成员的职责和分工，确保内容更新能够按时、高质量地完成。同时，平台还应加强团队成员之间的沟通和协作，共同解决在内容更新过程中遇到的问题和困难。

为了提高团队协作效率和质量，平台可以制定明确的工作流程和标准操作程序。通过规范工作流程和制定操作标准，平台可以确保内容更新过程的规范性和一致性。同时，平台还可以建立激励机制和奖惩制度，激发团队成员的积极性和创造力，提高内容更新的质量和效率。

## 二、内容质量检查与提升

在智能职教一体化平台的运营中，内容质量是平台能否吸引用户、保持用户黏性的关键因素。因此，内容质量的检查与提升显得尤为重要。以下从四个方面对内容质量检查与提升进行深入分析。

### （一）内容质量标准的制定

内容质量标准的制定是内容质量检查与提升的基础。平台需要明确内容的质量要求，包括内容的准确性、权威性、时效性、可读性等方面。这些标准应基于平台的目标用户群体、教育理念和行业规范等因素进行制定，确保内容能够符合用户的需求和期望。

在制定内容质量标准时，平台可以参考行业内的最佳实践、权威机构的标准，以及用户反馈等信息。同时，平台还应根据自身的特点和定位，制定符合自身情况的内容质量标准。这些标准应具有可操作性和可衡量性，以便在实际应用中能够得到有效执行。

### （二）内容质量检查机制

内容质量检查机制是确保内容质量的重要手段。平台应建立严格的内容质量检查流程，包括内容的初步筛选、编辑加工、审核发布等环节。在每个环节中，都需要对内容的质量进行严格把关，确保内容符合平台的质量标准。

在内容质量检查过程中，平台可以运用多种技术手段和工具，如自然语言处理、机器学习等，对内容进行自动化检测和评估。同时，平台还应建立专业的审核团队，对内容进行人工审核和评估。这些审核团队应具备专业的知识和技能，能够准确判断内容的质量和价值。

### （三）内容质量提升策略

内容质量提升是一个持续的过程。平台需要不断总结经验、优化策略、引入新的资源和技术，以提升内容的质量和吸引力。以下是一些可能的内容质量提升策略。

1.引入优质内容资源。平台可以与权威机构、教育机构、行业专家等合作，引入高质量的课程内容和学习资源。这些资源可以丰富平台的内容库，提升内容的质量和权威性。

2.鼓励用户参与和反馈。平台可以建立用户参与和反馈机制，鼓励用户对内容进行评价和分享。这些反馈可以帮助平台了解用户的需求和期望，及时发现并解决问题，提升内容的质量和用户体验。

3. 优化内容生产流程。平台可以优化内容生产的流程和环节，提高内容生产的效率和质量。例如，引入先进的内容管理系统、加强内容编辑和审核等。

4. 运用新技术和工具。平台可以运用新技术和工具，如人工智能、大数据分析等，对内容进行智能化处理和分析。这些技术可以帮助平台更好地了解用户需求和内容趋势，提升内容的针对性和时效性。

### （四）内容质量持续改进

内容质量持续改进是平台长期发展的保障。平台需要建立持续改进的机制和文化，不断关注内容质量的变化和用户需求的变化，及时调整和优化内容质量提升策略。

在持续改进过程中，平台可以定期收集和分析用户反馈、市场数据等信息，了解内容质量的变化趋势和用户需求的变化情况。同时，平台还可以与行业内外的合作伙伴进行交流和合作，共同探索新的内容质量提升方法和策略。通过持续改进和优化，平台可以不断提升内容的质量和吸引力，保持用户黏性和忠诚度。

## 三、内容安全监控与审核

在智能职教一体化平台的运营中，内容安全监控与审核是确保平台内容健康、安全、合规的必要措施。以下从四个方面对内容安全监控与审核进行详细分析。

### （一）内容安全监控体系的建设

内容安全监控体系是保障平台内容安全的基础。平台应建立完善的内容安全监控体系，通过技术手段和人工审核相结合的方式，对平台上的所有内容进行实时监控和预警。

在技术手段方面，平台可以利用先进的自然语言处理、图像识别、机器学习等技术，对平台内容进行自动化检测和过滤。这些技术可以自动识别并过滤掉违规、不良、违法等内容，确保平台内容的健康和安全。同时，平台还应建立内容风险评估模型，对潜在的风险内容进行预警和提示。

在人工审核方面，平台应建立专业的审核团队，对技术过滤后的内容进行人工复核和确认。审核团队应具备丰富的经验和专业的知识，能够准确判断内容的安全性和合规性。同时，平台还应建立严格的审核流程和标准，确保审核工作的准确性和高效性。

### （二）内容审核标准的制定与执行

内容审核标准是确保审核工作准确性和一致性的关键。平台应制定明确的内容审核标准，包括违规内容的定义、分类、处理方式等。这些标准应基于国家法律法规、行业规范，以及平台自身的定位和需求进行制定，确保内容审核工作能够符合法律法规和行业标准的要求。

在执行内容审核标准时，平台应确保审核工作的客观性和公正性。审核人员应严格遵守审核标准，不得因为个人喜好、偏见等而影响审核结果。同时，平台还应建立审核工作的监督机制，对审核工作进行定期检查和评估，确保审核工作的准确性和高效性。

### （三）内容安全监控与审核的协同机制

内容安全监控与审核是相辅相成的两个环节。平台应建立内容安全监控与审核的协同机制，实现两个环节的有效衔接和配合。

在内容安全监控方面，平台应实时关注平台内容的动态变化，对可能出现的风险内容进行及时预警和提示。同时，平台还应与审核团队保持密切沟通，将监控到的风险内容及时推送给审核团队进行处理。

在内容审核方面，审核团队应根据监控到的风险内容和审核标准，对内容进行及时、准确的审核和处理。对于违规内容，审核团队应及时进行删除、屏蔽或下架等处理，确保平台内容的健康和安全。同时，审核团队还应将审核结果反馈给监控团队，以便监控团队及时调整监控策略和参数。

### （四）内容安全监控与审核的持续改进

随着技术的不断发展和法律法规的不断更新，内容安全监控与审核工作也需要不断改进和优化。平台应建立持续改进的机制和文化，不断关注新的风险点和技术手段，及时调整和优化内容安全监控与审核的策略及措施。

在持续改进过程中，平台可以加强与技术供应商的合作，引入更先进、更智能的内容安全监控和审核技术。同时，平台还应加强与行业内外的合作伙伴的交流和合作，共同探索新的内容安全监控与审核方法和策略。此外，平台还应建立用户反馈机制，及时收集和处理用户关于内容安全的反馈与建议，以便及时发现和解决潜在的安全问题。

通过持续改进和优化内容安全监控与审核工作，平台可以不断提升自身的安全保障能力，确保平台内容的健康、安全、合规，为用户提供更好的学习体验和服务。

## 四、内容反馈与调整

在智能职教一体化平台的运营中，内容反馈与调整是确保平台内容质量持续提升和用户满意度不断提高的重要环节。以下从四个方面对内容反馈与调整进行详细分析。

### （一）用户反馈机制的建立与完善

用户反馈是平台了解用户需求、发现内容问题、进行内容调整的重要来源。因此，建立与完善用户反馈机制至关重要。

首先，平台应设计易于使用的反馈渠道，如在线表单、电子邮件、社交媒体等，方便用户随时提出意见和建议。同时，平台应确保反馈渠道的畅通无阻，及时响应用户的反馈，并给予用户积极的回复和解决方案。

其次，平台应定期收集和分析用户反馈数据，了解用户对平台内容的满意度、期望和建议。通过对这些数据的分析，平台可以发现内容存在的问题和不足之处，为内容调整提供有力的依据。

最后，平台可以鼓励用户参与内容评价和打分，将用户评价作为内容质量评估的重要指标之一。通过用户评价，平台可以更加客观地了解内容的质量和用户满意度，为内容调整提供更加准确的参考。

### （二）内容评估与调整策略的制定

在收集到用户反馈后，平台需要对内容进行评估，并制定相应的调整策略。内容评估是一个全面、客观、系统的过程，需要考虑多个因素，如内容准确性、实用性、趣味性、时效性等。

在评估过程中，平台可以运用多种评估方法，如专家评审、用户调研、数据分析等。这些方法可以帮助平台全面了解内容的质量和效果，发现存在的问题和不足。

根据评估结果，平台需要制定相应的调整策略。这些策略可以包括优化内容结构、增加或删除某些内容、改进内容呈现方式等。同时，平台还需要根据用户反馈和市场需求的变化，不断调整和优化内容调整策略，确保内容始终符合用户需求和市场趋势。

### （三）内容调整的实施与监控

在制定好调整策略后，平台需要按照策略进行内容调整的实施。在实施过程中，平台需要确保调整过程的高效、准确和顺畅。

首先，平台需要明确调整的目标和范围，确保调整的内容与策略保持一致。同时，平台还需要制订详细的调整计划和时间表，确保调整过程的有序进行。

其次，平台需要配备专业的团队负责内容的调整工作。这些团队需要具备专业的知识和技能，能够准确地理解调整策略，并高效地完成调整工作。

最后，平台需要对调整过程进行监控和评估。通过监控和评估，平台可以及时发现和调整调整过程中出现的问题及不足之处，确保调整过程的顺利进行。

### （四）内容调整后的效果评估与优化

在内容调整完成后，平台需要对调整后的内容进行效果评估，以了解调整是否达到了预期的目标和效果。

效果评估可以通过多种方式进行，如用户调研、数据分析、对比实验等。这些方法可以帮助平台了解调整后的内容在准确性、实用性、趣味性、时效性等方面是否有所提升，以及用户满意度是否有所提高。

根据评估结果，平台需要进一步优化内容调整策略。如果调整效果良好，那么平台可以总结成功经验，将其应用于后续的内容调整中；如果调整效果不佳，那么平台需要分析原因，调整策略，并再次进行内容调整。

通过不断的内容反馈与调整，平台可以持续提升内容质量，满足用户需求，提高用户满意度和忠诚度，从而增强平台的竞争力和影响力。

# 第三节　用户服务与支持

## 一、用户服务流程与标准

用户服务流程与标准是确保智能职教一体化平台能够为用户提供高效、专业、满意的服务的基础。以下从四个方面对用户服务流程与标准进行详细分析。

### （一）服务流程的设计与优化

设计清晰、高效的服务流程是提升用户体验的关键。首先，平台需要明确用户服务的主要环节，如用户咨询、问题解答、投诉处理、售后服务等，并为每个环节制定详细的操作步骤和时间要求。其次，通过不断优化服务流程，减少用户等待时间，提高问题解决效率。例如，可以引入自助服务系统，让用户能够自主解决常见问题；可以设置快速响应机制，确保用户在遇到问题时能够及时获得帮助。

在流程设计过程中，还需要考虑不同用户的需求和场景。例如，针对新用户，可以提供详细的使用指南和常见问题解答；对于老用户，可以提供个性化的服务推荐和升级提示。此外，还可以设置用户反馈环节，收集用户对服务流程的意见和建议，不断优化服务流程。

### （二）服务标准的制定与执行

制定明确的服务标准是确保服务质量的重要保障。平台需要根据用户需求和行业规范，制定详细的服务标准，包括服务态度、响应时间、解决率等方面。这些标准应该具有可衡量性和可操作性，方便对服务人员进行培训和考核。

在执行服务标准时，平台需要建立严格的监督机制，确保服务人员能够按照标准进行操作。可以通过定期考核、用户评价等方式对服务人员进行评估，对于不符合标准的行为进行纠正和处罚。同时，还需要建立激励机制，鼓励服务人员提供优质服务，提高用户满意度。

### （三）服务人员的培训与管理

服务人员是用户服务的直接执行者，他们的素质和能力直接影响到服务质量。因此，平台需要加强对服务人员的培训和管理。首先，需要制订详细的培训计划，包括培训内容、时间、方式等，确保服务人员能够掌握必要的知识和技能。其次，需要建立定期考核机制，对服务人员的服务质量和能力进行评估，对于不符合要求的人员进行培训和提升。

在管理方面，首先，平台需要建立完善的规章制度，明确服务人员的职责和权利，确保他们能够按照规范进行操作。其次，平台需要建立激励机制，鼓励服务人员提供优质服务，提高用户满意度。最后，平台需要关注服务人员的心理健康和职业发展，为他们提供良好的工作环境和发展空间。

### （四）服务质量的持续改进

服务质量是用户服务工作的核心。平台需要建立持续改进的机制，不断关注用户需求和反馈，优化服务流程和标准，提高服务质量。可以通过用户满意度调查、投诉处理分析等方式了解用户对服务的评价和建议，及时发现问题并进行改进。同时，还需要关注行业发展趋势和竞争对手的服务情况，及时调整自身服务策略和标准。

在持续改进过程中，平台需要保持开放的心态和创新的思维，不断探索新的服务方式和手段，提高服务效率和用户满意度。通过持续改进和优化用户服务流程与标准，平台可以为用户提供更加优质、高效、专业的服务支持。

## 二、服务渠道与方式

在智能职教一体化平台中，提供多样化、便捷化的服务渠道与方式对于提升用户体验、满足用户需求至关重要。以下从四个方面对服务渠道与方式进行详细分析。

## （一）线上服务渠道的建设

随着互联网的普及，线上服务渠道已成为用户获取服务的主要方式。智能职教一体化平台应充分利用互联网技术，建立多元化的线上服务渠道。

首先，平台应搭建功能完善的官方网站，提供清晰的服务导航和详尽的信息展示，使用户能够轻松找到所需服务。同时，通过网站论坛、在线问答等方式，为用户提供实时交流和解决问题的平台。

其次，平台可以开发移动应用或微信小程序，方便用户随时随地获取服务。移动应用可以提供个性化的学习路径推荐、课程提醒、学习进度查询等功能，提高用户的学习效率。

最后，平台可以利用社交媒体平台（如微博、微信等）与用户进行互动，及时发布最新消息、活动信息和服务更新，增加用户黏性和忠诚度。

## （二）线下服务渠道的拓展

虽然线上服务渠道具有便捷性、高效性等优势，但线下服务渠道在某些场景下仍具有不可替代的作用。智能职教一体化平台应积极探索线下服务渠道，为用户提供更加全面的服务支持。

一方面，平台可以在校区或社区内设立实体服务中心或服务站，为用户提供面对面的咨询、指导和帮助。实体服务中心可以配备专业的服务人员和设备，为用户提供更加细致、周到的服务。

另一方面，平台可以与合作伙伴建立合作关系，共同开展线下服务活动。例如，与图书馆、培训机构等合作，为用户提供借书、报名课程等一站式服务。这种合作方式不仅可以扩大平台的服务范围，还可以提高平台的品牌影响力和用户黏性。

## （三）个性化服务方式的创新

为了满足不同用户的需求，智能职教一体化平台需要不断创新个性化服务方式。

首先，平台可以通过用户画像技术对用户进行精准分析，了解用户的兴趣爱好、学习需求等信息。基于这些信息，平台可以为用户推荐符合其需求的课程、资源和活动，提高用户的满意度和忠诚度。

其次，平台可以提供定制化的学习方案和服务。根据用户的学习目标和能力水平，平台可以为用户制订个性化的学习计划和进度安排，并提供一对一的辅导和咨询服务。这种定制化服务方式可以更好地满足用户的个性化需求，提高用户的学习效果。

最后，平台可以利用大数据和人工智能技术对用户的学习行为进行分析与预测，为用户提供更加精准的学习建议和反馈。这种智能化服务方式可以提高用户的学习效率和体验，提高用户对平台的信任度和依赖度。

### （四）服务渠道与方式的持续优化

随着技术的不断发展和用户需求的变化，服务渠道与方式也需要不断优化和更新。智能职教一体化平台应持续关注行业动态和用户需求变化，及时调整和优化服务渠道与方式。

首先，平台需要关注新技术的发展和应用，如人工智能、虚拟现实等技术。这些新技术可以为平台提供更加高效、智能的服务手段，提高服务质量和效率。

其次，平台需要关注用户需求的变化和反馈。通过收集和分析用户反馈数据，平台可以了解用户对服务渠道和方式的满意度、期望与建议等信息。基于这些信息，平台可以对服务渠道和方式进行改进与优化，提高用户满意度和忠诚度。

最后，平台需要关注竞争对手的服务情况和市场动态。通过对比分析竞争对手的服务优势和不足，平台可以借鉴其成功经验并规避其不足之处，不断提升自身的服务竞争力和市场占有率。

## 三、问题解答与技术支持

在智能职教一体化平台中，问题解答与技术支持是确保用户顺畅使用平台、提高用户满意度的重要环节。以下从四个方面对问题解答与技术支持进行详细分析。

### （一）问题解答机制的建立与完善

一个高效的问题解答机制对于提升用户体验、降低用户流失率至关重要。智能职教一体化平台需要建立一个全面、快速、准确的问题解答机制。

首先，平台应设立专门的客服团队，负责解答用户在使用平台过程中遇到的问题。客服团队应具备专业的知识和技能，能够迅速识别问题并提供解决方案。同时，客服团队应保持良好的服务态度，积极响应用户的需求和反馈。

其次，平台应建立多渠道的问题解答途径，如在线客服、电话客服、邮件支持等。这样用户可以根据自己的喜好和习惯选择最适合自己的解答方式。同时，平台还应提供自助服务系统，让用户能够自主解决一些常见问题，减轻客服团队的工作负担。

最后，平台应建立问题解答知识库，将常见问题及其解答方法整理成文档或视频教程，供用户随时查阅。这样不仅可以提高问题解答的效率，还可以帮助用户更好地了解平台的使用方法和技巧。

### （二）技术支持团队的组建与培训

技术支持团队是问题解答与技术支持的核心力量。智能职教一体化平台需要组建一支专业、高效的技术支持团队。

首先，技术支持团队应具备丰富的技术经验和专业知识，能够迅速定位并解决平台出现的技术问题。团队成员之间应保持良好的沟通和协作，确保问题能够及时得到处理。

其次，平台应加强对技术支持团队的培训和教育。通过定期的培训和学习，提高团队成员的技术水平和解决问题的能力。同时，平台还应鼓励团队成员积极学习和掌握新技术，以适应不断变化的市场需求。

最后，平台应建立激励机制，鼓励技术支持团队提供优质服务。可以通过设立奖励制度、晋升渠道等方式，激发团队成员的工作积极性和创造力。

### （三）问题分析与解决流程的优化

问题分析与解决流程是确保问题能够得到妥善处理的关键环节。智能职教一体化平台需要不断优化问题分析与解决流程。

首先，平台应建立详细的问题记录和分析系统。当用户提出问题时，系统应自动记录问题的详细信息，并进行分析和分类。这样可以帮助平台更好地了解问题的类型和分布情况，为后续的解决提供有力支持。

其次，平台应建立快速响应机制。一旦发现问题，平台就应迅速组织技术支持团队进行解决。对于复杂问题，可以组织专家团队进行会诊和讨论，确保问题能够得到妥善处理。

最后，平台应建立问题反馈机制。当问题解决后，平台应主动向用户反馈解决情况，并询问用户是否满意。对于用户反馈的问题和建议，平台应认真倾听并进行改进，以提高用户满意度和忠诚度。

### （四）持续的技术创新与升级

随着技术的不断发展和用户需求的变化，智能职教一体化平台需要不断进行技术创新和升级。

首先，平台应关注新技术的发展和应用。通过引入新技术和工具，提高平台的性能和稳定性，降低用户在使用过程中遇到的问题。同时，新技术还可以为平台提供更加丰富的功能和服务，提高用户的满意度和体验。

其次，平台应加强与外部合作伙伴的交流和合作。通过与行业内的领先企业和机构合作，共同研发新技术和产品，提高平台的技术水平和竞争力。

最后，平台应关注市场动态和用户需求变化。通过不断收集和分析用户反馈数据，了解用户对平台的需求和期望，为技术创新和升级提供有力支持。同时，平台还应根据市场趋势和竞争对手的动向，及时调整自身的技术策略和产品方向，以保持领先地位和竞争优势。

## 四、用户满意度调查与改进

在智能职教一体化平台中，用户满意度是衡量平台服务质量和用户体验的重要指标。通过定期的用户满意度调查，平台可以深入了解用户需求和期望，从而针对性地改进服务，提升用户满意度。以下从四个方面对用户满意度调查与改进进行详细分析。

## （一）满意度调查的设计与执行

用户满意度调查的设计应充分考虑用户的特点和需求，确保调查结果能够真实反映用户的感受和意见。首先，平台需要明确调查的目的和范围，确定调查对象、调查内容及调查方式。其次，设计合理的问卷或访谈提纲，确保问题能够全面覆盖用户的使用体验和服务需求。同时，调查过程应保证匿名性和保密性，以消除用户的顾虑，提高调查结果的可靠性。

在执行满意度调查时，平台应选择合适的调查时机和方式。例如，可以在用户完成学习任务或使用特定功能后进行即时调查，以便及时了解用户的即时感受。此外，还可以采用定期调查的方式，如每季度或每年进行一次，以跟踪用户满意度的变化趋势。

## （二）调查结果的收集与分析

收集到的用户满意度调查结果需要进行系统的整理和分析，以提取有价值的信息。首先，平台应对调查结果进行统计和分类，计算各项指标的满意度得分和分布情况。其次，通过对比分析不同用户群体、不同时间段或不同功能模块的满意度数据，发现存在的问题和短板。最后，可以结合用户的具体反馈和建议，深入挖掘用户的需求和期望。

在分析过程中，平台应运用科学的方法和工具，如统计分析、数据挖掘等，以提高分析的准确性和有效性。此外，还可以邀请专家或第三方机构对调查结果进行独立评估，以确保分析结果的客观性和公正性。

## （三）基于调查结果的改进措施

根据用户满意度调查的结果，平台需要制定具体的改进措施，以提升用户满意度。首先，针对用户反馈的问题和短板，平台应迅速进行修复和优化，确保问题得到及时解决。其次，根据用户的需求和期望，平台可以调整服务策略和产品方向，以满足用户的个性化需求。最后，可以加强用户教育和培训，提高用户的使用技能和满意度。

在改进措施的实施过程中，平台应建立有效的跟踪和评估机制，确保改进措施能够真正落地并产生效果。例如，可以设立专门的项目组或负责人负责跟进改进措施的执行情况，并定期进行效果评估和调整。

### （四）持续改进与闭环管理

用户满意度调查与改进是一个持续的过程，需要平台不断投入精力和资源进行推动。为了实现持续改进和闭环管理，平台需要建立以下机制。

1. 定期回顾与总结。平台应定期回顾用户满意度调查的结果和改进措施的执行情况，总结经验教训并发现新的问题和机会。

2. 持续优化服务流程。基于用户反馈和市场需求的变化，平台应持续优化服务流程和服务标准，提高服务质量和效率。

3. 加强内部沟通与协作。平台应加强内部各部门之间的沟通与协作，确保改进措施能够顺利推进并得到有效执行。

4. 引入外部监督机制。平台可以引入第三方机构或用户代表，对服务质量和用户满意度进行监督和评估，以确保服务质量的持续提升和用户满意度的不断提高。

通过以上四个方面的努力，智能职教一体化平台可以建立起一个完整的用户满意度调查与改进体系，不断提升用户满意度和用户体验。

# 第四节　平台安全性监控

## 一、安全风险识别与评估

在智能职教一体化平台的运营过程中，安全风险识别与评估是确保平台安全稳定运行的首要任务。以下从四个方面对安全风险识别与评估进行详细分析。

### （一）技术层面的风险识别与评估

技术层面的风险是平台安全面临的重要挑战之一。首先，平台需要对系统架构、数据库、应用程序等关键技术组件进行全面的风险识别。这包括检查系统是否存在已知的安全漏洞、未经授权的访问路径，以及潜在的恶意代码注入等风险。通过对技术层面的深入分析，平台可以建立完整的技术风险清单。

其次，针对识别出的技术风险，平台需要进行详细的评估。评估过程应综合考虑风险的严重性、可能性及影响范围等因素。对于严重性和可能性较高的风险，平台应优先制定应对措施，确保风险得到及时有效的控制。

## （二）数据层面的风险识别与评估

数据是智能职教一体化平台的核心资产，因此，数据层面的风险识别与评估尤为重要。平台需要对存储在数据库中的用户信息、学习数据、交易记录等敏感数据进行全面的风险识别。这包括检查数据是否存在泄露、篡改、丢失等风险，以及数据访问权限是否得到严格控制。

在数据风险评估方面，平台需要关注数据的完整性、可用性和保密性。通过评估数据的存储、传输和使用过程，平台可以发现潜在的数据安全风险，并制定相应的防范措施。例如，采用加密技术保护数据的传输过程，建立严格的数据访问权限管理制度等。

## （三）业务层面的风险识别与评估

业务层面的风险主要来自平台运营过程中的各个环节。首先，平台需要对业务流程进行全面的风险识别，包括用户注册、课程购买、学习进度管理等环节。通过深入分析业务流程，平台可以发现潜在的风险点，如欺诈行为、非法访问等。

在业务风险评估方面，平台需要关注风险的潜在影响和业务损失。通过评估风险对平台声誉、用户信任度及业务收益等方面的影响，平台可以制定针对性的风险应对措施。例如，加强用户身份验证、建立欺诈行为识别机制等。

## （四）外部环境的风险识别与评估

外部环境的风险主要来自政策法规、市场竞争、自然灾害等因素。首先，平台需要关注政策法规的变化对平台运营的影响。例如，数据保护法规的出台可能要求平台加强用户数据保护措施。

其次，平台需要关注市场竞争环境的变化。竞争对手可能采用不正当手段获取平台用户信息或破坏平台声誉，因此，平台需要建立相应的风险应对机制。

最后，平台需要关注自然灾害等不可抗力因素对平台运营的影响。例如，地震、洪水等自然灾害可能导致平台服务器瘫痪或数据丢失，平台需要建立相应的备份和恢复机制。

在外部环境风险评估方面，平台需要综合考虑各种因素的潜在影响，并制定相应的风险应对策略。通过加强风险识别与评估工作，平台可以及时发现潜在的安全风险并采取相应的防范措施，确保平台安全稳定运行。

## 二、安全防护措施部署

在智能职教一体化平台中，安全防护措施的部署是确保平台免受外部威胁和内部安全事件影响的关键环节。以下从四个方面对安全防护措施部署进行详细分析。

### （一）技术层面的安全防护措施

技术层面的安全防护措施是平台安全的基础。首先，平台应部署防火墙和入侵检测系统，以监控和阻止潜在的恶意攻击。防火墙能够控制进出平台的网络流量，阻止未经授权的访问；而入侵检测系统则能够实时检测并应对网络攻击。

其次，平台应采用数据加密技术保护用户数据的安全。数据加密技术能够确保数据在传输和存储过程中的保密性，防止数据被窃取或篡改。平台应对敏感数据进行加密处理，如用户密码、交易记录等。

最后，平台应定期更新和修补系统漏洞，以降低被攻击的风险。通过定期的安全扫描和漏洞检测，平台能够及时发现并修复系统漏洞，提高系统的安全性。

### （二）数据层面的安全防护措施

数据层面的安全防护措施是保护平台核心资产的关键。首先，平台应建立严格的数据访问权限管理制度，确保只有授权用户才能访问敏感数据。通过身份认证和访问控制机制，平台能够防止未经授权的访问和数据泄露。

其次，平台应采用数据备份和恢复策略，以应对数据丢失或损坏的情况。

通过定期备份数据，平台能够在数据丢失时迅速恢复数据，保障业务的连续性。

最后，平台应建立数据脱敏和匿名化机制，以保护用户隐私。在数据分析和挖掘过程中，平台应对敏感数据进行脱敏处理，确保用户隐私不被泄露。

### （三）业务层面的安全防护措施

业务层面的安全防护措施是确保平台业务安全稳定运行的关键。首先，平台应建立用户身份验证机制，以防止欺诈行为和非法访问。通过验证用户身份和权限，平台能够确保只有合法用户才能访问和使用平台服务。

其次，平台应建立风险监控和预警机制，及时发现并应对潜在的安全风险。通过监控用户行为、交易记录等数据，平台能够发现异常行为并采取相应的防范措施。

最后，平台应加强员工的安全意识培训工作，提高员工对安全风险的识别和应对能力。通过定期的安全培训和演练，员工能够了解安全政策和操作规程，减少因人为因素导致的安全风险。

### （四）物理层面的安全防护措施

物理层面的安全防护措施是确保平台物理环境安全的基础。首先，平台应建立安全的机房环境，包括防火、防水、防雷等设施，确保服务器等关键设备的安全稳定运行。

其次，平台应加强对机房的访问控制，确保只有授权人员才能进入机房。通过身份验证和门禁系统，平台能够防止未经授权的访问和破坏。

最后，平台应建立设备监控和告警机制，及时发现并应对设备故障和异常情况。通过监控设备的运行状态和性能数据，平台能够提前预警并采取相应的处理措施，确保设备的稳定运行。

综上所述，智能职教一体化平台在安全防护措施部署方面需要从技术、数据、业务和物理四个层面进行综合考虑。通过部署全面的安全防护措施，平台能够降低安全风险，确保平台的安全稳定运行。

# 三、安全事件应急响应

在智能职教一体化平台的运营过程中，安全事件应急响应是确保在发生安全事件时能够迅速、有效地进行处置，以最大限度地减少损失和恢复业务运行的重要措施。以下从四个方面对安全事件应急响应进行详细分析。

## （一）应急响应机制建立

一个完善的安全事件应急响应机制是确保平台在面对安全事件时能够迅速响应的基础。首先，平台需要制定明确的应急响应流程和规范，明确各级应急响应组织的职责和权限，确保在发生安全事件时能够有序地进行处置。其次，平台需要建立应急响应团队，包括技术专家、安全专家、业务专家等，确保在发生安全事件时能够迅速集结并展开工作。最后，平台需要定期组织应急演练，检验应急响应机制的可行性和有效性，及时发现并改进存在的问题。

## （二）安全事件监测与预警

安全事件监测与预警是应急响应的重要环节。首先，平台需要建立完善的安全监测体系，实时监测平台的网络、系统、数据等方面的安全状况，发现异常行为和潜在威胁。其次，平台需要建立安全预警机制，对潜在的安全风险进行预测和评估，及时发出预警信息，提醒相关人员进行处置。最后，平台需要加强与外部安全机构的合作，共享安全信息和资源，提高安全预警的准确性和及时性。

## （三）安全事件应急处置

当安全事件发生时，平台需要迅速启动应急响应机制，展开应急处置工作。首先，平台需要对安全事件进行快速定位和分析，确定事件的性质、范围和影响程度。其次，平台需要制定详细的应急处置方案，包括隔离受影响的系统、恢复受损的数据、追踪攻击来源等。在应急处置过程中，平台需要保持与应急响应团队的紧密沟通，确保信息的畅通和处置工作的协调一致。最后，平台需要记录并保存与安全事件相关的所有信息，以备后续的调查和溯源。

### （四）事后总结与改进

安全事件应急处置结束后，平台需要对整个应急响应过程进行总结和评估。首先，平台需要分析应急响应过程中的优点和不足，找出存在的问题和原因。其次，平台需要针对存在的问题制定相应的改进措施，如加强安全监测和预警能力、优化应急处置流程等。最后，平台需要加强与其他组织或机构的交流与合作，借鉴他们在安全事件应急响应方面的经验和做法，不断提高自身的应急响应能力。

在总结与改进过程中，平台需要关注以下几个方面：一是加强员工的安全意识培训和教育，提高员工对安全事件的识别和应对能力；二是完善安全管理制度和操作规程，确保员工在应急处置过程中能够遵循规定的流程和规范；三是加强与技术供应商和合作伙伴的沟通及协作，共同应对安全事件带来的挑战。

综上所述，安全事件应急响应是智能职教一体化平台运营过程中不可或缺的一部分。通过建立完善的应急响应机制、加强安全监测与预警、迅速有效地进行应急处置，以及事后总结与改进等措施，平台能够最大限度地减少安全事件带来的损失并恢复业务运行。

## 四、安全日志记录与分析

在智能职教一体化平台的运营中，安全日志记录与分析是保障平台安全性的重要环节。通过收集、记录、存储和分析安全日志，平台能够及时发现潜在的安全威胁、追溯安全事件的原因、评估安全控制的效果，并为后续的安全防护提供有力支持。以下从四个方面对安全日志记录与分析进行详细分析。

### （一）日志记录与收集的完整性

日志记录与收集的完整性是安全日志分析的基础。平台应确保所有与安全相关的活动都被完整记录，包括但不限于用户登录、访问控制、系统操作、数据修改等。为了实现这一点，平台需要部署合适的日志收集工具，配置适当的日志记录策略，确保关键安全事件的日志信息不会丢失或遗漏。同时，平台还需要建立日志的存储和备份机制，以防止日志数据丢失或损坏。

在日志记录与收集的过程中，平台需要关注日志的格式化和标准化。通过统一的日志格式和标准化的日志字段，平台能够更方便地对日志进行统一管理和分析。此外，平台还需要对日志数据进行适当的脱敏处理，以保护用户隐私和敏感信息。

### （二）日志分析与处理能力

日志分析与处理能力是安全日志分析的核心。平台需要部署专业的日志分析工具，对收集到的日志数据进行深度分析和挖掘。这包括识别潜在的安全威胁、发现异常行为模式、追溯安全事件的原因等。为了实现这些目标，平台需要采用先进的日志分析技术，如数据挖掘、模式识别、机器学习等。

在日志分析过程中，平台需要关注实时性和准确性。通过实时监控和分析日志数据，平台能够及时发现潜在的安全威胁，并采取相应的防护措施。同时，平台还需要确保分析结果的准确性，避免误报和漏报。

### （三）日志报告与可视化

日志报告与可视化是安全日志分析的重要输出形式。通过将分析结果以报告和可视化的形式展现给相关人员，平台能够更直观地展示安全状况、发现潜在的安全风险，并为后续的安全防护提供有力支持。

在日志报告方面，平台需要制定明确的报告格式和内容要求，确保报告能够全面、准确地反映安全状况。同时，平台还需要建立报告的分发和共享机制，确保相关人员能够及时获取到安全日志的分析报告。

在可视化方面，平台需要采用适当的可视化工具和技术，将日志数据以图表、图形等形式展示出来。通过可视化展示，相关人员能够更直观地了解安全状况、发现潜在的安全风险，并采取相应的防护措施。

### （四）日志审计与合规性

日志审计与合规性是安全日志分析的重要方面。平台需要定期对安全日志进行审计，检查日志记录的完整性、准确性和合规性。通过日志审计，平台能够发现潜在的安全漏洞、评估安全控制的有效性，并为后续的安全防护提供改进建议。

在合规性方面，平台需要遵守相关的法律法规和行业标准，确保安全日志的收集、存储、分析和使用符合规定。这包括确保日志数据的保密性、完整性和可用性，防止数据泄露和滥用。同时，平台还需要建立合规性管理机制，确保相关人员了解并遵守相关的法律法规和行业标准。

综上所述，安全日志记录与分析是智能职教一体化平台运营中不可或缺的一部分。通过确保日志记录与收集的完整性、提高日志分析和处理能力、实现日志报告与可视化，以及加强日志审计与合规性管理，平台能够及时发现潜在的安全威胁、追溯安全事件的原因、评估安全控制的效果，并为后续的安全防护提供有力支持。

# 第五节　平台持续改进与优化

## 一、用户反馈收集与分析

在智能职教一体化平台的运营过程中，用户反馈的收集与分析是持续改进与优化的重要依据。通过积极收集用户的意见和建议，平台能够更准确地了解用户需求，发现潜在问题，从而进行有针对性的改进和优化。以下从四个方面对用户反馈收集与分析进行详细分析。

### （一）用户反馈渠道的建立与完善

为了有效收集用户反馈，平台首先需要建立多样化的用户反馈渠道。这些渠道可以包括在线调查问卷、用户论坛、社交媒体平台、客服热线等，以便用户能够根据自己的习惯和喜好选择最适合自己的反馈方式。同时，平台还需要确保这些渠道的畅通性和易用性，以便用户能够轻松地提交反馈。

在建立用户反馈渠道的基础上，平台需要不断完善这些渠道的功能和体验。例如，可以通过优化在线调查问卷的设计，使其更加简洁明了，减少用户的填写负担；可以通过加强用户论坛的管理，确保用户反馈能够得到及时有效的回复和处理。这些措施能够提升用户反馈的收集效率和质量。

### （二）用户反馈的分类与整理

收集到用户反馈后，平台需要对这些反馈进行分类和整理。首先，可以根据反馈内容的不同，将用户反馈分为产品功能、界面设计、用户体验、服务质量等多个类别。其次，可以对每个类别的反馈进行进一步的细分和整理，以便更好地了解用户的具体需求和问题。

在分类和整理用户反馈的过程中，平台需要注重细节和准确性。例如，在整理产品功能类的反馈时，需要仔细分析用户提出的每个功能需求或改进建议，了解这些需求的合理性和可行性；在整理界面设计类的反馈时，需要关注用户对界面布局、颜色搭配、字体大小等方面的意见和建议。这些细节信息对于后续的优化和改进工作至关重要。

### （三）用户反馈的分析与挖掘

在分类和整理用户反馈的基础上，平台需要对这些反馈进行深入的分析和挖掘。通过数据分析工具和技术手段，平台可以挖掘出用户反馈中的潜在规律和趋势，发现用户需求的热点和痛点。同时，平台还可以结合自身的业务目标和战略规划，对用户反馈进行有针对性的分析和解读。

在分析用户反馈的过程中，平台需要注重客观性和全面性。既要关注用户提出的直接问题和需求，也要关注用户行为背后的潜在动机和期望。同时，平台还需要结合市场趋势和竞品情况，对用户反馈进行横向和纵向的比较分析，以便更全面地了解用户的真实需求和期望。

### （四）用户反馈的响应与反馈

平台需要及时响应用户反馈，并给出相应的处理结果和反馈意见。对于用户提出的问题和需求，平台需要认真研究和解决，并给出明确的解决方案和时间计划。对于用户提出的意见和建议，平台需要认真倾听和采纳，并在后续的产品迭代和优化中加以体现。

在响应用户反馈的过程中，平台需要注重及时性和有效性。既要确保用户反馈能够得到及时处理和回复，也要确保处理结果和反馈意见能够真正满足用户的需求和期望。同时，平台还需要加强与用户的沟通和互动，建立长期稳定的用户关系，以便更好地收集和分析用户反馈。

## 二、功能迭代与更新

在智能职教一体化平台的运营中，功能迭代与更新是保持平台活力和竞争力的关键。通过不断的功能迭代与更新，平台能够不断满足用户需求，提升用户体验，优化业务流程，从而增强平台的吸引力和用户黏性。以下从四个方面对功能迭代与更新进行详细分析。

### （一）用户需求驱动的功能迭代

用户需求是功能迭代与更新的重要驱动力。平台需要密切关注用户反馈，深入了解用户需求，将用户需求转化为具体的产品功能。在功能迭代过程中，平台需要优先考虑用户反馈最强烈、需求最迫切的功能点，进行优先开发和优化。同时，平台还需要通过市场调研、竞品分析等方式，发现潜在的用户需求和市场机会，为功能迭代提供新的思路和方向。

在用户需求驱动的功能迭代过程中，平台需要建立快速响应机制，确保用户需求能够及时转化为产品功能。同时，平台还需要注重用户参与和反馈，通过用户测试、用户调研等方式，收集用户对新产品功能的反馈和建议，进而不断优化产品功能和用户体验。

### （二）技术创新引领的功能更新

技术创新是功能更新的重要推动力。随着技术的不断发展，新的技术趋势和解决方案不断涌现，为平台的功能更新提供了更多的可能性。平台需要密切关注技术发展趋势，积极探索新技术在平台上的应用，通过技术创新引领功能更新。

在技术创新引领的功能更新过程中，平台需要注重技术的可行性和实用性。在选择新技术时，平台需要充分考虑技术的成熟度、稳定性、安全性等因素，确保新技术能够真正为平台带来价值。同时，平台还需要注重技术的可落地性，确保新技术能够与现有系统无缝对接，降低技术风险。

### （三）业务流程优化的功能迭代

业务流程优化是功能迭代与更新的重要目标之一。通过优化业务流程，平台能够提升业务处理效率，降低运营成本，提高用户满意度。在功能迭代过程中，平台需要关注业务流程中的瓶颈和痛点，通过技术手段优化业务流程，提升业务处理效率。

在业务流程优化的功能迭代过程中，平台需要深入了解业务流程的实际情况，发现业务流程中的问题和不足。同时，平台还需要与业务部门紧密合作，共同制定优化方案，确保优化方案能够真正解决业务流程中的问题。在优化过程中，平台需要注重数据的监控和分析，通过数据反馈不断优化业务流程。

### （四）持续学习与自我改进

持续学习与自我改进是功能迭代与更新的重要保障。平台需要不断学习和借鉴行业内的先进经验与技术，不断反思和总结自身的不足与问题，通过自我改进提升平台的竞争力和用户满意度。

在持续学习与自我改进的过程中，平台需要建立开放的心态和学习的氛围。鼓励团队成员积极参与行业交流、技术研讨等活动，不断学习并掌握新的知识和技能。同时，平台还需要建立反馈机制和改进机制，及时收集和处理团队成员的反馈及建议，不断优化产品功能和用户体验。通过持续学习与自我改进，平台能够不断提升自身的竞争力和用户满意度。

## 三、性能优化与升级

在智能职教一体化平台的运营中，性能优化与升级是确保平台稳定运行、提升用户体验的关键环节。通过不断的性能优化与升级，平台能够应对日益增长的用户需求和数据量，确保系统的快速响应和高效运行。以下从四个方面对性能优化与升级进行详细分析。

### （一）系统架构优化

系统架构是平台性能的基础。随着平台功能的不断扩展和用户量的增长，原有系统架构可能会逐渐暴露性能瓶颈。因此，对系统架构进行优化是性能优化与升级的首要任务。

在系统架构优化方面，平台可以考虑采用分布式架构、微服务架构等先进的系统架构方案。这些架构方案能够实现系统的水平扩展和垂直扩展，提升系统的并发处理能力和数据处理能力。同时，平台还需要对数据库架构进行优化，采用读写分离、分库分表等技术手段，提升数据库的性能和可扩展性。

在系统架构优化的过程中，平台需要注重系统的稳定性和可靠性。在进行架构变更和升级时，需要进行充分的测试和验证，确保新的系统架构能够稳定、可靠地运行。同时，平台还需要建立完善的监控和报警机制，及时发现并解决系统运行中的问题。

### （二）代码优化与重构

代码质量是影响平台性能的重要因素。随着平台功能的不断增加和代码量的增长，原有的代码可能会逐渐变得冗余、复杂和难以维护。因此，对代码进行优化和重构是性能优化与升级的重要任务。

在代码优化与重构方面，平台可以采用多种技术手段。例如，可以通过代码审查、性能分析等方式，发现代码中的性能瓶颈和潜在问题，并进行针对性的优化。同时，平台还可以采用一些代码优化技术，如减少不必要的内存分配、避免频繁的 I/O 操作、优化算法和数据结构等，提升代码的执行效率和性能。

在代码优化与重构的过程中，平台需要注重代码的可读性和可维护性。在优化代码时，需要保持代码的清晰、简洁和易于理解。同时，平台还需要建立完善的代码管理和版本控制机制，确保代码的可追溯性和可维护性。

### （三）资源管理与调配

合理的资源管理与调配是性能优化与升级的关键环节。平台需要根据自身的业务特点和用户需求，合理调配计算资源、存储资源和网络资源等，确保系统的稳定运行和高效性能。

在资源管理与调配方面，平台可以采用一些先进的技术手段。例如，可以通过动态资源调度技术，根据系统的实时负载情况动态调整资源的分配和使用情况，提升资源的利用率和系统的性能。同时，平台还可以采用负载均衡技术，将用户请求分发到多个服务器上进行处理，提升系统的并发处理能力和响应速度。

在资源管理与调配的过程中，平台需要注重资源的监控和管理。需要建立完善的资源监控机制，实时监控系统资源的使用情况和性能状况。同时，平台还需要根据监控数据及时调整资源的分配和使用情况，确保系统的稳定运行和高效性能。

### （四）持续监控与调优

持续监控与调优是性能优化与升级的重要保障。平台需要建立完善的监控机制，实时监控系统的运行状况和性能表现，并根据监控数据进行调优和改进。

在持续监控与调优方面，平台可以采用多种技术手段。例如，可以通过日志分析、性能监控等方式，收集系统的运行数据和性能数据，分析系统的运行状况和性能瓶颈。同时，平台还可以利用自动化测试、压力测试等手段，对系统进行全面的测试和验证，确保系统的稳定性和性能表现。

在持续监控与调优的过程中，平台需要注重数据的分析和利用。需要根据监控数据及时发现问题和瓶颈，并进行针对性的优化和改进。同时，平台还需要关注新技术和新趋势的发展，及时将新技术应用到平台的性能优化与升级中，提升平台的竞争力和用户体验。

## 四、技术创新与引入

在智能职教一体化平台的发展过程中，技术创新与引入是推动平台不断进步、保持竞争力的关键因素。通过引入新技术、新理念，平台能够优化现有功能、提升用户体验，同时，开辟新的应用场景和服务模式。以下从四个方面对技术创新与引入进行详细分析。

### （一）新技术研究与探索

技术创新与引入的首要步骤是对新技术的研究与探索。平台需要密切关注科技领域的前沿动态，了解最新的技术发展趋势和应用方向。这包括云计算、大数据、人工智能、区块链、物联网等新兴技术领域，以及这些技术在教育领域的应用案例和最佳实践。

在新技术研究与探索的过程中，平台需要建立专门的技术研究团队，负责跟踪和分析新技术的发展趋势，评估新技术对平台的价值和潜力。同时，平台还需要与高校、科研机构等外部资源进行合作，共同开展对新技术的研究与实验，推动新技术在平台上的应用。

## （二）技术选型与评估

在了解新技术的基础上，平台需要进行技术选型与评估。这包括对新技术的性能、稳定性、安全性、易用性等方面进行评估，确定新技术是否符合平台的实际需求和应用场景。同时，平台还需要考虑新技术与现有系统的兼容性、可扩展性等因素，确保新技术能够顺利引入平台。

在技术选型与评估的过程中，平台需要建立科学的评估机制和方法，确保评估结果的客观性和准确性。同时，平台还需要注重团队成员的意见和建议，充分发挥团队的集体智慧和创新能力。

## （三）技术引入与整合

技术引入与整合是技术创新与引入的关键环节。在确定了适合平台的新技术后，平台需要制订详细的引入计划和实施方案，确保新技术能够顺利引入平台，并与现有系统进行有效整合。

在技术引入与整合的过程中，平台需要注重以下几个方面：一是确保新技术的稳定性和可靠性，避免引入新技术后给平台带来潜在的风险和隐患；二是确保新技术的易用性和可维护性，降低团队成员的学习成本和运维成本；三是确保新技术的可扩展性和兼容性，为平台的未来发展留下足够的空间。

为了实现这些目标，平台可以采用一些技术手段，如 API 接口、中间件、微服务等，实现新技术与现有系统的无缝对接和高效协同。同时，平台还需要建立完善的测试和验证机制，确保新技术在引入后能够稳定运行，并满足平台的实际需求。

## （四）技术应用与推广

技术创新与引入的最终目的是将新技术应用到实际业务中，并推动平台的发展。因此，平台需要注重新技术的应用与推广。

在技术应用与推广的过程中，平台需要明确新技术的应用场景和价值点，制订详细的应用计划和推广策略。同时，平台还需要加强与技术提供方的合作及交流，共同推动新技术在平台上的应用和发展。

此外，平台还需要建立完善的培训和支持机制，帮助团队成员快速掌握新技术的使用方法和技巧，提升团队的技术能力和水平。通过新技术的应用与推广，平台能够不断优化现有功能、提升用户体验，同时，开辟新的应用场景和服务模式，推动平台的持续发展和创新。

# 参考文献

[1] 王毅. 新一代人工智能与职教创新 [J]. 科学咨询,2019(16)：99.

[2] 孙建波,钟申. 基于"智能+"的职教师资培养研究 [J]. 教育理论与实践,2020(6)：22-24.

[3] 刘丽娜,孙玉梅,李子成. 构筑"人工智能+"职教生态,探索专业群建设新路径 [J]. 石家庄铁路职业技术学院学报,2020(3)：117-120,41.

[4] 深入产教融合打造人工智能职教新高地：第 335 期泰山科技论坛探讨嵌入式人工智能产教融合 [J]. 信息技术与信息化,2022(7)：3.

[5] 郭庭航,路光达,韩瑜,等. 人工智能背景下职教师资内涵与人才培养模式探究 [J]. 职业教育研究,2022(2)：67-72.

[6] 孟庆宽,段海龙. 新工科视域下人工智能专业职教师范生培养路径研究 [J]. 职业教育研究,2022(2)：73-77.

[7] 罗欢. 人工智能发展及职教变革 [J]. 深圳职业技术学院学报,2020(1)：45-51.

[8] 蒋林岑,樊晓唯,刘向东. 职教本科背景下人工智能专业建设的研究与实践 [J]. 内江科技,2022(5)：60-61,13.

[9] 覃孟扬,潘小莉,刘永富. 智能制造应用型职教师资协同培养模式探索 [J]. 黑龙江科学,2022(7)：34-36.

[10] 张学英,崔志莉,赵巍,等. 人工智能下应对技能人才需求的职教师资培养研究 [J]. 理论与现代化,2020(4)：64-72.

[11] 邵辉,钟伟民,万秀生. 智慧职教视域下基于 RPA 的智能就业平台的设计 [J]. 科技创新导报,2021(33)：16-18,22.

[12] 乐颖. 区域职教教研员智能教育素养的培养策略和途径浅探 [J]. 泰州职业技术学院学报,2024(1)：13-16.

[13] 李书阁, 赵鹏举, 谢光辉, 等. 职教本科院校开设智能机器人应用工程专业探析 [J]. 现代职业教育,2021(30)：174-175.

[14] 陈叶娣, 许朝山. 职教本科智能制造工程技术专业《数控加工技术》课程标准构建 [J]. 模具制造,2023(5)：83-84，96.

[15] 陈叶娣, 许朝山. 职教本科智能制造工程技术专业教学标准体系构建研究与探索 [J]. 模具制造,2023(4)：85-87.